Le fabuleux pouvoir de votre cerveau

DE DEEPAK CHOPRA
AUX ÉDITIONS J'AI LU

Les sept lois spirituelles du succès, *N° 4701*
La voie du magicien, *N° 5029*
Les clés spirituelles de la richesse, *N° 5614*
Le chemin vers l'amour, *N° 5757*
Les sept lois pour guider vos enfants sur la voie du succès, *N° 941*
Dieux de lumière, *N° 6782*
Les sept lois spirituelles du yoga, (*avec David Simon*), *N° 7707*
Santé parfaite, *N° 8007*
Le livre des coïncidences, *N° 8808*
Le corps quantique, *N° 9058*
Un corps sans âge, un esprit immortel, *N° 9142*
Le miracle oublié, *N° 10072*
Qui détient la clé de l'univers ?, (*avec Leonard Mlodinow*), *N° 10465*
Le livre des secrets, *N° 10842*
La vie après la mort, *N° 11433*
Demandez à Deepak L'amour et les relations, *N° 11782*
Demandez à Deepak La santé et le bien-être, *N° 11783*
Ce qui fait rire les anges, *N° 11908*
Demandez à Deepak La spiritualité, *N° 12103*
Demandez à Deepak La méditation et la conscience supérieure, *N° 12104*
Le treizième disciple, *N° 12193*
Se libérer des dépendances, *N° 12326*
Demandez à Deepak La mort, *N° 12565*
Demandez à Deepak Le succès, *N° 2576*
Le fabuleux pouvoir de vos gènes, *N° 12735*
La maternité Une aventure fabuleuse, *N° 12930*

DR DEEPAK CHOPRA
RUDOLPH E. TANZI

Le fabuleux pouvoir de votre cerveau

Nous utilisons 5 % de notre potentiel, et si nous en exploitions 100 % ?

Traduit de l'anglais (États-Unis) par Olivier Vinet

J'AI LU BIEN ÊTRE

Titre original : *Super Brain*

À nos femmes et bien-aimées familles

Aristote a enseigné que le cerveau a pour seule fonction de refroidir le sang et qu'il n'est pas impliqué dans le processus de la pensée. Cela n'est vrai que pour certaines personnes.

Will CUPPY

SOMMAIRE

PREMIÈRE PARTIE

DÉVELOPPEZ VOTRE PLUS GRAND TALENT

UN ÂGE D'OR POUR LE CERVEAU

Que sait-on vraiment du cerveau humain ? Dans les années 1970 et 1980, quand les auteurs étaient en formation, la réponse honnête était : « Très peu. ». À l'époque, il y avait un dicton : on disait qu'étudier le cerveau revenait à mettre un stéthoscope à l'extérieur d'un grand stade de football pour tenter d'apprendre les règles de ce jeu.

Votre cerveau contient environ 100 milliards de cellules nerveuses qui forment entre mille milliards et peut-être un million de milliards de connexions appelées synapses. Ces connexions se trouvent constamment dans un état dynamique par lequel elles se restructurent en réaction au monde qui vous entoure. C'est une véritable merveille de la nature, certes minuscule, mais avant tout prodigieuse.

On ne peut qu'être émerveillé par le cerveau, autrefois surnommé « l'univers d'1,5 kg ». À juste titre d'ailleurs. Non seulement le cerveau interprète le monde, mais il le crée. Tout ce que vous voyez, entendez, touchez, goûtez et sentez ne pourrait avoir ces attributs sans le cerveau. Toutes vos expériences d'aujourd'hui, par exemple votre café du matin, l'amour que vous éprouvez pour votre famille, une idée brillante au travail, sont faites spécialement sur mesure.

Immédiatement, on se retrouve confronté à une question cruciale. Si votre monde est unique, personnalisé et conçu pour vous seul, qui se trouve derrière une créativité aussi remarquable : vous ou le cerveau ? Si la réponse est vous, alors cela ouvre en grand la porte d'une plus grande créativité. Si la réponse est votre cerveau, alors ce que vous serez capable de réaliser se heurtera à des limitations physiques drastiques. Peut-être sont-ce vos gènes qui vous retiennent, ou alors des souvenirs toxiques, ou encore une faible estime de vous-même. Peut-être échouez-vous en raison d'attentes limitées qui ont contracté votre conscience, à votre insu.

On pourrait facilement interpréter les faits dans les deux sens et défendre la thèse du potentiel illimité comme celle de la limitation physique. En comparaison au passé, la science d'aujourd'hui découvre de nouveaux faits à une vitesse étonnante. Nous sommes entrés dans un âge d'or de la recherche cérébrale. Chaque mois, on fait de nouvelles découvertes, mais en marge de ces avancées palpitantes, qu'en est-il de l'individu, de la personne qui dépend du cerveau à tous points de vue ? Est-ce un âge d'or pour *votre* cerveau ?

Il existe un fossé énorme entre le brio des recherches et la réalité du quotidien. Il y avait un autre dicton utilisé autrefois en école de médecine : d'une manière générale, chaque individu n'utilise que 10 % de son cerveau. À proprement parler, ce n'est pas vrai. Chez un adulte sain, les réseaux neuronaux du cerveau fonctionnent en permanence à plein régime. Même l'imagerie cérébrale la plus sophistiquée à ce jour n'indiquerait aucune différence détectable entre Shakespeare en train d'écrire un soliloque d'*Hamlet* et un poète novice écrivant son tout premier sonnet. Mais tout est loin de s'arrêter au seul cerveau physique.

Pour que cet âge d'or profite à votre cerveau, vous devez vous servir du cadeau que vous a fait Dame Nature d'une nouvelle manière. Ce n'est pas le nombre de neurones ou un phénomène magique lié à la matière grise qui vous permettra d'avoir plus de vitalité, d'inspiration et de succès dans votre vie. Les gènes jouent un rôle, mais les vôtres, comme le reste du cerveau, sont aussi dynamiques. Chaque jour, vous baignez dans un environnement cérébral fascinant, un extraordinaire réseau invisible d'activités électriques et chimiques. Vous agissez en tant que leader, inventeur, professeur et utilisateur de votre cerveau, simultanément.

> En tant que **leader**, vous donnez des ordres à votre cerveau en fonction de votre journée.
> En tant qu'**inventeur**, vous créez de nouvelles voies et connexions cérébrales qui n'existaient pas hier.
> En tant qu'**enseignant**, vous entraînez votre cerveau à acquérir de nouvelles compétences.
> En tant qu'**utilisateur**, vous avez pour responsabilité de conserver votre cerveau en bon état de marche.

Dans ces quatre rôles, on voit toute la différence entre le cerveau du quotidien, que nous appellerons cerveau de base, et le « supercerveau ». L'écart est immense.

Même si vous ne communiquez pas avec votre cerveau en pensant : « Quels ordres vais-je donner aujourd'hui ? Quelles nouvelles voies ai-je envie de créer ? », c'est précisément ce que vous faites. Le monde personnalisé dans lequel vous vivez requiert un créateur. Ce dernier n'est pas votre cerveau, mais vous.

Le supercerveau renvoie à un créateur pleinement conscient qui se sert de cet organe de manière optimale. Votre cerveau est adaptable à l'infini et vous pourriez jouer votre quadruple rôle de leader, d'inventeur, de professeur et d'utilisateur avec des résultats bien plus poussés que ce que vous obtenez actuellement.

Leader : Les ordres que vous donnez ne sont pas simplement des invites de commande tels qu'« effacer » ou « faire défiler jusqu'en bas de page » comme pour les ordinateurs. Il s'agit là de commandes mécaniques ajustées à une machine. En l'occurrence, vos ordres sont reçus par un organisme vivant qui se modifie à chaque fois que vous envoyez une instruction. Si vous pensez : « Je veux le même pain et les mêmes tartines qu'hier », votre cerveau ne change pas du tout. En revanche, si vous pensez : « Que vais-je prendre ce matin pour le petit déjeuner ? Je veux quelque chose de nouveau », soudain, vous puisez dans un réservoir de créativité. Et la créativité est une inspiration qui vit, respire, se renouvelle constamment et qu'aucun ordinateur ne peut égaler. Pourquoi ne pas en profiter pleinement ? Car plus vous êtes exigeant envers votre cerveau, plus il a la capacité miraculeuse de vous servir.

Pour rester sur cette idée, comparons maintenant votre relation actuelle à votre cerveau avec votre potentiel. Regardez les listes ci-dessous. À quoi vous identifiez-vous ?

Cerveau de base

Aujourd'hui, je ne me demande pas de me comporter très différemment d'hier.

Les habitudes, ça me connaît.

Il est assez rare que je stimule mon esprit en le confrontant à de nouvelles choses.

J'aime être en terrain connu. C'est la manière la plus confortable de vivre.

Pour être honnête, c'est vrai que les choses sont souvent répétitives et ennuyeuses chez moi, au travail et dans mes relations.

Supercerveau

Pour moi, chaque journée est un monde nouveau.

Je fais attention à ne pas prendre de mauvaises habitudes et si cela m'arrive, je romps très aisément avec l'habitude en question.

J'aime improviser.

Je déteste m'ennuyer, c'est-à-dire, pour moi, répéter les choses.

Je suis attiré par la nouveauté dans beaucoup de domaines de ma vie.

INVENTEUR : Votre cerveau évolue constamment. C'est un phénomène individuel unique (l'un des plus grands mystères de cet organe). Le cœur et le foie que vous aviez à votre naissance resteront virtuellement les mêmes au moment de votre mort. Mais pas le cerveau. Il est capable d'évoluer et de s'améliorer tout au long de la vie. Pour ce faire, inventez de nouvelles choses, ce qui vous permettra de développer de nouvelles compétences. Il existe une théorie marquante dénommée « théorie des 10 000 heures » qui stipule que vous pouvez acquérir n'importe quelle compétence à un niveau expert si vous vous appliquez durant cette durée, y compris des aptitudes telles que la peinture et la musique qui étaient autrefois attribuées uniquement aux personnes talentueuses. Si vous avez déjà vu une représentation du Cirque du Soleil, peut-être avez-vous supposé que ces acrobates fascinants provenaient de grandes familles du cirque ou de troupes étrangères. En réalité, chaque geste au Cirque du Soleil, à quelques exceptions près, a été enseigné à des personnes ordinaires inscrites dans une école spéciale de Montréal. À un niveau, votre vie est une série de compétences, les premières étant la marche, la parole et la lecture. Notre erreur est de limiter ces facultés. Car le même sens de l'équilibre qui vous a permis de faire vos premiers pas, de marcher, de courir et de faire du vélo, pourvu que vous y consacriez dix mille heures (ou moins), peut vous permettre de traverser l'espace qui sépare deux gratte-ciel sur un fil. Vous sollicitez très peu votre cerveau quand vous cessez de lui demander de perfectionner au quotidien de nouvelles compétences.

À quoi vous identifiez-vous ?

Cerveau de base

Je ne peux pas vraiment dire que j'évolue autant que quand j'étais plus jeune.

Quand j'apprends une nouvelle compétence, je ne la pousse pas très loin.

Je suis résistant au changement, car parfois, il constitue une menace pour moi.

Quand je suis doué pour quelque chose, je ne vais pas chercher ailleurs.

Je passe pas mal de temps à faire des activités passives telles que regarder la télévision.

Supercerveau

Je continuerai d'évoluer toute ma vie.

Quand j'apprends une nouvelle compétence, je la pousse aussi loin que possible.

Je m'adapte rapidement aux changements.

Si je ne suis pas doué pour quelque chose la première fois que j'essaye, ce n'est pas grave. J'aime le défi.

Je m'épanouis dans l'activité, il ne me faut que peu de temps mort.

Professeur : La connaissance ne prend pas sa source dans les faits, mais dans la curiosité. Un enseignant inspiré peut changer un étudiant pour le restant de ses jours en lui instillant cette qualité. Vous êtes dans la même position en ce qui concerne votre cerveau, à une grande différence près : vous êtes à la fois professeur *et* élève. Il est de votre responsabilité d'attiser votre propre curiosité, grâce à laquelle ce sera également vous qui serez inspiré. Le cerveau n'a jamais été inspiré ; mais quand vous l'êtes, vous déclenchez une cascade de réactions qui le stimulent, là où un esprit incurieux est fondamentalement endormi (il se peut également qu'il se dégrade : il a été démontré qu'il est possible de prévenir les symptômes de la sénilité et du vieillissement cérébral en continuant d'interagir socialement et en restant intellectuellement curieux tout au long de sa vie). Tel un bon professeur, vous devez surveiller les erreurs de l'élève, encourager ses forces, remarquer quand il est prêt pour de nouveaux défis, etc. Tel un brillant élève, vous devez rester ouvert à l'inconnu, dans un état de réceptivité et non d'étroitesse d'esprit.

À quoi vous identifiez-vous ?

Cerveau de base

Mon approche de la vie est très réglée.

Je fais corps avec mes croyances et mes opinions.

Être un expert, c'est bon pour les autres.

Il est rare que je regarde les programmes télévisés éducatifs ou que j'assiste à des conférences publiques.

Cela fait longtemps que je ne me suis pas senti vraiment inspiré.

Supercerveau

J'aime me réinventer.

Récemment, j'ai changé une croyance ou une opinion de longue date.

Il y a au moins un domaine dans lequel je suis expert.

Je suis attiré par tout ce qui est éducatif à la télévision ou par la formation continue.

Ma vie m'inspire au quotidien.

UTILISATEUR : Il n'existe pas de manuel d'utilisateur pour le cerveau, mais ce que l'on sait, c'est qu'il nécessite qu'on l'alimente, qu'on l'entretienne et qu'on le gère correctement en permanence. Certaines nourritures sont physiques ; aujourd'hui, un phénomène est en vogue : les personnes qui veulent développer leur cerveau se précipitent sur certaines vitamines et enzymes. Mais la nourriture appropriée pour le cerveau est tout aussi mentale que physique. L'alcool et le tabac sont toxiques, et en exposant votre cerveau à ces substances, vous en faites mauvais usage. La colère, la peur, le stress et la dépression sont aussi une forme d'utilisation cérébrale nocive. À l'heure où nous rédigeons cet ouvrage, une nouvelle étude montre que le stress quotidien et routinier affecte le cortex préfrontal, la partie du cerveau responsable de la prise de décisions, de la correction des erreurs et de l'évaluation des situations. C'est pourquoi les gens deviennent fous dans les bouchons. Il s'agit d'un stress routinier, et pourtant, la rage, la frustration et l'impuissance ressenties par certains conducteurs indiquent que leur cortex préfrontal ne prend plus le pas sur les pulsions primales qu'il est censé contrôler. On en revient constamment à la même chose : utilisez votre cerveau, ne le laissez pas vous utiliser. Les accès de colère au volant sont un exemple de conducteurs qui se laissent utiliser par leur cerveau, ainsi que les souvenirs toxiques, les blessures liées aux traumas anciens, les mauvaises habitudes avec lesquels on n'arrive pas à en finir et surtout, l'illustration la plus tragique, les dépendances incontrôlables. C'est donc un domaine immense dont il faut prendre conscience.

À quoi vous identifiez-vous ?

Cerveau de base

J'ai récemment senti que le contrôle des choses m'échappait dans au minimum un domaine de ma vie.
Mon niveau de stress est trop élevé, mais je fais avec.
Je suis inquiet à l'idée d'être déprimé ou je le suis déjà.
Ma vie peut prendre une direction que je ne veux pas.
Mes pensées peuvent être obsessives, effrayantes ou angoissantes.

Supercerveau

Je contrôle confortablement ma vie.
J'évite activement les situations stressantes en m'éloignant et en lâchant prise.
Mon humeur est régulièrement bonne.
En dépit d'événements inattendus, ma vie prend la direction que je souhaite.
J'aime la manière dont mon esprit pense.

Même s'il n'existe pas de manuel d'utilisateur pour votre cerveau, vous pouvez vous en servir de sorte à atteindre l'épanouissement, l'accomplissement, la satisfaction personnelle et à développer de nouvelles compétences. Vous ne le savez pas, mais vous êtes capable de faire un bond quantique dans l'utilisation de votre cerveau. Notre destination finale est le cerveau éveillé, ce qui va au-delà des quatre rôles que nous jouons. Cette forme de rapport au cerveau est rare : vous devenez l'observateur, le témoin silencieux de tout ce qu'il fait. C'est le secret de la transcendance. Quand vous parviendrez à être ce témoin silencieux, l'activité cérébrale ne vous prendra plus au piège. Demeurant dans une paix complète et une conscience silencieuse, vous trouverez les vraies réponses aux questions éternelles sur Dieu, l'âme et la vie après la mort. La raison pour laquelle nous croyons en ces aspects de la vie est que quand l'esprit veut la transcendance, le cerveau est prêt à le suivre.

UNE NOUVELLE RELATION

Quand Albert Einstein est mort en 1955 à l'âge de 76 ans, il y a eu une curiosité gigantesque autour du cerveau le plus célèbre du XXe siècle. Partant de l'hypothèse qu'un élément physique devait avoir créé un tel génie, une autopsie de son cerveau a été réalisée. Mais contre toute attente (« à grand penseur, grand cerveau »), son poids réel était inférieur de 10 % à la moyenne. À l'époque, l'exploration des gènes commençait juste et il fallut attendre des décennies avant que ne soient formulées des théories de pointe sur la formation de nouvelles connexions synaptiques. Ces deux avancées dans le domaine de la connaissance sont majeures. On ne peut voir les gènes fonctionner, mais on peut observer les neurones développer de nouveaux axones et dendrites, ces extensions semblables à des fils qui permettent à une cellule cérébrale de se relier à une autre. On sait désormais que le cerveau peut créer de nouveaux axones et dendrites jusque dans les dernières années de la vie, ce qui nous laisse un espoir considérable de prévention de la sénilité par exemple et de préservation indéfinie de notre capacité mentale (l'aptitude du cerveau à établir de nouvelles connexions est telle qu'un fœtus sur le point de naître forme 250 000 nouvelles cellules par minute, ce qui représente des millions de nouvelles connexions synaptiques dans le même laps de temps).

Pourtant, en insistant sur cet aspect physique, on serait aussi naïf que des journalistes impatients d'apprendre au monde qu'Einstein possédait un cerveau d'attardé. On n'accorde pas assez d'intérêt au lien qu'une personne développe avec son cerveau. Notre sentiment est que sans nouvelle relation, on ne peut demander au cerveau de faire des choses nouvelles, inattendues. Pensez aux élèves découragés. Il en a existé dans toutes les classes que vous et nous avons fréquentées, généralement assis au dernier rang. Leur comportement suit un schéma attristant.

Au départ, l'enfant essaye de rester à la hauteur. Quand il échoue, quelle qu'en soit la raison, il commence à se décourager. L'enfant cesse de faire autant d'efforts que les autres enfants qui connaissent succès et encouragement. La prochaine phase consiste à faire le sot en faisant des bruits perturbateurs ou des farces pour attirer l'attention. Car tout enfant a besoin d'attention, même négative. Ces perturbations peuvent être agressives mais, au final, l'enfant comprend qu'il ne naît rien de bon de tout cela. En faisant le bêta, il n'obtient que désapprobation et punition. Il entre alors dans la dernière phase, le silence maussade. Il ne fait plus d'efforts pour suivre en cours. Il est considéré par les autres comme lent ou stupide, comme un marginal. Alors, l'école est devenue une prison étouffante au lieu d'être le tremplin qu'elle devrait être.

Il n'est pas difficile de percevoir en quoi ce cycle comportemental affecte le cerveau. On sait aujourd'hui qu'à la naissance, 90 % du cerveau d'un bébé est formé et qu'il a des millions de connexions en surplus. Les premières années de la vie sont donc consacrées à faire un tri entre celles qui ne sont pas utilisées et celles qui sont développées et qui conduiront à de nouvelles facultés. Un enfant découragé, peut-on présumer, fait avorter ce processus. Les compétences utiles ne sont pas développées et les parties du cerveau dont il ne se sert plus s'atrophient. Le découragement est holistique : il touche le cerveau, la psyché, les émotions, le comportement et les opportunités qui pourraient se présenter plus tard dans la vie.

Pour qu'un cerveau fonctionne bien, il doit être stimulé. Mais il est clair que cet élément passe après le vécu mental et psychologique de l'enfant. Un enfant découragé a un rapport différent à son cerveau qu'un enfant encouragé ; de plus, leurs cerveaux doivent réagir différemment.

L'avènement du supercerveau s'appuie sur la mise en place d'un lien nouveau entre le mental et le cerveau. Ce n'est pas dans l'aspect physique que réside toute la différence, mais bien dans la détermination, l'intention, la patience, l'espoir et la diligence dont fait preuve une personne. Tout cela dépend du rapport, positif ou négatif, qu'entretient le mental avec le cerveau. On peut résumer cette relation en dix principes.

CREDO DU SUPERCERVEAU
RELATION DU MENTAL AU CERVEAU

1. Le processus implique toujours des boucles de rétroaction.
2. Ces boucles de rétroaction sont intelligentes et adaptables.
3. La dynamique du cerveau oscille entre l'équilibre et le déséquilibre, mais favorise toujours l'équilibre général, connu sous le nom d'homéostasie.
4. Nous nous servons de notre cerveau pour évoluer et nous développer en nous laissant guider par nos intentions.
5. L'introspection nous permet de nous aventurer en territoire inconnu.
6. De nombreuses aires cérébrales diverses sont coordonnées simultanément.
7. Nous sommes en mesure de prendre en compte plusieurs niveaux de conscience, bien que notre attention soit généralement confinée à un niveau (la veille, le sommeil ou l'état de rêve).
8. Tous les attributs du monde connu, par exemple la vue, le son, la texture et le goût, sont mystérieusement créés par interaction du mental et du cerveau.
9. C'est le mental, et non le cerveau, qui est à l'origine de la conscience.
10. Seule la conscience peut comprendre la conscience. Aucune explication mécanique s'appuyant sur des données cérébrales ne suffit.

Ce sont là de grandes idées. Il y aura beaucoup d'explications à donner, mais nous voulions que vous voyiez d'entrée de jeu les grands principes. Si vous n'avez retenu que trois mots de la première phrase – boucle de rétroaction –, vous avez de quoi fasciner pendant un an une classe d'école de médecine. Le corps est une immense boucle de rétroaction composé de milliers de milliards de minuscules boucles. Chaque cellule parle aux autres et écoute la réponse obtenue. C'est l'essence simple de la rétroaction, terme repris de l'électronique. Le thermostat de votre salon capte la température et allume votre radiateur si la pièce est trop froide. À mesure que la température augmente, le thermostat enregistre cette information et réagit en coupant le chauffage.

Le même va-et-vient s'opère dans le corps par l'intermédiaire de changements qui permettent de réguler la température. Il n'y a là rien de fascinant, pour l'instant. Mais quand on pense, le cerveau envoie une information au cœur et s'il s'agit d'un message relayant l'enthousiasme, la peur, l'excitation sexuelle ou de nombreux autres états, il peut faire accélérer le cœur. Le cerveau envoie alors un contremessage indiquant au cœur de ralentir à nouveau, mais si cette boucle de rétroaction se coupe, le cœur peut continuer d'accélérer à la manière d'une voiture dont les freins ont lâché. Les patients qui prennent des stéroïdes les substituent aux stéroïdes naturels fabriqués par le système endocrinien. Plus vous prendrez des stéroïdes artificiels, plus vos stéroïdes naturels déclineront, avec pour conséquence un rétrécissement des glandes surrénales.

Ces glandes sont responsables de l'envoi du message de ralentissement à un cœur qui palpite. Aussi, si un patient cesse de prendre un médicament stéroïde tout d'un coup au lieu de le faire progressivement, il se peut que les freins lâchent. La glande surrénale n'a pas eu le temps de se redévelopper. Dans ce cas, si quelqu'un se faufilait derrière la personne en question et hurlait « bouh ! », il serait possible que son cœur palpite sans plus aucun contrôle. Résultat : crise cardiaque. Quand on considère de telles éventualités, soudain, les boucles de rétroaction commencent à devenir fascinantes. Et même, pour les rendre captivantes, sachez qu'il existe des manières extraordinaires d'employer la rétroaction cérébrale. Toute personne ordinaire branchée sur un appareil de biofeedback peut apprendre rapidement à contrôler les mécanismes corporels qui fonctionnent généralement de manière automatique. Vous pouvez diminuer votre tension artérielle, par exemple, ou changer votre fréquence cardiaque. Vous pouvez induire l'état en ondes alpha associé à la méditation et à la créativité artistique.

Ce n'est pas pour autant qu'un appareil de biofeedback est nécessaire. Essayez l'exercice suivant : observez la paume de votre main. Ressentez-la tout en la regardant. Maintenant, imaginez qu'elle se réchauffe. Continuez de la regarder fixement et concentrez-vous sur la sensation de chaleur ; visualisez la main qui rougit. Si vous restez concentré sur cette intention, votre paume se réchauffera et rougira. Les moines bouddhistes tibétains utilisent cette boucle de rétroaction simple (technique de méditation avancée connue sous le nom de *tumo*) pour réchauffer tout leur corps.

Cette technique est si efficace que les moines qui l'appliquent peuvent rester assis dans des grottes gelées à méditer toute la nuit sans rien porter de plus que leur légère robe en soie safran. Cette boucle de rétroaction simple se répand partout dans le corps : ce que l'on peut induire purement par l'intention n'a probablement aucune limite. Les mêmes moines bouddhistes atteignent par exemple des états de compassion qui dépendent de changements physiques dans le cortex préfrontal du cerveau. Mais leurs cerveaux n'ont pas agi seuls ; ils ont suivi les ordres du mental. Et là, on franchit un cap. Quand une boucle de rétroaction maintient un rythme cardiaque normal, le mécanisme est involontaire, il vous utilise. Mais si vous changez intentionnellement votre fréquence cardiaque (par exemple en imaginant une personne qui vous met en émoi sur le plan sentimental), c'est maintenant vous qui l'utilisez.

Transposons maintenant ce concept dans les cas où il pourra faire toute la différence chez un individu et le faire passer du malheur au bonheur. Prenons par exemple les victimes d'AVC. La science médicale a fait de gigantesques avancées concernant la survie du patient même après une attaque grave, certaines pouvant être attribuées à de meilleurs médicaments et à l'apparition d'unités de traumatologie (l'idéal étant, dans les AVC, de prendre en charge le patient dès que possible). Les traitements mis rapidement en place épargnent d'innombrables vies, contrairement au passé.

Mais survie ne veut pas dire guérison. Aucun médicament ne rencontre un succès comparable et ne permet aux victimes de se remettre de la paralysie, conséquence la plus fréquente de l'AVC. Comme dans le cas des enfants découragés, chez les patients victimes d'une attaque, tout semble dépendre de la rétroaction. Par le passé, l'essentiel du temps, ils restaient assis sur un siège, entourés d'attention médicale, et la voie de la « facilité » consistait à utiliser le côté du corps qui n'était pas affecté par l'AVC. Aujourd'hui, la rééducation choisit activement la voie de la difficulté. Si la main gauche d'un patient est paralysée, par exemple, le thérapeute lui demandera de n'employer que cette main pour soulever sa tasse de café ou se peigner.

Au départ, ces tâches sont physiquement impossibles. Le fait d'arriver à peine à soulever une main paralysée provoque douleur et frustration. Mais si le patient reproduit son intention de se servir de sa main invalide, encore et encore, de nouvelles boucles de rétroaction se développeront. Le cerveau s'adapte et lentement s'installe une fonction nouvelle. On observe actuellement des guérisons remarquables de patients qui remarchent, reparlent et se servent de leurs membres normalement à la suite d'une rééducation intensive. Il y a de cela seulement vingt ans, ces fonctions auraient dépéri ou n'auraient montré que des améliorations mineures.

Et tout ce que nous avons fait pour l'instant est d'explorer les implications de trois mots.

Le credo du supercerveau permet de rapprocher deux mondes, la biologie et l'expérience. La biologie explique formidablement bien les processus physiques, mais elle est tout à fait insuffisante lorsqu'il s'agit de nous indiquer le sens et le but de notre expérience subjective. Qu'est-ce que cela fait d'être un enfant découragé ou la victime paralysée d'un AVC ? C'est cette question qui se pose en premier, la biologie venant en second. Il nous faut ces deux mondes pour nous comprendre. Autrement, on tombe dans l'erreur biologique selon laquelle les humains seraient contrôlés par leur cerveau. Mais laissons de côté les innombrables arguments qui opposent les différentes théories sur le mental et le cerveau. Car l'objectif est clair : nous voulons nous servir de notre cerveau, et non pas que ce soit lui qui se serve de nous.

Nous reviendrons sur ces dix principes au fur et à mesure du livre. De grandes avancées dans le domaine de la neuroscience tendent toutes vers la même direction. Le cerveau humain peut réaliser bien plus de choses que ce que quiconque a jamais imaginé. Contrairement à des croyances désuètes, c'est nous qui lui imposons ses limitations, et non pas ses défaillances physiques. Par exemple, à l'époque où nous étions en formation médicale et scientifique, la nature de la mémoire était un mystère complet. Il y avait un autre dicton qui circulait alors : « Notre connaissance de la mémoire est à la réalité ce que la sciure de bois est à l'arbre. » Heureusement, il y avait à l'horizon l'imagerie cérébrale et aujourd'hui, les chercheurs peuvent observer en temps réel les aires cérébrales qui « s'illuminent », montrant ainsi les neurones stimulés, au moment où les sujets se rappellent certaines choses. On pourrait dire que de nos jours, le toit de notre grand stade de football est fait de verre.

Mais la mémoire demeure insaisissable. Elle ne laisse pas de traces physiques dans les cellules cérébrales et nul ne sait vraiment comment nos souvenirs sont conservés. Cependant, ce n'est pas une raison pour poser des limites à notre mémoire potentielle. Un jeune prodige des mathématiques, une Indienne, a fait une démonstration au cours de laquelle on lui a demandé de multiplier deux nombres mentalement, chacun étant composé de 32 chiffres. Elle a donné la réponse, qui faisait 64 ou 65 chiffres de longueur, quelques secondes après avoir entendu les deux nombres en question. En moyenne, la plupart des gens parviennent à se souvenir seulement de six ou sept chiffres en un coup d'œil. Quelle devrait donc être notre norme : la mémoire moyenne ou la mémoire exceptionnelle ? Plutôt que de dire que le prodige des mathématiques a de meilleurs gènes ou une faculté spéciale, posez-vous une autre question : avez-vous entraîné votre mental à avoir une supermémoire ? Il existe des cours qui permettent de développer cette compétence, et des personnes dans la moyenne qui les suivent accomplissent des prouesses comme réciter par cœur la Bible du roi Jacques sans avoir recours à autre chose que les gènes et les talents qu'ils avaient à la naissance. Tout dépend de votre rapport à votre cerveau. Si vous avez des attentes élevées à son égard, vous entrez dans une phase de fonctionnement supérieur.

L'un des éléments propres au cerveau humain est qu'il ne peut accomplir que ce qu'il pense pouvoir faire. Au moment même où vous affirmez : « ma mémoire est moins bonne qu'avant » ou « je ne me souviens de rien aujourd'hui », vous entraînez votre cerveau à se conformer à vos piètres attentes. Et qui dit faibles attentes dit faibles résultats. La première règle pour obtenir un supercerveau est de savoir que cet organe surveille toujours discrètement vos pensées. En écoutant, il apprend. Si vous lui enseignez qu'il est limité, il le deviendra. Mais si vous faites l'opposé ? Si vous lui apprenez à être illimité ?

Imaginez que votre cerveau est comme un piano à queue Steinway. Toutes les touches sont en place, prêtes à produire un son au contact d'un doigt. Que ce soit un néophyte ou un virtuose à la renommée mondiale tel que Vladimir Horowitz ou Arthur Rubinstein qui prenne place devant lui, l'instrument reste physiquement le même. Mais c'est la musique qui sera produite qui sera complètement différente. Le novice utilise moins d'1 % du potentiel du piano, tandis que le virtuose repousse les limites de l'instrument.

Si le monde de la musique n'avait pas de virtuose, personne n'imaginerait toutes les choses incroyables que l'on peut réaliser avec un piano à queue Steinway. Heureusement, les recherches sur les performances cérébrales donnent des exemples stupéfiants de réalisation brillante d'un potentiel inexploité. Ce n'est que maintenant que ces individus étonnants sont étudiés par scintigraphie cérébrale, ce qui rend leurs compétences d'autant plus étonnantes et mystérieuses.

Prenons par exemple Magnus Carlsen, le prodige norvégien des échecs. Il a atteint le rang le plus élevé de ce jeu, celui de grand maître, à l'âge de 13 ans, étant ainsi le troisième plus jeune joueur de tous les temps. C'est à peu près à cette époque, lors d'une partie rapide, qu'il a forcé Garry Kasparov, l'ancien champion du monde des échecs, à faire match nul. « J'étais nerveux et intimidé, se rappelle Carlsen ; sinon, je l'aurais battu. » Pour jouer aux échecs à un tel niveau, un grand maître doit être capable de se référer, instantanément et automatiquement, à des milliers de parties enregistrées dans sa mémoire. Néanmoins, la manière dont une personne parvient à se rappeler autant de coups individuels – par millions – est totalement mystérieuse. Lors d'une démonstration télévisée de ses facultés, le jeune Carlsen, aujourd'hui âgé de 21 ans, a affronté simultanément dix opposants dans une partie rapide, le dos tourné aux échiquiers.

En d'autres termes, il lui fallait se rappeler dix échiquiers différents, avec leurs 32 pièces, la pendule ne laissant que quelques secondes par coup. La performance de Carlsen définit les limites de la mémoire, ou n'en donne qu'un aperçu. S'il est difficile à une personne normale d'imaginer avoir pareille mémoire, le fait est que ce très grand joueur ne force pas sur son cerveau. Il le dit lui-même : ce qu'il fait lui semble tout à fait naturel.

Nous croyons que toute prouesse mentale remarquable est un point de repère qui montre le chemin à suivre. Vous ne saurez pas ce que peut accomplir votre cerveau tant que vous n'aurez pas testé, puis repoussé ses limites. Même si l'usage actuel que vous faites de votre cerveau est inefficace, une chose est certaine : c'est la clé de votre avenir. Votre succès dans la vie dépend de cet organe, pour la simple raison que toutes vos expériences passent par lui.

Notre intention est que cet ouvrage soit aussi pratique que possible, car le supercerveau peut résoudre des problèmes très difficiles, voire impossibles à résoudre pour le cerveau de base. Chaque chapitre se terminera donc par une partie décrivant les solutions apportées par le supercerveau et donnant tout un ensemble de suggestions novatrices pour triompher de nombreux défis très courants dans la vie.

5 MYTHES À DISSIPER

C'est en établissant un nouveau rapport à votre cerveau que vous pouvez changer votre réalité. Plus les neuroscientifiques font de découvertes, plus il semble que le cerveau a des pouvoirs cachés. Cet organe traite les données brutes de la vie, en bon serviteur de n'importe lequel de vos désirs, de n'importe laquelle de vos visions. Le monde physique solide ne peut résister à cette force et pourtant, pour y accéder, il faut de nouvelles croyances. Votre cerveau ne peut faire ce qu'il ne pense pouvoir réaliser.

Il y a en particulier cinq mythes qui se sont avérés des limites, des obstacles au changement. Tous étaient communément admis, il y a encore de cela dix ou vingt ans.

LE CERVEAU NE PEUT GUÉRIR DE SES LÉSIONS.

Nous savons maintenant que le cerveau a d'incroyables pouvoirs de guérison insoupçonnés par le passé.

CE QUI A ÉTÉ PROFONDÉMENT ANCRÉ DANS LE CERVEAU NE PEUT ÊTRE CHANGÉ.

En réalité, la différence entre ce qui est gravé dans la pierre et ce qui est flexible évolue constamment et notre capacité à restructurer notre cerveau reste intacte de la naissance à la fin de la vie.

LE VIEILLISSEMENT CÉRÉBRAL EST INÉVITABLE ET IRRÉVERSIBLE.

Allant à l'encontre de cette croyance obsolète, de nouvelles techniques de rajeunissement cérébral et de préservation de l'acuité mentale voient constamment le jour.

LE CERVEAU PERD DES MILLIONS DE CELLULES CHAQUE JOUR, QUI NE PEUVENT ÊTRE REMPLACÉES.

En réalité, le cerveau contient des cellules souches capables de se développer et de devenir de nouvelles cellules cérébrales à tout moment de la vie. La disparition et l'apparition des cellules cérébrales sont des questions complexes. La plupart des découvertes ont de quoi rassurer toute personne craignant de perdre des facultés mentales avec le vieillissement.

LES RÉACTIONS PRIMITIVES (LA PEUR, LA COLÈRE, LA JALOUSIE, L'AGRESSION) PRENNENT LE PAS SUR LE CERVEAU SUPÉRIEUR.

Notre cerveau ayant gardé l'empreinte de la mémoire génétique sur plusieurs milliers de générations, le cerveau inférieur existe toujours et génère des pulsions primitives et souvent négatives telles que la peur et la colère. Mais le cerveau évolue constamment et nous sommes maintenant en mesure de maîtriser le cerveau inférieur par l'intermédiaire du choix et du libre arbitre. La discipline nouvelle qu'est la psychologie positive nous enseigne comment utiliser au mieux le libre arbitre pour favoriser le bonheur et surmonter la négativité.

Le fait que la vérité sur ces cinq mythes ait éclaté au grand jour est une bonne chose. L'ancienne conception donnait l'impression que le cerveau était figé, mécanique, et qu'il se détériorait régulièrement. Il s'avère qu'on en est loin. À la minute même, vous êtes en train de créer votre réalité et si ce processus se poursuit de manière dynamique, votre cerveau pourra suivre, d'année en année.

Explorons maintenant en détail la manière de dissiper ces mythes dépassés en fonction de notre expérience et de nos attentes.

MYTHE 1. LE CERVEAU NE PEUT GUÉRIR DE SES LÉSIONS.

Quand le cerveau est blessé en raison d'un traumatisme lié par exemple à un accident de voiture ou à un AVC, les cellules nerveuses et leurs connexions entre elles (synapses) disparaissent. Pendant longtemps, on a cru que les lésions cérébrales ne laissaient pas aux victimes d'autre choix que de se servir des fonctions restantes. Mais au cours des deux dernières décennies, une découverte majeure a été faite et des études trop nombreuses pour être énumérées l'ont confirmé. Quand des neurones et des synapses disparaissent à la suite d'une lésion, les neurones avoisinants compensent cette perte et essayent de rétablir les connexions manquantes, reconstruisant ainsi le réseau neuronal endommagé.

Ces neurones avoisinants accélèrent la cadence et opèrent une « régénération compensatoire » des parties principales d'eux-mêmes qui leur permettent de se projeter (le tronc central, ou axone, et les nombreuses branches en forme de fil, ou dendrites). Cette nouvelle croissance contrebalance les connexions perdues dans le réseau neuronal complexe auquel appartient chaque cellule cérébrale.

Avec le recul, on a trouvé étrange que la science ait autrefois réfuté cette faculté des cellules cérébrales pourtant fréquemment présente dans d'autres nerfs. Dès la fin du XVIIIe siècle, les scientifiques savaient que les neurones du système nerveux périphérique (les nerfs parcourant le corps en dehors du cerveau et de la moelle épinière) étaient à même de se régénérer. En 1776, William Cumberland Cruikshank, un anatomiste d'origine écossaise, a découpé dans le cou d'un chien une portion d'un peu plus d'1 cm dans le nerf pneumogastrique, ou nerf « vague ». Ce dernier parvient au cerveau par l'intermédiaire de la carotide dans la gorge et il contribue à réguler certaines fonctions majeures (rythme cardiaque, transpiration, mouvements musculaires de la parole) et à maintenir le larynx ouvert pour permettre la respiration. Si les deux branches nerveuses sont coupées, le résultat est la mort. Cruikshank n'en a découpé qu'une et il s'est aperçu que l'écart ainsi créé a bientôt été remplacé par de nouveaux tissus nerveux. Mais quand il a soumis son compte rendu à la Société royale, il s'est heurté au scepticisme et a dû attendre des décennies avant d'être publié.

Entre-temps, d'autres preuves sont venues confirmer que les nerfs périphériques tels que le nerf pneumogastrique pouvaient guérir en cas de coupure (vous pouvez faire cette même expérience quand une entaille profonde insensibilise votre doigt ; au bout d'un certain temps, les sensations reviennent). Mais pendant des siècles, on a cru que les nerfs du système nerveux central (le cerveau et la moelle épinière) ne pouvaient en faire de même.

Il est vrai que le système nerveux central ne peut se régénérer avec la même robustesse et rapidité que le système nerveux périphérique. Les cellules nerveuses (neurones) sont de véritables merveilles de la nature dans leur capacité à créer notre perception de la réalité. Les neurones se relient entre eux de sorte à former des réseaux vastes et complexes. Votre cerveau contient plus de 100 milliards de neurones et jusqu'à un million de milliards de connexions appelées synapses.

Les neurones projettent des fils vermiformes appelés axones et dendrites qui envoient des signaux à la fois chimiques et électriques dans le creux qui sépare les synapses. Un neurone contient de nombreuses dendrites permettant de recevoir des informations en provenance d'autres cellules nerveuses. Mais il n'a qu'un axone, qui peut s'étendre sur plus d'1 m. Un cerveau humain adulte contient bien plus de 150 000 km d'axones et d'innombrables dendrites, ce qui suffirait à recouvrir quatre fois la terre.

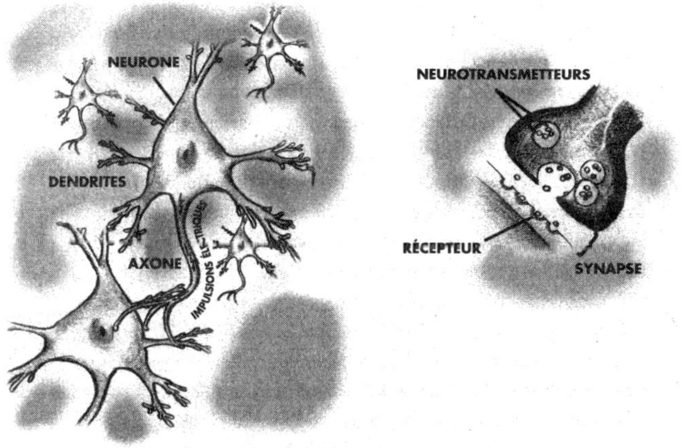

Schéma 1 : neurones et synapses

Cependant, en raison de la « neuroplasticité », le cerveau peut remodeler et réorganiser ses connexions à la suite d'une lésion. Cette restructuration donne sa définition fonctionnelle à la plasticité, brûlant sujet d'actualité. *Neuro* provient de neurone, tandis que *plasticité* est synonyme de malléabilité, souplesse. D'après l'ancienne théorie, les nourrissons procédaient à l'organisation de leurs réseaux neuronaux dans le cadre naturel de leur développement, à la suite de quoi le processus s'arrêtait et les choses étaient gravées dans le marbre. Aujourd'hui, on associe la projection des cellules nerveuses dans le cerveau à de longs vers fins se régénérant continuellement en réaction à leurs expériences, leur apprentissage et leurs blessures. Guérir et évoluer sont deux phénomènes intimement liés.

Votre cerveau se remodèle en ce moment même. Une lésion n'est pas nécessaire pour déclencher ce processus, il suffit d'être en vie. Par ailleurs, vous pouvez encourager la neuroplasticité en vous exposant à de nouvelles expériences. Il est mieux de décider délibérément d'apprendre de nouvelles compétences. Et si vous faites preuve de passion et d'enthousiasme, c'est encore mieux. Le simple fait de donner à une personne âgée un animal de compagnie dont elle va prendre soin renforce sa volonté de vivre. Le fait que le cerveau soit affecté a un impact, mais il faut se rappeler que les neurones sont des serviteurs. La dissection révèle des changements au niveau de la projection nerveuse et des gènes. Toutefois, c'est en trouvant un but nouveau et quelque chose de nouveau à aimer qu'une personne âgée est véritablement revigorée.

La neuroplasticité est encore plus intéressante que la prédominance de l'esprit sur la matière. En l'occurrence, l'esprit devient matière à mesure que vos pensées créent une nouvelle croissance neuronale. Autrefois, ce phénomène faisait l'objet de railleries et les neuroscientifiques qui parlaient de neuroplasticité étaient décriés. Cela n'empêche pas que de nombreux concepts nouveaux qui seront probablement considérés comme précurseurs et fondamentaux dans plusieurs décennies sont aujourd'hui encore jugés insensés et inutiles. Avant de parvenir à la gloire, la neuroplasticité a connu des débuts difficiles.

Le fait que l'esprit ait un tel pouvoir sur la matière a été une découverte historique pour nous deux dans les années 1980. Deepak se concentrait alors sur l'aspect spirituel du rapport entre le corps et l'esprit et il promouvait la méditation et la médecine alternative. Il était inspiré par un dicton sur lequel il était tombé il y a des années : « Si vous voulez savoir à quoi ressemblaient vos pensées hier, regardez votre corps aujourd'hui. Si vous voulez savoir à quoi ressemblera votre corps demain, regardez vos pensées aujourd'hui. »

Cette découverte révolutionnaire a véritablement marqué Rudy à l'époque où il était étudiant à l'école de médecine d'Harvard et où il participait au programme de neurosciences. Il travaillait à l'époque à l'hôpital pour enfants de Boston et essayait d'isoler le gène qui produisait la toxine cérébrale majeure responsable de la maladie d'Alzheimer, la protéine bêta-amyloïde (surnommée peptide bêta-A par certains), la substance gluante qui s'accumule dans le cerveau et joue un rôle dans le dysfonctionnement et la rupture des neurones. Rudy dévorait tous les articles qu'il trouvait sur la maladie d'Alzheimer et sur cette substance amyloïde toxique. Celle-ci peut se décliner en bêta-amyloïde dans le cas de cette dernière pathologie ou en prion amyloïde dans le cas des maladies liées à la vache folle.

Un jour, il a lu un article qui montrait que le cerveau d'un patient atteint de la maladie d'Alzheimer s'était confronté à l'accumulation de la protéine bêta-amyloïde pour tenter de remodeler la partie du cerveau touché, l'hippocampe, responsable de la mémoire à court terme et situé dans le lobe temporal (ainsi nommé parce qu'on le trouve dans le crâne en dessous des tempes).

Le fait que le cerveau puisse essayer de trouver un moyen de contourner des dommages gravissimes a modifié toute la perception de Rudy de la maladie qu'il étudiait jour et nuit dans un laboratoire douillet de la taille d'une petite réserve au quatrième étage de l'hôpital. Entre 1985 et 1988, il s'est concentré sur l'identification du gène à cause duquel la protéine bêta-amyloïde s'accumule excessivement dans le cerveau des patients atteints de la maladie d'Alzheimer. Chaque jour, il travaillait aux côtés de son collègue Rachel Neve, avec de la musique en fond sonore, en particulier celle de Keith Jarrett, sans doute le meilleur pianiste de jazz qui ait jamais existé.

Rudy adorait les concerts de ce pianiste en raison des brillantes improvisations qu'il faisait. Jarrett avait conçu un mot pour désigner cela : « extemporisé ». En d'autres termes, ses concerts étaient totalement spontanés. Pour Rudy, Jarret exprimait dans la musique le fonctionnement au quotidien du cerveau, qui réagit instantanément et de manière créative en s'appuyant sur toute une vie d'expériences. La sagesse qui se renouvelle d'instant en instant. La mémoire qui connaît un souffle nouveau. On peut dire à juste titre que quand Rudy a découvert le premier gène de la maladie d'Alzheimer, la protéine précurseur de l'amyloïde (APP), dans ce petit labo du quatrième étage, sa muse était Keith Jarrett.

C'est dans ce contexte qu'intervient en 1986 l'article qui a donné aux patients atteints de la maladie d'Alzheimer l'espoir d'une régénération des tissus cérébraux. Par une journée anormalement froide même pour un hiver bostonien, Rudy était assis dans les rayons accessibles du troisième étage de la bibliothèque de l'école de médecine d'Harvard, où il respirait l'odeur familière du vieux papier moisi – certains articles scientifiques n'avaient pas vu la lumière du jour depuis des décennies.

Parmi les nouveaux articles disponibles sur la maladie d'Alzheimer, il s'en trouvait un dans la revue *Science*, présenté par Jim Geddes et ses collègues, dont le titre intrigant était « Plasticité des circuits de l'hippocampe dans la maladie d'Alzheimer ». Après y avoir jeté un coup d'œil, Rudy s'est précipité vers le changeur de monnaie afin d'en retirer une poignée de pièces jaunes pour la photocopieuse (les revues numérisées n'existaient pas encore). Après que Rudy et Rachel l'eurent soigneusement lu ensemble, ils se sont fixés d'un regard médusé pendant ce qui leur a paru des heures, avant de s'exclamer : « Trop cool !! » Le mystère de l'autoguérison cérébrale venait d'entrer dans leur vie.

Voici ce que disait en essence cette étude capitale. Dans la maladie d'Alzheimer, l'une des premières choses touchée est la mémoire à court terme. Dans le cerveau, les projections neuronales clés qui permettent le stockage des informations sensorielles sont littéralement rompues (on en revient à l'expérience de Cruikshank qui a découpé le nerf vague d'un chien). Il existe en particulier une petite poche enflée composée de cellules nerveuses dans le cerveau et appelée cortex entorhinal, qui agit en tant que relais de toutes les informations sensorielles que vous absorbez et qui les envoient à l'hippocampe pour y être stockées à court terme (si vous vous rappelez que Rudy travaillait avec un collègue du nom de Rachel, c'est grâce à votre hippocampe). Ce dernier tire son nom de l'animal éponyme auquel il ressemble. Créez deux C à l'aide du pouce et de l'index de chaque main, mettez-les face à face, puis faites-les s'encastrer sur un plan parallèle, et vous obtiendrez à peu près la bonne forme.

Disons que vous revenez de vos courses et que vous voulez parler à une amie des chaussures rouges qui lui conviendraient parfaitement. L'image de ces chaussures, qui passe à travers le cortex entorhinal, est relayée par le truchement des projections neuronales appelées voie perforante. On en arrive à la raison physiologique pour laquelle un patient atteint de la maladie d'Alzheimer ne se souviendra pas de ces chaussures. Chez ces patients, la région exacte dans laquelle la voie perforante transperce l'hippocampe contient généralement une myriade de protéines bêta-amyloïdes neurotoxiques, qui court-circuitent le transfert des informations sensorielles. Et pour ne rien arranger, les terminaisons nerveuses commencent à se rétrécir et à se rompre dans la même région, ce qui crée une coupure nette dans la voie perforante.

Les cellules nerveuses du cortex entorhinal qui devraient créer ces terminaisons nerveuses meurent bientôt, car elles dépendent de la présence de ces facteurs de croissance, des protéines qui soutiennent leur survie, dans les terminaisons nerveuses autrefois reliées à l'hippocampe. Au bout du compte, la personne n'a plus accès à la mémoire et l'apprentissage à court terme et la démence s'installe. Le résultat est catastrophique. Comme le dit un dicton, on ne sait pas qu'on a la maladie d'Alzheimer quand on oublie où l'on a mis les clés de sa voiture. On sait que l'on a la maladie d'Alzheimer quand on oublie à quoi elles servent.

Dans son étude fondamentale, Geddes et ses collègues ont montré que dans ce cas de nécrose neuronale massive, un phénomène rien de moins que magique se produit. Les neurones avoisinants qui survivent commencent à émettre de nouvelles projections pour compenser la perte des anciens. Il s'agit d'une forme de neuroplasticité appelée régénération compensatoire. Pour la première fois, Rudy s'est retrouvé face à l'une des propriétés les plus miraculeuses du cerveau. C'était comme si une rose était cueillie dans un rosier et que le rosier d'à côté lui tendait une nouvelle rose.

Soudain, Rudy a éprouvé une appréciation profonde à l'égard de la puissance et de la résilience extraordinaires du cerveau humain. Il s'est alors dit : « Ne jamais sous-estimer le cerveau. ». Grâce à la neuroplasticité, le cerveau est devenu un organe merveilleusement adaptable et remarquablement régénérateur. On espérait même qu'il suffirait de s'y prendre suffisamment tôt, en cas de lésion cérébrale des suites de la maladie d'Alzheimer, pour avoir recours à la neuroplasticité. C'est l'une des possibilités les plus prometteuses pour les recherches à venir.

MYTHE 2. CE QUI A ÉTÉ PROFONDÉMENT ANCRÉ DANS LE CERVEAU NE PEUT ÊTRE CHANGÉ.

Durant toute la période qui a précédé la légitimation de la neuroplasticité, la médecine aurait pu écouter le philosophe suisse Jean-Jacques Rousseau, qui affirmait au milieu du XVIIIe siècle que la nature n'était ni stagnante ni machinale, mais vivante et dynamique. Il suggérait également que le cerveau se réorganisait continuellement en fonction de nos expériences. Par conséquent, les gens devaient faire de l'exercice mental tout autant que de l'exercice physique. En tout état de cause, c'est peut-être la première fois qu'il a été déclaré que notre cerveau était flexible, plastique et capable de s'adapter aux changements environnementaux.

Beaucoup plus tard, au milieu du XXe siècle, le psychologue américain Karl Lashley a prouvé ce phénomène. Lashley a entraîné des rats à chercher de la nourriture en guise de récompense dans un labyrinthe, puis il leur a enlevé de grandes portions de cortex cérébral, morceau après morceau, pour voir à quel moment ils oublieraient ce qu'ils avaient précédemment appris. Il supposait, étant donné la délicatesse du tissu cérébral et la dépendance totale d'une créature à son cerveau, que le fait de retirer une petite portion conduirait à des pertes de mémoire graves.

Lashley a été stupéfait de découvrir qu'il pouvait enlever 90 % du cortex d'un rat sans que cela n'empêche l'animal de continuer de se diriger avec succès dans le labyrinthe. Il s'est avéré que dans leur apprentissage directionnel, les rats créent de nombreux types différents de synapses redondantes à partir de tous leurs sens. Plusieurs parties de leur cerveau interagissent de sorte à former un ensemble d'associations sensorielles qui se chevauchent. En d'autres termes, les rats ne trouvaient pas seulement leur chemin dans le labyrinthe grâce à la vue, mais aussi grâce à l'odorat et au ressenti. Quand on enlevait des morceaux de cortex cérébral, le cerveau formait de nouvelles projections (axones) et de nouvelles synapses afin de se servir des autres sens pour mettre à profit les indications restantes, aussi peu nombreuses soient-elles.

C'est là le premier indice fort que ce que l'on considère comme gravé dans le cerveau devrait être accueilli avec scepticisme. Cet organe se compose de circuits, mais ils ne sont pas gravés « dans la pierre », étant faits de tissus vivants. Phénomène plus important encore, ces circuits sont remodelés par les pensées, les souvenirs, les désirs et les expériences. À ce sujet, Deepak se souvient d'un article médical controversé en 1980 intitulé, comme pour plaisanter : « Le cerveau est-il vraiment nécessaire ? » Il s'appuyait sur le travail du neurologue britannique John Lorber qui avait étudié des victimes d'un trouble cérébral connu sous le nom d'hydrocéphalie (« de l'eau dans le cerveau »), provoquant une accumulation excessive de liquide. La pression résultante comprime les cellules cérébrales jusqu'à la nécrose. L'hydrocéphalie entraîne l'arriération, ainsi que d'autres dommages graves et même la mort.

Lorber avait déjà évoqué à l'écrit l'histoire de deux nourrissons nés sans cortex cérébral. Pourtant, malgré cette anomalie rare et fatale, ils semblaient se développer normalement, sans signes extérieurs de dommages. Un enfant a survécu trois mois, l'autre un an. Comme si cela n'était pas suffisamment remarquable, un collègue de l'université de Sheffield lui a envoyé un jeune homme qui avait une tête volumineuse. Il avait obtenu son diplôme universitaire de mathématiques avec mention très bien et avait un QI de 126. Il n'avait aucun symptôme d'hydrocéphalie ; le jeune homme menait une vie normale. Pourtant, un scanner a révélé qu'il n'avait, selon les dires de Lorber, « virtuellement aucun cerveau ». Le crâne était capitonné par une fine couche de cellules cérébrales épaisses d'environ 1 mm, tandis que l'espace restant dans le crâne était rempli de liquide cérébral.

Malgré l'aspect choquant de ce trouble, Lorber a persévéré et a consigné plus de 600 cas. Il a réparti ses sujets en quatre catégories en fonction de la quantité de liquide présent dans le cerveau. La catégorie la plus gravement touchée, qui ne représentait que 10 % de l'échantillon, était composée de personnes dont la cavité cérébrale était remplie à 95 % de liquide. La moitié d'entre eux était gravement arriérée ; l'autre moitié, étonnamment, avait des QI supérieurs à 100.

Il fallait s'y attendre : les sceptiques sont passés à l'attaque. Certains d'entre eux ont déclaré que Lorber devait avoir fait une mauvaise lecture du scanner, mais il les a assurés qu'il avait des preuves solides. D'autres ont affirmé qu'ils n'avaient pas vraiment pesé la matière cérébrale restante, ce à quoi il a sèchement répondu : « Je ne peux pas dire si l'étudiant en mathématiques a un cerveau qui pèse 50 g ou 150 g, mais une chose est claire : on est très loin des 1,5 kg normaux. » Des neurologistes plus compréhensifs ont déclaré que ces résultats étaient la preuve de la redondance du cerveau – de nombreuses fonctions sont recopiées et se chevauchent. D'autres encore ont fait peu de cas de cette explication, remarquant que « la redondance est une dérobade qui permet de justifier ce que l'on ne comprend pas ». Aujourd'hui encore, tout ce phénomène est enrobé de mystère, mais il nous faut le garder à l'esprit pour la suite de la discussion. Pourrait-il s'agir d'un exemple radical montrant que la puissance de l'esprit peut faire suivre des ordres au cerveau, même quand celui-ci est extrêmement diminué ?

Mais nous ne devons pas nous arrêter aux lésions cérébrales. Dans un exemple plus récent de restructuration neuronale, le neuroscientifique Michael Merzenich et ses collègues de l'université de Californie à San Francisco ont étudié sept petits singes entraînés à utiliser leurs doigts pour trouver de la nourriture. En guise d'installation, des petites pastilles parfumées à la banane ont été placées au fond de petits compartiments, ou puits à nourriture, sur un plateau en plastique. Certains des puits étaient larges et peu profonds, tandis que d'autres étaient étroits et profonds. Naturellement, quand un singe essayait de récupérer la nourriture, il obtenait le plus souvent de meilleurs résultats avec les puits larges et peu profonds, et échouait quand les compartiments étaient étroits et profonds. Toutefois, au fil du temps, tous les singes sont devenus extrêmement adroits et ont fini par réussir à chaque coup, même quand leurs petits doigts devaient aller chercher une pastille très en profondeur.

Ensuite, l'équipe a fait des scintigraphies cérébrales d'une zone spécifique appelée cortex somatosensoriel, qui contrôle le mouvement des doigts, dans l'espoir de montrer que l'expérience d'apprentissage d'une compétence avait modifié les cerveaux des singes. L'opération s'est avérée un succès. Cette aire cérébrale s'était reliée à d'autres afin d'augmenter les chances de trouver davantage de nourriture à l'avenir. Merzenich a indiqué que quand les aires cérébrales amorcent des interactions nouvelles, elles se restructurent et créent de nouveaux circuits. Dans cette forme de neuroplasticité, les neurones compatibles se connectent. Au quotidien, si nous décidons d'apprendre de nouvelles choses ou de faire des choses connues d'une nouvelle manière (par exemple aller au travail en empruntant un nouveau trajet ou en prenant le bus au lieu de la voiture), nous créons de nouvelles connexions dans notre cerveau qui se voit amélioré. L'exercice physique permet de développer les muscles ; l'exercice mental crée de nouvelles synapses qui consolident le réseau neuronal.

De nombreux autres exemples renforcent l'idée selon laquelle la doctrine traditionnelle du cerveau stagnant et immuable est erronée. Les patients victimes d'AVC ne sont pas obligés de s'en tenir à la lésion cérébrale provoquée par la rupture d'un vaisseau sanguin ou par un caillot. Quand les cellules cérébrales meurent, les cellules voisines peuvent compenser et maintenir l'intégrité du circuit neuronal. Pour vous aider à mieux comprendre, sachez que vous voyez la maison dans laquelle vous avez grandi, vous vous rappelez votre premier baiser et vous chérissez votre cercle d'amis grâce à un circuit neuronal hautement personnalisé qu'il a fallu toute une vie pour créer.

Pour illustrer la faculté miraculeuse du cerveau à se réorganiser, voici le cas d'un mécanicien automobile ayant souffert de graves traumatismes cérébraux après avoir été projeté à l'extérieur de sa voiture lors d'un accident de la circulation. Il s'est retrouvé paralysé et ne pouvait plus que cligner des yeux ou faire de légers signes de la tête pour communiquer. Mais au bout de dix-sept ans, cet homme est sorti spontanément de son état semi-comateux. Dans la semaine qui a suivi, il a connu un rétablissement stupéfiant au point de retrouver l'usage normal de la parole et la capacité à faire certains mouvements. Dans l'année et demie qui a suivi, une imagerie cérébrale a donné des preuves visibles qu'il recréait de nouvelles voies pouvant rétablir ses fonctions cérébrales. Les cellules nerveuses saines formaient de nouveaux axones (troncs centraux) et dendrites (nombreuses branches semblables à des fils) de sorte à créer un circuit neuronal qui compenserait les cellules nerveuses mortes. Rien que de la neuroplasticité classique !

La morale de l'histoire est qu'il n'y a rien de « gravé dans le cerveau ». Cet organe est incroyablement résilient ; le merveilleux processus de la neuroplasticité vous donne la faculté, par vos pensées, sentiments et actes, de vous épanouir comme vous le souhaitez.

MYTHE 3. LE VIEILLISSEMENT CÉRÉBRAL EST INÉVITABLE ET IRRÉVERSIBLE.

Un mouvement connu sous le nom de « nouvelle vieillesse » se propage dans la société. La norme sociale voulait autrefois que les personnes âgées fussent passives et maussades ; confinées à leurs rocking-chairs, on s'attendait à ce qu'elles connaissent un déclin physique et mental. Aujourd'hui, c'est l'inverse qui est vrai. Les personnes d'un certain âge s'attendent davantage à rester actives et énergiques. Par voie de conséquence, la définition du vieillissement a évolué. Lors d'une étude, on a demandé à un échantillon de baby-boomers : « Quand commence le vieillissement ? » La réponse moyenne a été 85 ans. Les attentes étant plus élevées, il est clair que le cerveau se doit de suivre la cadence et d'aller dans le sens de ce nouveau vieillissement. Selon l'ancienne théorie du cerveau rigide et stagnant, le vieillissement cérébral était inévitable. On pensait que les cellules cérébrales mouraient continuellement avec le vieillissement et que ce processus était irréversible.

Maintenant que l'on comprend à quel point le cerveau est flexible et dynamique, le caractère inéluctable de la disparition cellulaire n'a plus lieu d'être. Le vieillissement, qui progresse à une allure d'environ 1 % par an après l'âge de 30 ans, est différent d'une personne à l'autre. Même des jumeaux, pourtant identiques et nés avec les mêmes gènes, auront des schémas d'activité génique très divergents à l'âge de 70 ans et leurs corps pourront être radicalement différents en raison des choix liés au mode de vie. Ce n'est pas que ces choix ont ajouté ou soustrait quoi que ce soit aux gènes qu'ils avaient à leur naissance, mais plutôt que presque chaque aspect de la vie – l'alimentation, l'activité, le stress, les relations, le travail et l'environnement physique – a modifié l'activité de ces gènes. En effet, absolument aucun aspect du vieillissement n'est inéluctable. Quelle que soit la fonction mentale ou physique, on peut trouver des personnes qui s'améliorent avec le temps. Il existe des agents de change de 90 ans qui réalisent des transactions complexes en s'appuyant sur une mémoire améliorée au fil du temps.

Le problème est que parmi nous, trop d'individus adhèrent à la norme. Avec l'âge, nous avons tendance à devenir paresseux et apathiques dans notre apprentissage. Des stress moindres suffisent à nous irriter, et qui plus est, ceux-ci nous travaillent plus longtemps. Là où autrefois, une personne âgée pouvait arguer qu'elle était « trop vieille pour changer », aujourd'hui, on peut associer ce comportement au rapport entre le mental et le cerveau. Parfois, c'est le cerveau qui prédomine dans ce partenariat. Supposons qu'un restaurant n'ait plus de place pour ses clients qui ont pourtant réservé. Une personne jeune qui doit faire la queue ressentira une irritation légère, qui se dissipera quand elle sera assise. Une personne plus âgée pourra réagir par un accès de colère, et entretenir sa rancœur même après s'être assise. C'est le cerveau qui est responsable de cette différence de réaction au stress physique. De même, quand les personnes d'un certain âge sont débordées par un trop-plein sensoriel (le bruit des encombrements, la foule dans un grand magasin), il est probable que leurs cerveaux soient diminués dans leur capacité à intégrer des torrents d'informations en provenance d'un environnement surchargé.

Néanmoins, la plupart du temps, c'est le mental qui prédomine dans cette relation. Avec l'âge, on a tendance à simplifier ses activités mentales, ce qui correspond à un mécanisme de défense ou à un moyen de réconfort. On se sent en sécurité dans ce que l'on sait déjà et on change de trajectoire pour éviter d'avoir à apprendre quelque chose de nouveau. Pour les jeunes, cette attitude est une marque d'irritabilité et d'entêtement, mais la véritable cause en est la danse du mental et du cerveau. Pour beaucoup de personnes âgées, mais pas toutes, la musique ralentit. Le plus important est qu'elles ne s'éloignent pas de la piste de danse, car sinon, c'est le déclin mental et cérébral qui les attend. Ainsi, au lieu de créer de nouvelles synapses, le cerveau renforce celles qui existent déjà. Dans cette spirale descendante, la personne âgée finira par avoir moins de dendrites et de synapses par neurone dans son cortex cérébral.

Heureusement, on peut faire des choix conscients. Vous pouvez décider d'être conscient des pensées et sentiments relayés par votre cerveau à chaque minute. Vous pouvez choisir de suivre une courbe d'apprentissage ascendante quel que soit votre âge. Vous créerez ainsi de nouvelles dendrites, synapses et voies neuronales qui augmenteront la santé de votre cerveau et contribueront à éloigner la maladie d'Alzheimer (comme cela est suggéré par les dernières découvertes scientifiques).

Si l'inéluctabilité a été remise en question, qu'en est-il de l'irréversibilité des effets du vieillissement ? Avec l'âge, beaucoup d'entre nous ont de plus en plus le sentiment d'être lâchés par leur mémoire. On ne se souvient plus pourquoi on est entré dans une pièce et en plaisantant, on attribue cela à un « coup de vieux », tout en restant plutôt sur la défensive. Rudy a un chat merveilleux qui le suit partout à la manière d'un chien. Plus d'une fois, il s'est levé de sa chaise dans son salon et s'est dirigé vers la cuisine, son chat derrière lui, pour s'apercevoir, une fois arrivés, que tous les deux se regardaient fixement d'un air ahuri : aucun ne se souvenait de l'objectif de ce déplacement. Si ces trous de mémoire peuvent être associés à une mémoire défaillante liée au vieillissement, ils sont en réalité dus à une insuffisance de l'apprentissage, c'est-à-dire de l'enregistrement de nouvelles informations dans le cerveau. Dans de nombreux cas, on est tellement las ou distrait dans ce que l'on fait qu'un simple déficit d'attention conduit à une diminution de l'apprentissage. Quand on ne peut se souvenir d'une chose aussi simple que de l'endroit où l'on a placé ses clés, cela signifie qu'à l'origine, on n'a pas appris, ou enregistré, cet endroit. En tant qu'utilisateur de son cerveau, on n'a pas placé, ou consolidé, l'information sensorielle dans la mémoire à court terme au moment où l'on a posé les clés. *On ne peut se rappeler ce que l'on n'a jamais appris.*

Si vous restez alerte, votre cerveau restera sain et continuera de vous servir tout au long de votre vieillissement. Attendez-vous à être alerte, au lieu de craindre le déclin et la sénilité. Pour nous (Rudy étant un chercheur de pointe dans le domaine de la maladie d'Alzheimer), une campagne publique alarmant les gens sur les effets de la sénilité aurait des effets nuisibles. Les attentes sont des moteurs cérébraux puissants. Si vous anticipez une perte de mémoire et que vous tiquez à chaque trou de mémoire insignifiant, vous interférez avec le processus naturel, spontané, sans effort de la mémorisation. Sur le plan biologique, jusqu'à 80 % des personnes âgées de plus de 70 ans n'ont pas de perte de mémoire importante. À nous d'avoir des attentes qui vont dans le sens de cette découverte et de ne pas céder à des craintes cachées et pour l'essentiel infondées.

Si vous devenez apathiques et las dans votre vie, ou simplement si vous perdez de votre enthousiasme dans vos expériences d'instant en instant, vous entravez votre potentiel d'apprentissage. Un neurologiste en voudra pour preuve physique que les synapses doivent être consolidées pour obtenir une mémoire à court terme. Mais la plupart du temps, un élément mental précède la preuve physique : on n'a jamais appris ce que l'on croit avoir oublié.

Il n'y a rien de tel que l'émotion pour solidifier un souvenir. Enfants, nous apprenons naturellement, car cela se fait avec passion et enthousiasme. Des émotions comme la joie et l'émerveillement, mais également l'horreur et la peur, intensifient l'apprentissage. C'est cela qui grave les souvenirs dans l'esprit, souvent pour toute une vie. (Essayez de vous remémorer votre premier passe-temps ou votre premier baiser. Maintenant, tentez de vous rappeler le premier député pour lequel vous avez voté ou la marque de la voiture de votre voisin quand vous aviez 10 ans. En général, dans un cas, c'est chose aisée, dans l'autre, ça l'est moins, à moins que vous ne vous soyez passionné dès votre jeune âge pour la politique et les voitures.)

Parfois, le facteur émerveillement efficace chez les enfants fonctionne aussi chez les adultes. Une émotion forte est souvent la clé. Nous nous souvenons tous de l'endroit où nous étions au moment des attentats du 11 Septembre, de même que les personnes d'un certain âge se rappellent où elles étaient le 12 avril 1945, jour où le président Roosevelt est mort soudainement alors qu'il était en vacances dans la « petite Maison-Blanche » à Warm Springs dans l'État de la Géorgie. Dans la mesure où l'on en sait très peu sur la mémoire, on ne saurait dire pourquoi, en matière de fonctions cérébrales, des émotions intenses peuvent engendrer la fixation de souvenirs très détaillés. D'autant plus que certains sentiments forts peuvent avoir l'effet opposé : par exemple, chez les enfants victimes de violences sexuelles, le traumatisme fort qui en résulte est refoulé et ne peut être conscientisé qu'à l'aide d'une thérapie intensive ou de séances d'hypnose. On ne pourra résoudre ces problèmes tant qu'on n'aura pas répondu à certaines questions fondamentales : Qu'est-ce qu'un souvenir ? Comment le cerveau l'enregistre-t-il ? Quelle sorte de trace physique, si tant est qu'il y en ait, laisse un souvenir à l'intérieur d'une cellule cérébrale ?

Tant qu'il n'y aura pas d'autres réponses, nous croirons que l'attitude et les attentes sont la clé. Quand vous redeviendrez passionnés et enthousiastes à l'idée d'apprendre, à l'instar des enfants, de nouvelles dendrites et synapses se formeront et votre mémoire pourra redevenir aussi vivace que pendant votre jeunesse. De plus, quand vous vous rappelez un vieux souvenir en faisant des efforts de mémoire, vous créez de nouvelles synapses, qui renforcent les anciennes et augmentent vos chances de vous rappeler ce même souvenir à l'avenir. En tant que leader et utilisateur de votre cerveau, c'est de votre responsabilité. Vous n'êtes pas votre cerveau ; vous êtes beaucoup plus. Au final, c'est bel et bien l'élément essentiel à ne pas oublier.

MYTHE 4 : LE CERVEAU PERD DES MILLIONS DE CELLULES CHAQUE JOUR, QUI NE PEUVENT ÊTRE REMPLACÉES.

Le cerveau humain perd environ 85 000 neurones corticaux par jour, soit environ un par seconde. Mais il s'agit d'une fraction infinitésimale (0,0002 %) des quelque 40 milliards de neurones que contient notre cortex cérébral. À cette allure, il faudrait plus de 600 ans pour perdre la moitié des neurones du cerveau ! Durant notre jeunesse, on nous a tous dit que quand nos cellules cérébrales disparaissent, c'est irrémédiable : elles ne sont jamais remplacées (pendant notre adolescence, cet avertissement était un argument classique dans les conférences parentales sur les dangers de l'alcool). Mais au cours des dernières décennies, il a été montré que cette perte n'est pas permanente. Le chercheur Paul Coleman, de l'université de Rochester, a montré que le nombre total de cellules nerveuses présentes dans le cerveau à l'âge de 20 ans ne change pas de manière significative quand on atteint l'âge de 70 ans.

On appelle la création de neurones nouveaux la neurogenèse. Ce phénomène a été observé pour la première fois il y a une vingtaine d'années dans le cerveau de certains oiseaux. Par exemple, quand le diamant mandarin développe et apprend de nouveaux chants en vue de l'accouplement, la taille de son cerveau augmente de manière remarquable : des cellules nerveuses sont produites pour accélérer le processus d'apprentissage. Après qu'il a appris son chant, nombre de ces nouvelles cellules nerveuses meurent et le cerveau retrouve sa taille d'origine. Ce processus est connu sous le nom de mort cellulaire programmée, ou apoptose. Les gènes savent non seulement quand il est temps de former de nouvelles cellules (par exemple quand poussent les dents d'adultes en remplacement des dents de lait ou au moment des changements de la puberté), mais également quand il est temps qu'une cellule meure, comme quand on se débarrasse de cellules cutanées, quand on perd des globules sanguins au bout de quelques mois et dans beaucoup d'autres cas. La plupart des gens sont surpris d'apprendre ce fait. Si la mort existe, c'est pour servir la vie. Si vous résistez à cette idée, vos cellules la comprennent, elles, totalement.

Dans les décennies qui ont suivi ces découvertes capitales, les chercheurs ont observé la neurogenèse dans le cerveau des mammifères, en particulier dans l'hippocampe, qui sert à la mémoire à court terme. On sait maintenant que plusieurs milliers de cellules nerveuses naissent dans l'hippocampe chaque jour. Le neuroscientifique Fred Gage, de l'institut Salk, a montré que l'exercice physique et un environnement riche stimulent la création de neurones chez les souris. On voit le même principe en œuvre dans les zoos. Les gorilles et autres primates se languissent si on les maintient enfermés dans des cages sans rien à faire, mais ils s'épanouissent dans de grands enclos contenant des arbres, des balançoires et des jouets. Si nous pouvions apprendre exactement comment induire en toute sécurité la neurogenèse dans le cerveau humain, on pourrait traiter plus efficacement des pathologies ayant entraîné des lésions graves du cerveau, voire la disparition de cellules cérébrales : la maladie d'Alzheimer, les traumatismes cérébraux, les AVC et l'épilepsie. On pourrait aussi préserver de manière fiable la santé du cerveau pendant le vieillissement.

Sam Sisodia, un chercheur de l'université de Chicago spécialisé dans la maladie d'Alzheimer, a montré que l'exercice physique et la stimulation mentale protègent les souris de la maladie d'Alzheimer, alors même qu'on les a manipulées de sorte qu'elles portent dans leur génome une mutation de la version humaine de cette maladie. D'autres études portant sur les rongeurs sont elles aussi encourageantes pour le cerveau normal. En choisissant de faire de l'exercice tous les jours, vous pouvez accroître la production de cellules nerveuses, comme c'est le cas quand vous cherchez activement à apprendre de nouvelles choses. En même temps, vous favorisez la survie de ces nouvelles cellules et connexions. À l'opposé, le stress et les traumatismes émotionnels provoquent la production de glucocorticoïdes dans le cerveau, des toxines qui inhibent la neurogenèse chez les animaux.

On peut sereinement briser le mythe d'une éventuelle disparition de millions de cellules cérébrales par jour. Même l'avertissement parental d'après lequel l'alcool tuerait les cellules cérébrales s'est avéré être une demi-vérité. Une consommation périodique d'alcool ne tue en réalité qu'un nombre minimal de cellules cérébrales, même chez les alcooliques (qui s'exposent quand même à de nombreux dangers réels pour leur santé). La boisson a en revanche des conséquences réelles sur les dendrites, mais des études semblent indiquer que ces dommages sont pour l'essentiel réversibles. La morale de l'histoire est que d'une part, quand nous vieillissons, des zones clés du cerveau liées à la mémoire et à l'apprentissage continuent de produire des cellules nerveuses et d'autre part, ce processus peut être dynamisé par l'exercice physique, les activités mentales stimulantes (par exemple la lecture de ce livre) et l'interaction sociale.

MYTHE 5. LES RÉACTIONS PRIMITIVES (LA PEUR, LA COLÈRE, LA JALOUSIE, L'AGRESSION) PRENNENT LE PAS SUR LE CERVEAU SUPÉRIEUR.

La plupart des gens ont au minimum eu vent de l'inexactitude des quatre premiers mythes. En revanche, le cinquième semble gagner du terrain. Les raisons pour lesquelles on déclare que les êtres humains sont mus par des pulsions primitives sont partiellement scientifiques, partiellement morales et partiellement psychologiques. Pour résumer cela en une phrase : « Nous sommes nés mauvais, car Dieu nous punit ; d'ailleurs, même la science en convient. » Trop de personnes croient à une partie ou à l'autre de cette phrase, voire à son intégralité.

Examinons ce qui semble être la position rationnelle, l'argumentaire scientifique. Nous naissons tous avec une mémoire génétique qui éveille en nous les instincts de base dont nous avons besoin pour survivre. L'évolution a pour but d'assurer la propagation de l'espèce. Nos besoins instinctifs vont de pair avec nos besoins émotionnels de trouver de la nourriture, un abri, d'avoir du pouvoir et de procréer. Notre peur instinctive nous aide à éviter les situations dangereuses qui menacent nos vies et celles de nos proches.

C'est pourquoi on a recours à l'argument de l'évolution pour nous persuader que nos peurs et nos désirs, instinctivement programmés en nous dans l'utérus, prédominent et prennent le pas sur notre cerveau supérieur, plus évolué, avec sa raison et sa logique (ironie du sort : c'est ce même cerveau supérieur qui a inventé la théorie qui le relègue à un rang inférieur ; mais de cela, nul ne parle). Les réactions instinctives sont sans nul doute intégrées dans la structure cérébrale. Certains neuroscientifiques trouvent convainquant l'argument selon lequel certaines personnes seraient programmées pour être antisociales, criminelles et perpétuellement enragées, de même que d'autres seraient programmées pour être anxieuses, dépressives, autistes et schizophrènes.

Mais en mettant en lumière le cerveau inférieur, on oublie une vérité criante. Le cerveau est multidimensionnel, afin de permettre à *n'importe quelle* expérience d'avoir lieu. L'expérience dominante ne sera pas fonction d'un automatisme ni d'un programme génétique. Il existe un équilibre entre le désir et la contrainte, le choix et la compulsion. Le fait d'accepter que la biologie dicte notre destinée est contraire au but de l'humanité : nous ne devrions nous soumettre au destin qu'en dernier recours, par désespoir, mais l'argument de la domination du cerveau inférieur fait de la soumission le premier choix. Comment peut-on tolérer cela ? Nous oublions bien volontiers que nos ancêtres se sont résignés à la forfaiture humaine, dont il a été dit qu'elle était héritée d'Adam et Ève qui avaient désobéi dans le jardin d'Éden. L'héritage génétique nous fait courir le danger de céder à la même résignation sous des dehors scientifiques.

Même si nous connaissons la peur et le désir chaque jour, et que ce sont des réactions naturelles à la vie, nous ne sommes pas obligés de nous laisser dominer par ceux-ci. Un conducteur frustré ayant calé sur l'énorme autoroute de Los Angeles et s'étouffant dans le smog aura la même réaction de survie que ses ancêtres qui chassaient l'antilope dans la savane africaine ou les tigres à dents de sabre dans le nord de l'Europe. Cette réaction au stress, qui est une pulsion instinctive, s'est développée en nous, mais ce n'est pas pour autant que les conducteurs abandonnent leurs véhicules en masse pour s'enfuir ou s'attaquer les uns les autres. Freud avançait que la civilisation dépend de nos besoins primitifs prédominants pour que les valeurs supérieures puissent prévaloir, ce qui semble juste. Mais, pessimiste, il croyait que le prix à payer était élevé : selon lui, nous refoulons nos pulsions inférieures, mais elles ne s'arrêtent jamais totalement, on ne peut faire la paix avec nos peurs et notre agressivité profonde. Le résultat est l'émergence de violences de masse comme durant les deux guerres mondiales, durant lesquelles toute cette énergie refoulée se retourne contre nous de manière incontrôlable et épouvantable.

On ne peut résumer les milliers de livres écrits sur ce sujet, ni donner la réponse parfaite. Mais une chose est sûre : dire des êtres humains qu'ils sont les marionnettes de l'instinct animal est erroné, avant tout parce que cela traduit un grand déséquilibre. Le cerveau supérieur est tout aussi légitime, fort et évolutionnaire que le cerveau inférieur. Les plus grands circuits cérébraux, qui forment des boucles de rétroaction entre les zones supérieures et inférieures, sont malléables. Si vous êtes un homme fort au hockey professionnel, c'est-à-dire que votre travail consiste à déclencher des bagarres sur la glace, il est probable que vous ayez choisi de créer des circuits cérébraux favorisant l'agressivité. Mais vous avez toujours le choix et si un jour, vous le regrettez, vous pourrez vous retirer dans un monastère bouddhiste, méditer sur la compassion et former un nouveau circuit plus élevé. On a toujours le choix.

À de rares exceptions, la liberté de choix n'est pas entravée par nos programmations génétiques. « C'est à cause de mon cerveau » est devenu une explication bancale à pratiquement tout comportement indésirable. On peut être conscient de ses émotions et choisir de ne pas s'y identifier. Bien sûr, c'est plus facile à dire qu'à faire pour une personne qui souffre d'un trouble bipolaire, d'une dépendance à la drogue ou d'une phobie. Mais la voie du bien-être cérébral commence par la conscience. Elle se termine également par la conscience, qui est aussi le facteur déterminant à chaque pas que vous faites sur ce chemin. Dans le cerveau, l'énergie va là où va la conscience.

Quand l'énergie cesse de s'écouler, vous êtes coincé. Ce blocage est une illusion, mais quand cela vous arrive, cela vous paraît très vrai. Imaginez une personne qui a une peur panique des araignées. Les phobies sont des réactions figées (i.e., bloquées). Un arachnophobe ne peut voir une araignée sans éprouver automatiquement de la peur. Le cerveau inférieur déclenche alors une cascade de réactions chimiques complexes. Les hormones se précipitent dans le sang pour faire palpiter le cœur et augmenter la tension artérielle. Les muscles se préparent à se battre ou à s'enfuir. Le regard se concentre et se contracte, la vision devient tunnellaire et se porte sur l'objet de la peur. L'araignée prend toute la place dans le champ visuel. La réaction de peur est si puissante que le cerveau supérieur, c'est-à-dire la partie qui sait à quel point la plupart des araignées sont petites et inoffensives, est court-circuité.

Voilà un exemple parfait qui illustre comment le cerveau vous utilise. Il vous impose une fausse réalité. Toutes les phobies sont fondamentalement des distorsions de la réalité. La hauteur n'est pas forcément une cause de panique, ni les grands espaces, ni les trajets en avion, ni les myriades d'autres choses qui font l'objet de phobies. En abandonnant leur faculté de se servir de leur cerveau, les phobiques se laissent enfermer dans une réaction figée.

Les peurs maladives peuvent être traitées avec succès en redonnant, par une prise de conscience, le contrôle à l'utilisateur du cerveau, ce qui est un juste retour des choses. Une technique consiste à demander à une personne d'imaginer ce dont elle a peur. On demandera par exemple à un arachnophobe de visualiser une araignée, puis de grossir et de rétrécir l'image. Ensuite, on lui demandera de déplacer cette image vers l'arrière et vers l'avant. Le simple fait de mettre en mouvement l'objet de la crainte peut dissiper très efficacement sa capacité à provoquer la peur, qui paralyse le mental. Progressivement, dans le cadre de la thérapie, on en arrive à confronter le patient à une araignée déposée dans un pot en verre. On lui demande alors de s'en approcher autant que possible sans paniquer. La distance évolue en fonction de son aisance et avec le temps, cette liberté de mobilité est un autre facteur qui lui redonne le contrôle. Le phobique apprend que fuir n'est pas le seul choix qui se pose à lui.

Manifestement, le cerveau supérieur peut donc prendre le pas même sur les peurs les plus instinctives ; sinon, il n'existerait pas d'alpinistes (pour vaincre la peur de l'altitude), de funambules (peur de tomber) et de dompteurs de lions (peur de la mort). Mais malheureusement, nous sommes tous tel le phobique qui n'arrive même pas à imaginer une araignée sans avoir de sueurs froides. Nous cédons à la peur, non pas des araignées, mais de choses que nous qualifions de normales : l'échec, l'humiliation, le rejet, le vieillissement, la maladie et la mort. L'ironie (tragique) du sort veut que le même cerveau qui peut triompher de la peur nous soumette tous à des peurs qui nous hantent tout au long de notre existence.

À l'inverse, les créatures dites inférieures ne connaissent pas la peur psychologique. Certes, quand un guépard attaque une gazelle, elle panique et se bat pour survivre. Mais en l'absence de prédateur, la gazelle mène une vie tranquille, autant que nous le sachions. Nous autres humains, en revanche, souffrons terriblement de notre monde intérieur, souffrance qui se traduit sous la forme de problèmes physiques. Le prix à payer est très élevé si vous laissez votre cerveau vous utiliser. Toutefois, si c'est vous qui commencez à le contrôler, vous serez récompensé au-delà de toute mesure.

LES SOLUTIONS DU SUPERCERVEAU
LES PERTES DE MÉMOIRE

Nous avons insisté sur le fait que vous devez créer une nouvelle relation avec votre cerveau. Ceci est particulièrement vrai dans le cas de la mémoire. On ne peut s'attendre à ce qu'elle soit parfaite et il vous appartient de choisir comment vous voulez réagir à cette imperfection. Si vous considérez tous les petits trous de mémoire comme des signaux d'alarme du déclin inévitable lié à l'âge ou comme des indications de baisse intellectuelle, vous augmentez la probabilité que votre croyance se réalise. À chaque fois que vous vous plaignez en disant : « ma mémoire me lâche », vous renforcez ce message dans votre cerveau. Au vu du rapport entre le mental et le cerveau, la plupart des gens sont prompts à rejeter la faute sur le second. Au lieu de cela, ils devraient examiner les notions d'habitude, de comportement, d'attention, d'enthousiasme et de concentration, chacune étant « fonda-mentale ».

Une fois que vous cessez d'être attentif à votre mémoire et que vous renoncez à apprendre de nouvelles choses, vous ne lui donnez aucun encouragement. Il existe un axiome simple : ce sur quoi vous portez votre attention se développe. Aussi, pour stimuler le fonctionnement de la mémoire, il vous faut être attentif aux différents aspects de votre vie. Lesquels en particulier ? La liste est longue, mais il y en a certains qui viennent naturellement à l'esprit. La seule différence, avec le vieillissement, est qu'il vous faut faire davantage de choix conscients que par le passé.

PROGRAMME DE STIMULATION CONSCIENTE DE LA MÉMOIRE

- Vivez votre vie et vos expériences avec passion.
- Apprenez de nouvelles choses avec enthousiasme.
- Soyez attentif à ce qu'il vous faudra vous rappeler plus tard.
- La plupart des trous de mémoire sont en réalité liés à un trouble de l'apprentissage.
- Fouillez activement dans vos vieux souvenirs ; fiez-vous moins aux aide-mémoire que sont par exemple les listes.
- Anticipez que votre mémoire restera intacte. Résistez aux attentes moindres de la part de personnes qui considèrent que les pertes de mémoire sont « normales ».
- Ne jugez ni ne craignez les trous de mémoire occasionnels.
- Si un souvenir ne revient pas immédiatement, ne le balayez pas d'un revers de la main en pensant qu'il est perdu. Soyez patient et prenez un peu de temps supplémentaire pour faire fonctionner votre système de récupération de données cérébral. Portez votre attention sur les choses ou les personnes que vous associez au souvenir momentanément perdu et il y a des chances que vous le retrouviez. Tous les souvenirs sont associés à d'autres souvenirs du passé. C'est la base de l'apprentissage.
- Ayez des activités mentales diverses et variées. Les mots croisés nécessitent de faire appel à une partie de la mémoire différente de celle qui est utilisée pour se

souvenir des courses à faire ; ces deux activités sont également différentes de l'apprentissage de nouvelles langues ou de la remémoration de visages de personnes que vous venez de rencontrer. Faites travailler activement tous les aspects de votre mémoire, et pas seulement ceux qui se présentent le plus facilement.

Le point commun à chaque élément de ce programme est que le rapport entre l'esprit et le cerveau est renforcé. Chaque jour compte. Votre cerveau n'a de cesse d'être attentif à ce que vous lui dites et il peut réagir très rapidement. Un ami de longue date de Deepak, qui est rédacteur en chef d'une revue médicale, s'enorgueillit d'avoir une bonne mémoire depuis son enfance. Comme il le dit lui-même, il n'a pas de mémoire photographique (ou eidétique), mais il « garde ses antennes sorties ». Tant qu'il continue d'être attentif à son existence quotidienne, il parvient à retrouver ses souvenirs de manière rapide et fiable.

Récemment, cet homme a fêté ses 65 ans, comme la plupart de ses amis. Tous se sont mis à plaisanter sur leurs « coups de vieux » (petit extrait : « Ma mémoire est aussi bonne qu'avant. C'est juste que ça ne vient pas le même jour ! »). L'homme a commencé à remarquer des trous de mémoire aléatoires, bien que n'ayant pas de mal à se servir de sa mémoire pour faire des recherches dans le cadre de son travail.

« Sans trop m'en inquiéter, a-t-il dit, j'ai décidé de commencer à faire des listes de courses. Jusqu'à maintenant, je n'en avais jamais fait. J'allais au magasin et je me souvenais tout simplement de ce que je voulais, même quand il me fallait remplir ma cuisine vide de plusieurs sacs de nourriture.

J'ai commencé à dresser une liste de courses sur mon bureau et une chose étonnante s'est produite. En l'espace d'un jour ou deux, je n'ai plus réussi à me rappeler ce que je voulais acheter. Si je n'avais pas ma liste en main, je me retrouvais impuissant à errer dans les rayons d'immenses supermarchés en espérant qu'en tombant sur les pommes de terre ou le sirop d'érable, je pourrais me souvenir que c'était bien pour ça que j'étais venu.

Au départ, cela m'a fait rire, jusqu'à ce qu'une semaine, j'oublie à deux reprises d'acheter du sucre. Désormais, j'essaie de faire un sevrage. L'intention est là, mais cela ne m'empêche pas d'être très facilement dépendant des listes. »

Cet exemple est révélateur. Maintenant, détendez-vous et pensez aux choses auxquelles vous pourriez être plus attentif en utilisant moins de béquilles. Notre programme de stimulation consciente de la mémoire vous guidera, dans la mesure où il comprend les aspects principaux auxquels il est bon d'être attentif. Les choses les plus familières pourront vous paraître insignifiantes, mais cela ne les empêche pas de compter.

Êtes-vous capable de cesser d'avoir recours aux listes de choses dont vous voulez vous souvenir ? Essayez de dresser votre liste de courses avant d'aller au supermarché, mais ne la regardez pas. Achetez autant de choses que possible en faisant appel à votre mémoire, puis seulement après, servez-vous de votre liste. Quand vous parviendrez à ne plus rien oublier, renoncez définitivement à votre liste de courses.

Êtes-vous capables de cesser de vous en vouloir d'avoir des trous de mémoire ? La prochaine fois que vous direz automatiquement : « je n'ai aucune mémoire » ou « encore un coup de vieux », remarquez-le. Soyez patient et attendez. Si vous vous attendez à ce que vos souvenirs reviennent, ils le feront pratiquement toujours.

Arrêtez de faire obstacle à votre mémoire. Retrouver un souvenir est une chose délicate : on peut facilement faire entrave à la remémoration en étant occupé, distrait, inquiet, stressé, fatigué à cause d'un manque de sommeil ou mentalement débordé en raison des deux activités ou plus que vous faites en même temps. Examinez d'abord ces éléments avant de juger votre cerveau.

Mettez en place un environnement propice à la mémoire, un cadre dénué des obstacles que nous venons d'évoquer. En d'autres termes, occupez-vous de votre stress, dormez suffisamment, soyez régulier dans vos habitudes, ne faites pas de multiples tâches mentales en même temps, etc. Il est bon d'avoir des habitudes régulières dans la mesure où le cerveau fonctionne plus aisément quand il y a répétition. Si vous êtes éparpillé et distrait, la surcharge sensorielle que cela provoque nuit à votre cerveau et est inutile.

Si vous prenez de l'âge et que vous avez le sentiment d'être peut-être atteint de pertes de mémoire, ne paniquez pas ni ne vous résignez à l'inévitable. Concentrez tous vos efforts sur des activités mentales qui stimulent le fonctionnement de votre cerveau. Certains logiciels, de « gymnastique cérébrale » par exemple, et certains livres de « neurobique » tels que *Stimulez vos neurones : créez votre propre programme d'entraînement* ont pour objectif de faire de l'exercice cérébral systématique. Les témoignages d'amélioration des pertes de mémoire légères ou modérées grâce à l'exercice cérébral n'ont pas encore été scientifiquement étudiés, mais ils n'en sont pas moins encourageants.

Enfin, considérez que tout ce projet est naturel. Votre cerveau a été conçu pour suivre vos pas et plus vous êtes détendu, mieux cela vaut pour le partenariat qui unit votre cerveau et votre mental. L'idéal est de vous fier à votre mémoire en toute simplicité.

LES HÉROS DU SUPERCERVEAU

Maintenant que nous avons dissipé certains mythes erronés, la voie qui mène au supercerveau semble plus dégagée. Mais un nouvel obstacle nous fait barrage : la complexité. Le réseau neuronal de votre cerveau est l'ordinateur de votre corps, mais aussi de votre vie. Il absorbe et enregistre chaque expérience, aussi infime soit-elle, et la compare aux expériences passées, avant de la stocker. Vous pouvez dire : « Encore des spaghettis ? On en a déjà eu deux fois la semaine dernière », parce que votre cerveau enregistre des informations en comparant constamment aujourd'hui à hier. En même temps, vous développez des goûts et des préférences, de l'ennui, une envie de variété et vous arrivez au terme d'une phase de votre vie en étant prêt pour la suivante. C'est grâce au cerveau que tout cela peut se produire. C'est lui qui associe en permanence les nouvelles informations à celles apprises par le passé. Vous remodelez et peaufinez votre réseau neuronal de seconde en seconde, mais le monde qui vous entoure le fait lui aussi. Le plus grand superordinateur qui existe ne peut égaler cette prouesse, que nous considérons pourtant tous comme un acquis.

Le cerveau n'est pas dérangé par le nombre incalculable de tâches qu'il accomplit. Plus vous lui en demandez, plus il en fait. Car il est capable de créer un million de milliards de synapses. Chacune est une sorte de téléphone microscopique qui contacte n'importe quel autre téléphone aussi souvent qu'il le souhaite. Le biologiste et lauréat du prix Nobel Gerald Edelman a déclaré que le nombre de circuits neuronaux possibles dans le cerveau était de 10 suivi d'un million de zéros. Quand on pense que le nombre de particules composant l'univers connu est estimé à seulement 10 suivi de 79 zéros !

Vous pensez vraisemblablement que vous êtes en ce moment même en train de lire cette phrase ou en train de regarder par la fenêtre pour vérifier quel temps il fait, mais en réalité, ce n'est pas le cas. En réalité, vous surpassez l'univers. C'est un fait, et non de la science-fiction. Et il arrive que ce fait s'immisce dans la vie de tous les jours en donnant des résultats tout à fait étonnants. Alors, la complexité est soit une amie soit une ennemie, et parfois un peu des deux. L'un des clubs les plus fermés du monde se compose d'une poignée de personnes qui sont dans une situation mystérieuse qui n'a été découverte que récemment, en 2006 : l'hyperthymésie. Elles se souviennent de tout. Quand ces personnes se réunissent, elles jouent à des jeux mentaux tels que : quel a été ton meilleur 4 avril de toute ta vie ? Chacune fait rapidement défiler une sorte de Rolodex mental, mais au lieu de fiches, ce sont de véritables événements liés à tous les 4 avril de leur vie qu'elles voient. Dans la minute, quelqu'un dira : « Oh, 1983, c'est certain. Je portais une nouvelle robe d'été jaune, et ma mère et moi-même avons bu de l'Orangina sur la plage pendant que mon père lisait le journal. C'était un après-midi ; à 18 heures, nous sommes allés manger du homard dans un restaurant spécialisé dans les fruits de mer. »

Elles peuvent se rappeler n'importent quel jour de leur vie avec une précision totale, infaillible (à propos de l'étymologie du mot hyperthymésie, *thymesia* signifie « se souvenir » et *hyper* « excessif » en grec). Les chercheurs n'ont à ce jour repéré que sept ou huit Américains concernés par cette particularité, qui n'est pas une maladie. Aucun n'a de lésion cérébrale et dans certains cas, leur aptitude à se souvenir de chaque détail de leur vie a commencé soudainement, un jour particulier, où leur mémoire ordinaire a effectué un saut quantique.

Pour savoir si elle correspond au diagnostic d'hyperthymésie, une personne doit réussir des tests de mémoire apparemment impossibles. On a fait écouter à une femme le générique d'une sitcom qui n'a été diffusée qu'au cours de deux épisodes dans les années 1980, mais ayant vu l'un des deux, elle a su instantanément le nom de l'émission. Une autre candidate était une fan de base-ball. On lui a demandé de se rappeler le score d'un certain match qui avait opposé Pittsburgh à Cincinnati des années auparavant. « C'est une question piège », a-t-elle répliqué. « L'avion de l'équipe est tombé en panne et Pittsburgh n'est jamais arrivé. Ils ont dû déclarer forfait. »

Nous avons abordé le thème de la mémoire dans le chapitre précédent. L'hyperthymésie est l'exemple ultime d'une faculté propre à tout un chacun, mais poussée à des extrémités surhumaines, à la différence que ces gens restent très humains. Quand on lui a demandé si cela lui plaisait d'avoir une mémoire parfaite, un sujet de l'expérience a soupiré : « Je me souviens de toutes les fois où ma mère m'a dit que j'étais trop grosse. » Les personnes ayant développé une hyperthymésie sont d'accord pour dire que le fait de revisiter le passé peut être particulièrement douloureux. Elles évitent de penser aux pires expériences qu'elles aient jamais vécues, chose désagréable pour n'importe qui, mais dans leur cas, elles s'en souviennent de manière extraordinairement vivace, au point d'en être vivante. La plupart du temps, leur capacité à se rappeler le moindre détail est incontrôlable. La simple mention d'une date entraîne l'apparition d'un fil conducteur visuel sur leur écran mental en parallèle des images normales (« ça fait comme un écran divisé : en même temps que je parle à quelqu'un, je vois autre chose », a indiqué un sujet).

Vous et moi n'avons pas d'hyperthymésie, donc en quoi cela est-il relié à notre objectif de développer un supercerveau ? C'est là que le problème de la complexité entre en jeu. La science a étudié la mémoire parfaite et les centres mémoriels cérébraux ; plusieurs sont plus grands que la normale chez les personnes qui ont de l'hyperthymésie. La cause est inconnue. Les chercheurs soupçonnent un lien avec les troubles obsessionnels compulsifs (TOC), ces individus montrant souvent des comportements compulsifs, ou à différentes formes de troubles de l'attention, puisque les personnes qui se rappellent absolument tout ne peuvent empêcher la progression des souvenirs une fois qu'ils commencent à les inonder. Peut-être n'ont-elles jamais développé de capacité à oublier. En tout cas, avec le cerveau humain, une chose est sûre : on ne peut regarder où que ce soit sans regarder partout.

À LA RECHERCHE DES HÉROS

Pour contourner le problème de la complexité, il faut le retourner. Si votre cerveau devance l'univers, alors son potentiel caché doit être bien plus grand qu'on ne le suppose. Alors laissons ces millions de milliards de connexions aux neuroscientifiques. Choisissons trois domaines dans lesquels, pour un cerveau sain et normal, il est possible d'atteindre le sommet. À chaque domaine correspondra une personne qui a ouvert la voie. Ce sont les héros du supercerveau, même si vous n'aviez peut-être pas vu les choses ainsi.

HÉROS I **ALBERT EINSTEIN**

Pour son adaptabilité

Notre premier héros est le grand physicien Albert Einstein, que nous ne choisissons pas ici pour son intellect. Comme tous les génies, il était un modèle de succès. Les personnes comme lui sont bien plus intelligentes et créatives que la norme. Si nous connaissions leur secret, chacun d'entre nous réussirait mieux dans sa vie, quel que soit le domaine. Les personnes qui rencontrent un très grand succès ne se contentent pas d'avoir les fameuses sept habitudes ; elles utilisent leur cerveau de sorte à attirer le succès. Mais si vous vous opposez au fonctionnement einsteinien du cerveau, vous limitez vos chances de succès. Car ce n'est pas une simple question de « gènes ». Einstein se servait de son cerveau d'une façon que tout un chacun peut apprendre.

La clé est l'***adaptabilité***.

Le supercerveau s'appuie sur votre capacité innée d'adaptation. Il s'agit d'une attitude nécessaire pour votre survie. Parmi tous les êtres vivants, les êtres humains sont les seuls qui se sont adaptés à tous les environnements de la planète. Confrontés aux climats les plus rudes, aux alimentations les plus étranges, aux pires maladies ou aux catastrophes les plus terribles orchestrées par les forces de la nature, nous nous adaptons. L'*Homo sapiens* sait faire cela de manière incroyable au point que nous prenons cela pour un acquis, jusqu'à ce qu'apparaisse quelqu'un qui, à l'instar d'Einstein, pousse encore plus loin l'adaptabilité.

Einstein s'ajustait en faisant face à l'inconnu et en le conquérant. Certes, son domaine d'application était la physique, mais il n'empêche que tout un chacun est confronté à l'inconnu au quotidien. La vie est remplie de défis inattendus. Pour s'adapter à l'inconnu, Einstein a développé trois forces et évité trois obstacles :

Trois forces : le lâcher-prise, la souplesse, la sérénité
Trois obstacles : les habitudes, les conditionnements, les blocages

Vous pouvez mesurer l'adaptabilité d'une personne à sa capacité à lâcher prise et à rester souple et sereine face aux difficultés. Vous pouvez mesurer le manque d'adaptabilité d'une personne à la prédominance d'habitudes et de conditionnements anciens qui lui font barrage. Les souvenirs nuisibles liés aux chocs et aux revers qu'ils ont connus par le passé les renvoient sans arrêt à leurs limites. Einstein était quant à lui capable d'ignorer les vieilles habitudes mentales qui l'entouraient. Il restait tranquille et laissait de nouvelles solutions émerger par le rêve et l'intuition. Il apprenait tout ce qu'il pouvait sur un problème, puis s'abandonnait à des possibilités inconnues.

Ce n'est pas comme cela que le public envisage Einstein, que l'on imagine plutôt comme un surdoué à la coiffure déjantée et négligée couvrant un tableau noir d'équations mathématiques. Mais regardons plutôt sa carrière du point de vue personnel. Comme il le dit lui-même, sa motivation première était son émerveillement face aux mystères de la Nature. C'était un état spirituel et il affirmait que le fait de pénétrer les secrets de l'univers était comme lire dans l'esprit de Dieu. En percevant le cosmos avant tout comme un mystère, Einstein rejetait l'habitude qui consiste à le considérer comme une gigantesque machine dont les éléments mobiles seraient compréhensibles et mesurables. C'est ainsi qu'Isaac Newton percevait la physique. Ce qui est remarquable, c'est qu'Einstein s'est appuyé sur les notions fondamentales du système newtonien, telles que la gravité et l'espace, et qu'il les a totalement réinventées.

C'est ce qu'il a accompli, comme le monde entier l'a bientôt appris, grâce à la théorie de la relativité et à sa célèbre équation, $E = mc^2$. Certes, cela s'applique aux mathématiques supérieures, mais c'est un leurre. Un jour, Einstein a dit à de jeunes étudiants : « Ne vous inquiétez pas de vos problèmes de mathématiques. Je vous assure que les miens sont beaucoup plus grands. » Ce n'était pas de la fausse modestie. Sa méthode créative se fondait davantage sur le rêve que sur la réflexion ; une fois qu'il « voyait » comment le temps et l'espace fonctionnaient, la conception de la preuve mathématique intervenait plus tard, sans trop de difficultés.

Quand vous êtes face à un problème nouveau, vous pouvez le résoudre « à l'ancienne » ou d'une nouvelle manière, la première option étant de loin le choix le plus simple. Pensez à un vieux couple marié qui se dispute tout le temps. Le mari et sa femme se sentent frustrés, bloqués. Aucun d'entre eux ne veut céder de terrain. Cela donne toujours le même rituel : ils font toujours preuve d'entêtement dans leurs opinions, ils pinaillent et se plaignent sans cesse, et ils s'avèrent toujours incapables d'accepter le point de vue de l'autre. Quelle serait la nouvelle manière de sortir un vieux couple marié de sa misère ?

Au lieu de se laisser enfermer dans les vieilles habitudes, bien implantées dans leur cerveau, voici ce qu'ils pourraient faire :

COMMENT ÊTRE ADAPTABLE

- Cessez de reproduire les mêmes schémas dysfonctionnels.
- Prenez du recul et demandez une solution nouvelle.
- Cessez de batailler au niveau du problème : la réponse n'est jamais là.
- Travaillez sur vos blocages. Ne vous inquiétez pas de l'autre personne.
- Quand les causes habituelles de stress apparaissent, éloignez-vous.
- Soyez réaliste : la colère moralisatrice est en réalité une colère destructrice déguisée en colère positive.
- Renouez les liens éprouvés.

- Assumez une plus grande part de votre fardeau que celle que vous pensez mériter.
- Cessez d'avoir à tout prix envie d'avoir raison. Si l'on adopte une perspective d'ensemble, avoir raison est insignifiant comparé à être heureux.

En franchissant ces étapes, vous ne faites pas purement et simplement appel à une psychologie saine : vous créez un espace permettant au cerveau de changer. La répétition grave les vieilles habitudes dans le cerveau. Entretenir une émotion négative est le meilleur moyen de faire entrave aux émotions positives. Aussi, à chaque fois qu'un mari et sa femme s'emparent des mêmes vieilles rancœurs, ils ne font que les graver davantage dans leurs cerveaux. L'ironie du sort veut qu'Einstein, passé maître dans l'art d'appliquer une telle souplesse à la physique, se considérait comme un mauvais mari et un mauvais père. Il a divorcé de sa première femme, Mileva, en 1919, après qu'ils eurent vécu cinq ans séparément. En outre, une fille née hors mariage en 1902 a disparu des pages de l'histoire. Un de ses deux fils était schizophrène et est mort dans un asile psychiatrique ; l'autre, qui a souffert durant son enfance de la séparation de ses parents, a été mis à l'écart de son père pendant vingt ans. Ces situations ont beaucoup fait souffrir Einstein. Mais même chez un génie, les émotions sont plus primitives et pressantes que les pensées rationnelles. Ces dernières vont à la vitesse de l'éclair ; les premières sont beaucoup plus lentes et parfois presque imperceptibles.

C'est un bon point de départ pour montrer qu'il est totalement artificiel de séparer les émotions et la raison. En réalité, les deux ne font qu'un. L'imagerie cérébrale montre que le système limbique, une partie du cerveau inférieur qui joue un rôle majeur dans les émotions, est stimulé quand les gens pensent prendre des décisions rationnelles. Cela est inéluctable, les circuits du cerveau étant entièrement interconnectés. Des études ont démontré que quand les gens se sentent bien, ils sont disposés à payer un prix déraisonnable pour leurs achats : « 300 € pour des chaussures de sport ? Allez, pourquoi pas, je me sens en grande forme aujourd'hui. » Mais ils sont également disposés à payer plus quand ils se sentent déprimés : « 6 € pour un biscuit au chocolat ? Après tout, pourquoi pas, ça va me faire du bien. » L'idée est que nous prenons des décisions en fonction de nos émotions, même si notre raison affirme le contraire.

Être adaptable signifie en partie être conscient de la composante émotionnelle des décisions au lieu de la réfuter. Sinon, vous courez le risque que votre cerveau commence à vous utiliser. L'économiste Martin Shubik a créé une forme inhabituelle de vente aux enchères : l'objet mis en vente était un billet d'1 $. On pourrait supposer que l'enchère gagnante était d'un dollar, mais ce n'était pas le cas, car dans cette vente aux enchères, le gagnant remportait le billet d'1 $, mais la personne qui faisait la deuxième enchère la plus élevée devait payer ce montant au commissaire-priseur. Ainsi, si je gagne en offrant 2 $ et que vous perdez en proposant 1,5 $, vous devez quand même payer ce montant, sans aucune compensation.

Quand on a fait cette expérience, les enchères ont largement dépassé le dollar. Comme souvent, ce sont deux hommes, des étudiants, qui ont été les deux derniers enchérisseurs en lice. Ils avaient l'esprit de compétition ; chacun voulait punir l'autre et aucun des deux ne voulait être le perdant qui allait être sanctionné. Quels que fussent leurs motifs, c'était des facteurs irrationnels qui les ont fait surenchérir (si vous vous demandez pourquoi les prix n'ont pas grimpé en flèche, c'est parce que la vente s'est terminée quand l'un des enchérisseurs a été à court d'argent).

Il est tout aussi intéressant de constater que quand des expérimentateurs essaient d'éliminer l'aspect émotionnel de la prise de décision, ils échouent. Personne n'a encore réalisé d'étude dans laquelle les sujets prennent des décisions purement rationnelles. Nous payons un prix élevé quand nous nous entêtons dans nos opinions, elles-mêmes étayées par des émotions, des habitudes, des souvenirs et des croyances qui nous bloquent.

La morale de l'histoire est que si vous voulez connaître le succès dans n'importe quel domaine, devenez comme Einstein. Optimisez la capacité de votre cerveau à s'adapter.

Vous devenez plus adaptable quand :

Vous savez rire de vous-même.

Vous percevez les aspects cachés de la situation.

Les autres personnes ne vous apparaissent plus tels des antagonistes simplement parce qu'elles sont en désaccord avec vous.

La négociation commence à payer et votre participation est active.

Le mot compromis devient positif.
Vous savez être serein tout en restant alerte.
Vous voyez les choses différemment d'avant, et cela vous ravit.

HÉROS 2 **UN NOUVEAU-NÉ**

Pour sa capacité d'intégration

Notre héros suivant n'est ni célèbre, ni un génie, ni même doué. Il s'agit de n'importe quel nouveau-né. Les bébés sont en effet des modèles de santé et de bien-être. Chaque cellule de leur corps est vivante, vibrante. Pour eux, le monde est un lieu de découverte incessante. Chaque jour, voire chaque minute, est tel un monde nouveau. Leur force et leur bien-être ne sont pas liés à leur bonne humeur innée, mais au fait que leur cerveau évolue constamment et se recrée en fonction de leur exploration de leur environnement. Aujourd'hui est un monde nouveau, que vous soyez un bébé ou pas, s'il s'appuie sur vos expériences d'hier.

Les bébés ne se sont pas enfermés dans des conditionnements archaïques et désuets. Ce que leur cerveau a absorbé hier reste en place tandis que de nouveaux horizons continuent de s'ouvrir au niveau de la marche, de la parole et de l'apprentissage de la relation et du ressenti. Quand nous grandissons, nous avons la nostalgie de l'innocence de l'enfance. Nous avons un sentiment de perte. Qu'avons-nous donc perdu que les bébés ont en abondance ?

La clé est ***l'intégration***.

Parmi tout ce qui vit, les êtres humains sont les seuls à absorber toutes les données possibles et à les intégrer. C'est ainsi que nous développons une vue d'ensemble. En ce moment même, à la manière d'un nouveau-né, vous triez des milliards de données brutes de sorte à former un monde cohérent. En l'occurrence, le mot *tris* est un terme technique proposé par le psychiatre Daniel Siegel. Il signifie :

T – Tête
R – Ressenti
I – Image
S – Sentiments

La réalité est perçue à travers ces quatre moyens : soit vous pensez la réalité dans votre tête, soit vous la ressentez (sous forme de plaisir ou de douleur, par exemple), soit vous l'imaginez visuellement, soit elle vous procure des sentiments. Ces tris se font constamment, mais ils demeurent tout à fait mystérieux. Imaginez, les yeux fermés, un beau soleil couchant. Il n'y a aucun photon lumineux qui a atteint votre rétine, comme ce serait le cas si vous observiez un véritable coucher de soleil. Aucune illumination ne vient stimuler votre cortex visuel, qui est submergé par la même obscurité que le reste du cerveau. Pourtant, des microvolts d'électricité créant des va-et-vient d'ions dans les neurones produisent comme par magie une image lumineuse, sans parler de sa beauté et d'une cascade d'associations à tous les autres couchers de soleil que vous avez vus dans votre vie (la corrélation cérébrale entre cette image et votre imagination, par le biais de moyens physiques, est un mystère fondamental du rapport entre le mental et le cerveau).

L'intégration de données brutes dans des images représentant la réalité est un processus qui s'étend jusqu'au niveau cellulaire, dans la mesure où tout ce que fait le cerveau est communiqué au restant du corps. Quand vous vous sentez déprimé, quand vous avez une idée brillante ou quand vous pensez être en danger, vos cellules s'associent littéralement à vous. Techniquement parlant, une boucle de rétroaction est à l'œuvre qui intègre le mental, le corps et le monde extérieur en un seul et unique processus. Les données entrantes stimulent le système nerveux. Une réaction apparaît. Un rapport sur cette réaction est alors envoyé à toutes les cellules, qui disent à leur tour ce qu'elles en pensent.

Les bébés sont de parfaits appareils à feed-back. Ils peuvent vous apprendre à intégrer avec succès votre réalité personnelle. Il vous suffit de reproduire consciemment ce que la nature a fait dans le cerveau du nourrisson.

COMMENT INTÉGRER LA RÉTROACTION

- Restez ouvert à intégrer autant de données que possible.
- Ne vous fermez pas aux boucles de rétroaction en adoptant des jugements, des croyances rigides et des préjugés.
- Ne censurez pas les données entrantes par le déni.
- Examinez les autres points de vue comme si c'était les vôtres.

- Prenez possession de chaque chose dans votre vie. Soyez autosuffisant.
- Travaillez sur les blocages psychologiques tels que la honte et la culpabilité, qui faussent votre réalité.
- Libérez-vous émotionnellement : la résilience émotionnelle est la meilleure défense contre l'apparition de rigidités.
- N'ayez pas de secrets : ils créent des recoins sombres dans votre psyché.
- Soyez disposés à vous redéfinir chaque jour.
- Ne regrettez pas le passé, ne craignez pas l'avenir. Tous les deux sèment le malheur en vous faisant douter de vous.

D'une manière ou d'une autre, vous créerez inévitablement une réalité autour de votre point de vue. Nul ne sait parfaitement intégrer le monde sans *a priori*. Mais les bébés nous enseignent à compléter notre réalité. Depuis la naissance, la nature nous a conçus de sorte que nous approchions le monde comme un tout et quand nous fractionnons nos expériences, nous perdons de vue la totalité. Alors, au lieu de vivre dans la réalité, nous entretenons une illusion de réalité qui nous dupe.

Pensez à un dictateur habitué à ce que son pouvoir soit incontesté. Il reste en place grâce à la terreur et à une police secrète. Il achète ses ennemis ou les fait disparaître au beau milieu de la nuit. Il est fréquent que ce genre de dictateur soit stupéfait de constater qu'on s'oppose à eux et jusqu'au moment où il sera renversé ou tué par la foule, il croira être dans le droit chemin. Il s'imagine même que le peuple qui souffre de l'oppression orchestrée par un état policier aime son persécuteur. C'est un cas de réalité illusoire poussée à l'extrême.

La chute des dictateurs nous fascine à un autre niveau : nous sentons, quelque part au fond de nous, que le pouvoir illimité pourrait nous faire la même chose. Il semble qu'un voile soit jeté sur le regard de l'être qui se fait des illusions, sous l'effet d'une sorte de magie noire. Mais en ce qui concerne la réalité illusoire dans laquelle chacun vit, il n'y a point de magie noire. Il n'y a qu'une intégration ratée. Nous avons la capacité innée de créer la complétude, pourtant, nous lui préférons le déni, le refoulement, l'oubli, l'inattention, la mémoire sélective, les préjugés personnels et les vieilles habitudes. Ces influences sont difficiles à vaincre. Car l'inertie est de leur côté. Mais on ne peut se sentir équilibré, en sécurité, heureux et connecté si l'on ne retrouve pas l'état de complétude naturellement présent chez tout nouveau-né. C'est la clé du bien-être et de la santé physique.

Pour intégrer totalement sa réalité, il faut trois forces qui reflètent l'approche du monde d'un bébé et éviter trois obstacles qui pèsent sur nos épaules d'adultes.

Trois forces : communiquer, rester équilibré, avoir une vue d'ensemble.

Trois obstacles : l'isolement, le conflit, le refoulement.

Quand vous êtes dans un état d'intégration, physique ou mentale, vous communiquez ouvertement. Vous savez ce que vous ressentez ; vous l'exprimez ; vous absorbez des signaux en provenance de tout votre entourage. Mais d'innombrables adultes ont cessé de communiquer. Ils se sentent isolés de quantité de choses : leurs sentiments, autrui, le travail auquel ils se rendent chaque matin... Ils se laissent empêtrer dans des conflits et par voie de conséquence, ils apprennent à refouler ce qu'ils ressentent vraiment et leurs désirs réels. Ces sentiments ne sont pas seulement des facteurs psychologiques. Ils affectent le cerveau, puis chaque cellule du corps.

La morale de l'histoire est que si vous voulez retrouver votre état naturel de santé et de bien-être, comportez-vous comme un nouveau-né. Intégrez vos expériences au sein d'une vue d'ensemble au lieu de vivre dans la séparation et le conflit.

Vous devenez plus intégré quand :

Vous créez un espace sécurisé dans lequel vous pouvez être vous-même.

Vous invitez les gens dans ce même espace afin qu'ils puissent eux aussi être eux-mêmes.

Vous désirez vous connaître.

Vous examinez vos dénis, vous acceptez les vérités dures à entendre et vous faites face à la réalité.

Vous faites la paix avec votre ombre que vous n'utilisez ni comme une alliée secrète ni comme une ennemie redoutée.

Avec honnêteté, vous examinez la présence en vous de la honte et de la culpabilité, et vous les guérissez.

Vous commencez à percevoir un but supérieur dans votre vie.

Vous vous sentez inspiré.

Vous proposez votre aide à autrui.

Une réalité supérieure semble réelle et à votre portée.

HÉROS 3 **LE BOUDDHA**

Pour son expansion de conscience

Nous utilisons notre cerveau avant tout pour être conscients. Certaines personnes vont beaucoup plus loin que d'autres sur ce plan-là. Nos héros, nos modèles d'évolution intérieure, sont les guides spirituels de l'humanité, d'où qu'ils viennent. Un héros en particulier, le Bouddha – et la catégorie à laquelle il appartient : les saints, les sages et les visionnaires – représente à la perfection une caractéristique unique chez les êtres humains : la quête de sens, qui conduit à l'aspiration au sens le plus élevé de la vie. Le sens vient de l'intérieur. Il va au-delà des simples faits. Les données brutes qui affluent par les cinq sens, en soi, ne signifient rien. En examinant la vie courte et brutale des hommes des cavernes du paléolithique ou des chasseurs et des cueilleurs d'antan, on ne pourrait soupçonner que leur cerveau était capable de verser dans les mathématiques, la philosophie, l'art et le raisonnement supérieur. Ces facultés étaient cachées et un personnage tel que le Bouddha, qui a vécu dans la pauvreté et les difficultés de l'Inde d'il y a plus de 2 000 ans, nous indique qu'il reste beaucoup de choses cachées en nous, que nous pourrions découvrir grâce à l'aide de notre quête de sens.

La clé est ***l'expansion de conscience***.

Quelle que soit l'expérience que vous faites, le fait même que vous la fassiez présuppose que vous êtes conscient. Être humain, c'est être conscient : mais jusqu'à quel point ? Si vous lui ôtez toute connotation religieuse et mystique, l'état de conscience supérieure illustré par le Bouddha est l'héritage de tout un chacun. Un vieil adage indien compare la conscience à une lampe devant une porte, qui éclaire la maison ainsi que le monde extérieur. Elle permet d'être simultanément conscient de ce qui se passe « à l'extérieur » et « à l'intérieur ». Et c'est cette conscience qui crée un lien entre les deux.

Ce lien est-il bon ou mauvais ? Les cieux et l'enfer conçus par la psyché humaine sont le produit de la pensée. Ce sont nos pensées qui les ont créés et ce sont encore nos pensées qui s'évertuent à nous en faire sortir. « Vous ne connaîtrez de sécurité que celle de vos pensées », dit un aphorisme sage. Mais d'où proviennent les pensées, de danger et d'insécurité, mais aussi de réconfort et de confiance ? Elles trouvent leur origine dans le plan invisible de la conscience. Pour le mental, la conscience est la matrice de la création. Pour connaître une vie remplie de sens, vous devez trouver comment être plus conscient ; ce n'est qu'alors que vous deviendrez l'écrivain de votre destinée.

COMMENT ÉLARGIR VOTRE CONSCIENCE ?

- Valorisez davantage le fait d'être éveillé, conscient et alerte.
- Résistez à la conformité. Ne pensez ni n'agissez comme tout le monde.
- Valorisez-vous. N'attendez pas l'approbation d'autrui pour être en accord avec vous-même. Au lieu de désirer une confirmation externe, efforcez-vous d'aider autrui.
- Exposez votre mental à une vision supérieure par l'intermédiaire de l'art, de la poésie ou de la musique. Lisez abondamment les écrits du monde et les textes sacrés.

- Remettez en question vos croyances fondamentales.
- Faites en sorte de réduire les exigences de l'ego. Repoussez ses limites.
- Ayez comme objectif le sens le plus élevé possible dans votre vie.
- Ayez toujours foi dans le fait que l'évolution intérieure est un processus sans fin.
- Avancez sur votre chemin spirituel, quelle que soit la manière dont vous le définissez, avec sincérité et espoir.

La conscience est une chose curieuse ; nous en sommes tous doués, mais nous n'en avons jamais assez. Pourtant, elle existe en abondance infinie. Dans la mesure où il incarne cette progression éternelle, le Bouddha va plus loin que le bouddhisme. Les plus grands guides spirituels sont des exemples d'individus appliquant trois forces et évitant trois obstacles.

Trois forces : évolution, expansion, inspiration
Trois obstacles : contraction, limites rigides, conformité

Aucun de ces termes n'est ouvertement religieux. Ils nous renvoient à la nécessité de faire face à l'existence avec une plus grande conscience. D'après la légende, quand le Bouddha était un chercheur troublé portant le nom de Siddhartha, le roi, son père, voulait que son fils, né prince, devienne un grand souverain. Pour mettre fin à ses aspirations spirituelles, son père l'a enfermé dans une prison dorée derrière les murs du palais : il l'a entouré de luxe et a refusé qu'il ait un quelconque contact avec la souffrance du quotidien. Il s'agit là d'une parabole qui nous montre ce que nous faisons avec notre propre conscience. Nous nous enfermons derrière les murs de l'ego. Nous refusons de regarder au-delà de nos limites mentales figées. Nous sommes en quête des plaisirs et biens matériels que la société de consommation tient à notre disposition.

La conscience supérieure n'est pas nécessairement un état spirituel : c'est un état d'expansion. La spiritualité arrive en temps voulu, en fonction de votre degré de contraction à vos débuts. Une vie remplie de stress et de chagrin provoque naturellement une contraction de la conscience ; c'est une réaction de survie, à l'instar d'un troupeau d'antilopes se rassemblant à l'approche d'un lion. Vous devez comprendre que la contraction peut créer une forme primitive de sécurité, mais qu'elle provoque la tension, la peur, une vigilance constante et l'insécurité. Ce n'est qu'en élargissant votre conscience que vous pourrez être une lampe devant la porte et que vous pourrez percevoir le monde sans peur et vous-même sans insécurité.

La morale de l'histoire est que si vous voulez grandir de l'intérieur, prenez exemple sur le Bouddha dans votre approche de la conscience. Privilégiez l'expansion et portez votre regard au-delà des murs du mental.

Vous devenez plus conscient quand :

Vous exprimez votre vérité.

Vous ne considérez plus le bien et le mal comme des opposés figés. Des zones de flou émergent et vous les acceptez.

Vous pardonnez plus facilement, car vous comprenez la situation d'autrui.

Vous vous sentez plus en sécurité dans le monde. Vous vous apercevez qu'il est à votre image.

Vous vous sentez moins isolé et seul, ce qui montre que vous fondez votre bonheur sur vous-même, et non sur autrui.

La peur n'est plus aussi persuasive que par le passé.

Vous vous apercevez que la réalité est un champ de possibilités multiples et vous avez très envie de l'explorer.

Vous n'alimentez pas les pensées bancales d'opposition qui règnent au sein de la religion, de la politique et qui définissent le statut social.

Vous ne vous sentez pas menacé par l'inconnu. Car c'est de lui, et seulement de lui, que naît l'avenir.

Dans l'incertitude, vous voyez une forme de sagesse. Cette attitude permet à la vie de s'écouler naturellement, sans manichéisme infondé.

Vous considérez votre présence sur terre comme une récompense en soi.

Les héros du supercerveau ne sont pas des superhéros. Ce sont des modèles réalistes. Nous croyons que le développement continu du supercerveau aboutira à un fonctionnement plus sain et plus élevé du cerveau. Cela vous permettra de redonner à vos émotions et à vos pensées leur objectif premier, et de créer la réalité dans laquelle vous désirez profondément vivre. Vous ne vous identifierez plus à des schémas cérébraux cycliques et répétitifs ou à l'attitude limitée vers laquelle ils vous entraînent. Vous serez libre de connaître une conscience supérieure et d'avoir une perception plus élevée de votre potentiel.

LES SOLUTIONS DU SUPERCERVEAU

LA DÉPRESSION

Dans ce chapitre, nous franchirons un nouveau seuil dans l'apprentissage de la manière d'utiliser le cerveau à défaut de le laisser nous utiliser. L'application de ce principe à la dépression, qui touche des millions de personnes – c'est le handicap numéro un chez les Américains de 15 à 45 ans –, fera le plus grand bien. Il n'y a pas plus attristant que des personnes qui tombent sous le joug de leur cerveau. Comme un ancien patient l'a décrit, « j'avais l'impression que j'étais en train de tomber et que j'allais toucher le sol, à la différence qu'au lieu de durer une seconde, le sentiment de panique a duré des jours et des jours, sans même que je sache de quoi j'avais peur ». Les dépressifs ont le sentiment d'être les victimes d'un cerveau qui leur échappe.

Même si la dépression est classée parmi les troubles de l'humeur pouvant être attribués à l'incapacité du cerveau à réagir de manière appropriée à un stress interne et externe, elle affecte le corps entier. Elle perturbe ses rythmes, et notamment le sommeil. Elle provoque un désintérêt pour la sexualité et diminue l'appétit. Les dépressifs font preuve d'une indifférence fatiguée dès qu'il s'agit de manger ou de faire l'amour. Dans les situations sociales, ils se sentent marginalisés. Ils ne peuvent clairement comprendre ce que les autres leur disent ni exprimer à autrui ce qu'ils ressentent : être en compagnie des autres crée un flou perturbant.

Le cerveau est impliqué dans tous ces symptômes physiques. L'imagerie cérébrale pratiquée sur les personnes dépressives révèle un schéma unique montrant des aires cérébrales hyperactives et d'autres sous-actives. La dépression affecte typiquement le cortex cingulaire antérieur (impliqué dans les émotions négatives, mais également dans l'empathie), l'amygdale (responsable des émotions et de la réaction aux situations nouvelles – les personnes déprimées ne répondant généralement pas très bien à la nouveauté) et l'hypothalamus (impliqué dans les pulsions, par exemple la sexualité et l'appétit). Ces zones interconnectées établissent un lien par l'intermédiaire d'une forme de « circuit déprimé », réseau sur lequel il faut agir positivement pour retrouver son état normal.

La dépression est déclenchée par un événement qui peut être si insignifiant qu'il ne sera pas remarqué. Dès la première circonstance, le cerveau change ; par la suite, il faut des événements de plus en plus insignifiants pour tomber dans la dépression, jusqu'à ce qu'au final, il n'en faille pratiquement plus aucun. Alors, la personne devient prisonnière de ses émotions folles qui peuvent générer des troubles de l'humeur.

Êtes-vous dépressif ? Nous utilisons tous ce terme à la légère, mais il faut le distinguer du fait d'être triste ou d'être déprimé. Pour qu'on vous diagnostique une dépression, aiguë (court terme) ou chronique (long terme), votre humeur doit avoir cessé d'obéir au schéma normal de va-et-vient. Vous n'arrivez plus à surmonter un sentiment de tristesse, d'impuissance et de désespoir ou à vous intéresser aux choses qui vous entourent. Vos activités quotidiennes vous paraissent accablantes. Freud a rattaché la dépression au chagrin, ces deux états étant similaires. Dans de nombreux cas, de même que le chagrin disparaît naturellement après un certain temps, la dépression s'en va. Mais si elle perdure, la personne fait face au quotidien sans espoir de soulagement. Elle considère que sa vie est un échec total et il se peut qu'elle ne voie aucune raison de continuer à vivre (environ 80 % des suicides sont provoqués par un accès de dépression majeure).

Les personnes touchées par une dépression à long terme ne peuvent souvent pas indiquer précisément quand leurs symptômes ont commencé, ni pourquoi. Peut-être auront-elles l'impression que la clé est génétique si la dépression est fréquente dans leur famille ; ou alors, elles pourront se souvenir vaguement du moment où elles ont remarqué pour la première fois qu'elles étaient constamment tristes ou qu'elles se sentaient désespérées sans raison apparente. La dépression, ainsi que l'autisme, est considérée comme le plus génétique des troubles psychologiques ; jusqu'à 80 % des personnes qui en souffrent ont un membre de leur famille qui est ou a été touché. Mais dans la plupart des cas, les gènes ne font que prédisposer une personne aux troubles de l'humeur, sans en garantir l'apparition. Pour former une maladie psychiatrique, les gènes et l'environnement doivent travailler de concert.

De nombreuses personnes dépressives vous diront que leur problème n'est pas le sentiment de dépression en soi, mais la fatigue écrasante qu'elles ressentent : comme quelqu'un l'a dit, l'inverse de dépressif n'est pas heureux, mais dynamique. Et la fatigue engendre à son tour une plus grande dépression. Mais une fois que vous décidez consciemment que vous n'êtes pas votre cerveau, vous pouvez faire corps avec vos émotions et vos réactions au monde externe. Vous agissez alors en meneur et vous pouvez activement reprogrammer votre neurochimie et même l'activité génétique sans plus avoir à subir et entretenir vos troubles de l'humeur.

La clé est de redonner du mouvement dans les parties bloquées ou déséquilibrées de votre cerveau. Alors, avec le temps, vous pourrez l'aider à retrouver un équilibre naturel. Tel est le but que nous voudrions voir progresser, telle est également l'approche la plus holistique.

TROIS ÉTAPES DANS LA DÉPRESSION

Une fois que le cerveau a été habitué, ces réactions paraissent normales. Parfois, les dépressifs se sont tellement bien adaptés qu'ils sont surpris d'entendre un ami, un médecin ou un thérapeute leur dire qu'ils sont déprimés. Différentes théories à propos de l'influence génétique et des déséquilibres chimiques dans les cerveaux de ces personnes sont toujours monnaie courante, mais ce genre d'explication est aujourd'hui remis en doute. (Des recherches basiques ont révélé que les patients dépressifs ne diffèrent pas des autres sur le plan génétique. Il n'est pas non plus clairement établi que les antidépresseurs agissent en corrigeant un déséquilibre chimique. Mais quand les patients dépressifs suivent la psychothérapie appropriée et peuvent évoquer en long et en large leurs sentiments, leur cerveau change comme il changerait sous l'effet des médicaments. Encore un mystère : comment la parole et une prise de comprimés peuvent-elles produire le même résultat physiologique ? Nul ne le sait.) Si vous rencontriez une jeune personne ne sachant pas se tenir à table, à quoi attribueriez-vous cela ? Vraisemblablement à un comportement apparu pendant l'enfance et devenu usuel. Si cette habitude persiste, c'est parce que la personne ne voit pas de bonnes raisons de la modifier. Et s'il en allait de même pour la dépression ? Nous pourrions retrouver les différentes étapes qui ont conduit au développement de la dépression pour mieux nous rétablir.

Considérons donc la dépression comme un comportement figé. Les comportements figés ont trois composantes :

1. Une cause externe première, souvent oubliée.
2. Une réaction à cette cause, qui, pour une raison ou une autre, est malsaine ou ignorée.
3. Une habitude de longue date devenue automatisme.

Maintenant, cessons de qualifier toute forme de dépression de maladie, notamment la dépression légère ou modérée dont souffrent la plupart des dépressifs (les dépressions graves, chroniques devant évidemment être considérées comme les autres troubles mentaux graves). Si vous êtes déprimé à la suite d'un divorce qui s'est mal passé, vous n'êtes pas malade. Si vous êtes en deuil ou si vous avez le cafard après avoir été licencié, là encore, ce n'est pas une maladie. Quand une personne perd l'être qu'elle aime, certains disent que « le chagrin lui a fait perdre les pédales », mais il s'agit d'une émotion naturelle, de même que la dépression qui l'accompagne. Cela nous indique que la dépression est une réaction naturelle qui peut très mal tourner.

Quand c'est le cas, les trois composantes que nous venons de voir en sont responsables :

1. *Les causes extérieures :* Toute personne peut connaître la dépression à la suite d'événements extérieurs. Durant la grave récession économique de 2008, 60 % des personnes licenciées ont déclaré avoir été angoissées ou déprimées par la suite. Ce chiffre est bien plus élevé chez les employés ayant perdu leur travail depuis plus d'un an. Si vous vous exposez à un stress suffisant sur une longue période, il est très probable que la dépression vous guette. Un stress à long terme peut être provoqué par un travail ennuyeux, des difficultés sentimentales, des périodes prolongées de solitude et d'isolement social ou une maladie chronique. Dans une certaine mesure, une personne dépressive réagit à des circonstances négatives, soit dans l'instant, soit dans le passé.
2. *La réaction :* Une cause extérieure ne peut créer en vous de dépression que si vous réagissez d'une certaine manière. Les dépressifs ont appris de longue date à avoir une réaction faussée, telles que celles qui suivent, quand quelque chose va mal dans leur vie :

   C'est de ma faute.
   Je ne suis pas à la hauteur.
   Rien ne va marcher.
   Je savais que tout irait de travers.
   Je n'y peux rien.
   Ce n'était qu'une question de temps.

   Les jeunes enfants qui ont l'une de ces réactions ont le sentiment qu'elles ont du sens. Ils indiquent à leur cerveau leur perception de la réalité. Et le cerveau se conforme à la vision de la réalité qu'on l'a exercé à voir. Les enfants en bas âge ont peu de contrôle sur leur vie ; ils sont faibles et vulnérables. Un parent peu affectueux, ainsi qu'un événement familial désastreux comme un décès, peuvent susciter n'importe laquelle de ces réactions. Mais quand les adultes ont ces réactions, c'est le passé qui mine le présent.

3. *L'habitude d'être dépressif :* Une fois que vous avez une réaction dépressive, elle renforcera la réaction suivante quand vous serez à nouveau confronté à un stress extérieur. Votre premier petit ami vous a plaqué ? Alors il est naturel de redouter la même chose avec le deuxième. Certaines personnes savent gérer ce genre de peur, mais pour d'autres, c'est un poids constant. Au lieu d'oser trouver un deuxième petit ami plus aimant et fidèle, elles tourneront leurs critiques et leur peur vers l'intérieur. Elles auront alors en permanence des réactions dépressives, générées de l'intérieur, et au bout d'un certain temps, cela deviendra une habitude.

DÉNOUER LE PASSÉ

Une fois que la dépression d'une personne devient habituelle, ce qui se produit probablement des années avant qu'elle reconnaisse sa tristesse ou son désespoir, il n'y a plus besoin d'événement extérieur pour déclencher la réaction. Les dépressifs dépriment parce qu'ils sont dépressifs. Un voile gris s'est déposé sur chaque chose ; l'optimisme est impossible. Ce défaitisme nous indique

que le cerveau a formé des voies figées et que peut-être, ou probablement, la cause se situe dans la génétique et dans les neurotransmetteurs. Alors, toutes les béquilles utilisées par la personne pour créer cette réalité individuelle viennent sur le devant.

La réaction dépressive intériorisée est comparable à des charbons ardents se consumant lentement, mais qui reforment des flammes par un simple mouvement du tisonnier. Un incident mineur tel qu'une crevaison ou un chèque refusé ne suscitera alors aucune réflexion du genre : « Est-ce que cela va me poser problème ou pas ? » La réponse dépressive s'enclenche automatiquement. Les personnes dépressives peuvent même éprouver de la tristesse en apprenant une bonne nouvelle ; elles sont toujours en attente d'un énième faux pas, piégées qu'elles sont dans une dépression routinière. Ainsi, le déséquilibre cérébral peut être associé à l'activité mentale. Les scintigraphies cérébrales de personnes dépressives vont dans ce sens. Elles montrent que les mêmes aires stimulées grâce aux effets bénéfiques des antidépresseurs le sont également si la personne commence une thérapie et qu'elle réussit à s'en sortir grâce à la parole. Le discours est une forme de comportement.

Et si le comportement peut vous soustraire à la dépression, il n'est que raisonnable de supposer qu'il peut aussi la déclencher. (Pour l'instant, nous allons mettre de côté le type de dépression qui a des causes physiques – ou organiques, comme disent les médecins –, telles que de nombreuses maladies et la démence sénile, ainsi qu'une mauvaise alimentation et des toxines environnementales. Quand la cause physique est corrigée, généralement, la dépression s'en va automatiquement.) Puisque cette explication semble légitime, les deux questions clés qui se posent sont : comment éviter d'enclencher la réaction dépressive et comment inverser la dépression une fois qu'elle est là ? Abordons maintenant les thèmes de la prévention et du rétablissement à l'aide des trois mêmes catégories déjà évoquées.

Événements extérieurs : On entend dire : « Tu as vu les informations ce soir ? L'état du monde me déprime complètement. » Ou « j'ai été déprimé pendant toute la période qui a suivi les attentats du 11 septembre ». Les événements extérieurs peuvent nous déprimer, mais en réalité, ils représentent l'ingrédient le moins fort dans l'apparition de la dépression. Le licenciement peut être déprimant si vous êtes effectivement sujet à la réaction dépressive, mais si vous ne l'êtes pas, cela peut vous inciter à rebondir. Les événements négatifs sont inévitables, mais certains facteurs les font empirer :

Un stress répété
Un stress imprévisible
Un stress incontrôlable

Imaginez une femme dont le mari fait régulièrement des accès de rage. Il l'a déjà frappée à plusieurs reprises ; elle ne peut prédire à quel moment il redeviendra enragé ; elle n'arrive pas à trouver la volonté ni la force de le quitter. Ce genre de femme sera une candidate potentielle pour la dépression, car les trois éléments associés à un stress majeur sont présents. La maltraitance dont elle est victime est répétée, imprévisible et incontrôlable.

Si elle reste dans cette situation, tout son système mental-corps va commencer à se fermer. C'est ce qui se passe quand on fait subir à des souris de légers électrochocs. Lorsque les chercheurs les espacent en respectant des intervalles aléatoires, qu'ils reproduisent sans cesse et qui ne laissent aucune échappatoire aux souris, il importe peu que les électrochocs soient inoffensifs. Bientôt, les souris renonceront, elles deviendront léthargiques et impuissantes, et au bout d'un certain temps, elles mourront. En d'autres termes, leur dépression induite est tellement extrême qu'elle a détruit leur volonté de vivre.

Quel sens cela a-t-il pour vous, qui cherchez à éviter la dépression ? D'abord, cessez de vous exposer à des stress répétitifs (un mauvais patron, un mari agressif ou tout autre stress qui se renforce au quotidien). Ensuite, évitez l'imprévisibilité stressante. D'accord, la vie est incertaine, mais il y a une limite à ce que l'on peut accepter. Un patron qui fait des accès de rage imprévisible est une chose inacceptable. Pour beaucoup, un emploi de commercial, pendant lequel n'importe quel client peut s'en prendre à vous ou vous claquer la porte au nez, crée trop d'incertitudes. De même, une possible infidélité de la part de son conjoint est une éventualité imprévisible et stressante.

Par ailleurs, vous devriez développer les habitudes prévisibles qui vous aident à vous prémunir contre le stress. Chacun a besoin d'une bonne nuit de sommeil, de faire régulièrement de l'exercice et d'avoir un couple stable et un travail fiable. Les habitudes régulières ne sont pas seulement bonnes pour vous, d'une manière vague et générale, elles vous aident aussi à éviter la dépression en donnant une direction positive à suivre à votre cerveau.

Se sentant impuissants et désespérés, les dépressifs tendent à être passifs dans les situations stressantes. Incapables de trouver un moyen efficace de se sortir de ce genre de situation, ils s'empêchent de prendre des décisions clés qui pourraient les aider ; à la place, ils s'en remettent à l'indécision, ce qui fonctionne rarement. Ils tolèrent trop longtemps leur impasse. Quand vous n'êtes pas touché par la dépression, vous pouvez en général savoir ce qu'il faut améliorer, quoi tolérer et quand vous éloigner. Ce sont des choix basiques que vous devez faire tout au long de votre vie.

Si vous savez que vous êtes sujet à la dépression, il est important que vous gériez les problèmes plus promptement et directement que normalement, car plus vous attendez, plus vous avez de probabilités que la réaction dépressive s'enclenche. Je parle ici de situations ordinaires comme un conflit potentiel au travail, un adolescent qui dort chez vous et qui ne respecte pas son couvre-feu ou encore un conjoint qui ne participe pas aux tâches ménagères. La dépression rend hypersensible aux problèmes mineurs, ce qui conduit à un sentiment de résignation et d'impuissance. Mais si vous agissez en amont, avant d'en arriver là, vous avez le temps de gérer un stress quotidien, ainsi que l'énergie nécessaire pour appliquer cette décision. Apprenez à prendre rapidement ce genre de décision et à ignorer la petite voix qui vous avertit qu'il ne faut pas faire de vagues. En réalité, vous ne faites pas de vagues : vous prenez les devants.

La réaction dépressive : Les causes plus subtiles de la dépression sont plus difficiles à dénouer que le stress extérieur. Si vous ne voulez pas avoir de surpoids, il est beaucoup plus facile d'éviter dès le départ de prendre des kilos que de les perdre une fois qu'ils sont là. Il en va de même pour la dépression. Il est beaucoup plus simple d'apprendre à avoir la bonne réaction au stress que de se défaire de la mauvaise. La bonne réaction nécessite la résilience émotionnelle, ce qui vous permet de lâcher prise sur le stress plutôt que de l'absorber. Vous dégager de la mauvaise réaction nécessite de réhabituer votre cerveau. Mais même dans ce cas-là, certaines personnes atteintes de surpoids réussissent à perdre leurs kilos en trop, et un cerveau qui était habitué à réagir à la dépression peut être déshabitué.

Nous avons tous des réactions contre-productives et nous n'aimons pas le résultat obtenu. Il faut du temps et des efforts pour les remplacer par de meilleures alternatives. Dans le cas de la dépression, c'est aujourd'hui un fait établi qu'en modifiant les croyances qui mettent en échec une personne dépressive, on peut l'aider à se remettre. Les croyances sont comme des logiciels qui répètent les mêmes commandes, à la différence qu'elles sont plus pernicieuses, dans la mesure où elles s'installent plus profondément à chaque fois.

Voici quelques exemples de programmation figée qui viennent automatiquement sur le devant de la scène quand vous vous sentez dépressif, suivis de croyances alternatives prévenant la réponse dépressive :

REMPLACER LES CROYANCES TOXIQUES

1. **Tout est de ma faute.**
Vous pourriez penser à la place : ce n'est pas de ma faute, ce n'est la faute de personne, on ne sait pas encore qui est fautif, ce n'est peut-être la faute de personne, *ou alors* trouver le fautif n'apporte rien, il faut se concentrer sur la solution.

2. **Je ne suis pas à la hauteur.**
Vous pourriez penser à la place : je suis à la hauteur, je n'ai pas besoin de me comparer à autrui, il ne s'agit pas d'être à la hauteur ou pas, « être à la hauteur » est relatif, j'irai mieux demain, *ou alors* je suis en train d'apprendre.

3. **Rien ne va marcher.**
Vous pourriez penser à la place : il va se passer quelque chose, d'une manière ou d'une autre, ça va marcher, je peux demander de l'aide, si quelque chose ne marche pas, il y a toujours autre chose, *ou alors* être pessimiste ne m'aide pas à trouver de solution.

4. **Je savais que tout irait de travers.**
Vous pourriez penser à la place : non, je ne le savais pas, c'est une critique qui intervient après coup, c'est juste que je me sens angoissé, ça va passer, *ou alors* examiner le passé n'a d'intérêt que si cela conduit à un meilleur avenir.

5. **Je n'y peux rien.**
Vous pourriez penser à la place : je peux y faire quelque chose, je peux trouver quelqu'un qui pourrait faire quelque chose, j'ai toujours la possibilité de partir, il

faut que j'étudie la situation plus précisément, *ou alors* le défaitisme ne va pas m'aider à améliorer la situation.

6. **Ce n'était qu'une question de temps.**
   Vous pourriez penser à la place : je ne suis pas fataliste, c'était imprévisible, ça aussi, ça va passer, après la pluie, le beau temps, *ou alors* le fatalisme me coupe de mon libre arbitre.

Nous ne disons pas que toutes les croyances alternatives sont tout le temps efficaces. Vous devez être flexible. Le problème de la réaction dépressive est qu'elle met tout à la même enseigne. Vous vous sentez impuissant quand il s'agit de réparer la transmission de votre voiture (qui ne le serait pas ?), mais également quand il s'agit de sortir de votre lit et d'affronter votre journée (signe de dépression). Pour devenir souple, vous devez prendre la réaction dépressive à son propre jeu.

Comment faire ? Si votre réaction automatique est associée à la tristesse, l'impuissance et le désespoir, refusez de l'accepter. Donnez-vous quelques instants, respirez profondément et référez-vous à notre liste de réactions alternatives. Trouvez celle qui marche. Cela demande du temps et des efforts, mais finira par payer. Le fait d'apprendre une nouvelle réaction crée de nouvelles voies neuronales dans le cerveau. Cela ouvre également des portes. Lesquelles ? Quand on est dépressif, on a tendance à s'isoler, à être solitaire, apathique, inactif, passif et fermé au changement. Les nouvelles portes vous ouvrent des horizons tout à fait opposés. En introduisant une nouvelle réaction, vous résistez à la tentation de retomber dans les mêmes vieilles croyances. Au lieu de vous isoler, vous prenez conscience que c'est une bonne chose de côtoyer autrui. Au lieu d'être passif, vous vous rendez compte qu'il est également bon pour vous d'être actif.

Une autre stratégie consiste à fractionner en plusieurs parties gérables la réaction dépressive, si écrasante. La meilleure tactique est d'y aller pas à pas, en choisissant un aspect que vous vous sentez prêt à surmonter. L'inertie est la meilleure amie de la dépression. Vous aurez toujours un obstacle à franchir avant de pouvoir faire quelque chose de vraiment positif. Le truc est de ne pas en faire toute une montagne.

Le fait de vous forcer à surmonter les plus petits obstacles exhorte le cerveau à remplacer un ancien schéma par un nouveau. Vous élargissez votre conscience quand vous vous laissez entraîner par des élans nouveaux envoyés par la source, votre être véritable. Derrière le masque de la dépression, comportement lié à une réaction figée, se trouve votre être véritable, le soi fondamental qui peut diriger le processus de guérison. Pour dire les choses simplement, vous seul avez le pouvoir de vous guérir. La dépression crée l'illusion que vous êtes dans l'impuissance. En réalité, une fois que vous avez trouvé une ouverture, vous pouvez progressivement vous réapproprier votre être véritable.

L'habitude de la dépression : Si vous avez déjà vécu dans l'entourage d'un alcoolique ou de tout autre individu dépendant, vous savez qu'il se comporte de manière prévisible, en faisant des va-et-vient. Quand il est sobre ou qu'il n'est pas sous le coup de la drogue, il se repentit sincèrement et indique ne jamais vouloir retomber dans son habitude destructrice. Mais quand la personne dépendante est confrontée à la tentation de boire, de se piquer, de faire des excès de nourriture ou de faire des accès de rage (en fonction de son habitude), ses bonnes intentions disparaissent en fumée. Toute volonté se dissipe, l'habitude reprend le dessus et la seule chose qui compte est de se procurer une dose.

La dépression implique aussi une dépendance, marquée par la prédominance de la tristesse et du désespoir. Les personnes dépendantes, ainsi que les habitués de la dépression ont pour devise : « Il ne peut pas en être autrement. » À l'intérieur de beaucoup d'entre eux, il y a un affrontement entre « le bien » et « le mal ». Chez l'alcoolique, le « moi malveillant » boit, tandis que le « moi bienveillant » est sobre. Chez le dépressif, le « moi malveillant » est triste et désespéré, tandis que le « moi bienveillant » est heureux et optimiste. Mais en réalité, l'ombre de la dépression est omniprésente. Les meilleurs moments ne sont que le prélude d'une rechute. Le « moi malveillant » finit toujours par l'emporter ; le « moi bienveillant » est à sa merci.

Le triomphe est impossible, la victoire ne peut être que temporaire. Le vent n'a de cesse de tourner. Et quand une guerre est perdue d'avance, pourquoi combattre ? Le secret si l'on veut se sortir de toute habitude figée est de cesser de lutter contre soi-même et de trouver un espace intérieur de paix. En spiritualité, on parle du soi véritable. La méditation ouvre la voie qui permet d'y accéder. Les traditions de sagesse du monde entier affirment que la paix, le calme, le silence, la plénitude de la joie et la révérence envers la vie sont accessibles à tout un chacun. Quand des personnes froncent les sourcils et me disent qu'elles ne croient pas en la méditation, je leur réponds qu'elles ne doivent pas croire au cerveau, car quatre décennies de recherches ont démontré que cet organe est transformé par la méditation ; en outre, de nos jours, de nouvelles preuves suggèrent que le patrimoine génétique s'améliore également grâce à la méditation. C'est-à-dire que les bons gènes sont stimulés tandis que les mauvais sont neutralisés.

Pour défier la réaction dépressive, il ne suffit pas d'une simple introspection. Vous devez activer votre soi véritable et le matérialiser dans le monde. Tant que vous n'aurez pas prouvé l'utilité des nouvelles réactions et croyances, les anciennes garderont leur emprise sur votre conscience. Vous êtes très habitué à elles et elles connaissent le chemin le plus court qui les ramène à vous-même. Par conséquent, pour en finir avec l'habitude de la dépression, il faut allier un travail intérieur et un travail extérieur :

UN TRAVAIL DOUBLE

Le travail intérieur : changer ce que vous pensez et ressentez

Méditez.

Examinez vos croyances négatives.

Rejetez les réactions défaitistes à l'égard des défis de la vie.

Apprenez de nouvelles réactions positives.

Adoptez une vision supérieure de votre vie et tenez-vous-y.

Reconnaissez les moments où vous vous jugez et ne cédez pas à cette attitude.
Cessez de croire que la peur est acceptable parce qu'elle est puissante.
Ne confondez pas votre humeur avec la réalité.

Le travail extérieur : changer votre comportement

Diminuez les situations stressantes.
Trouvez un travail épanouissant.
Ne fréquentez pas de personnes qui renforcent votre dépression.
Trouvez des personnes qui incarnent ce que vous voulez être.
Apprenez à donner de vous-même. Soyez généreux.
Adoptez de bonnes habitudes au niveau du sommeil et une fois par jour, faites un peu d'exercice.
Concentrez-vous sur vos relations et délaissez les distractions et le consumérisme à outrance.
Apprenez à vous occuper véritablement de vous-même en trouvant des personnes matures et émotionnellement saines qui savent aimer, sont tolérantes et n'émettent pas de jugements.

Tout médecin ou thérapeute a rencontré des centaines de personnes dépressives qui veulent désespérément être utiles, mais combien d'entre elles sont en voie de rétablissement ? La plupart ont foi dans des comprimés ou sombrent dans un état de résignation et d'épuisement. Certes, il arrive que les médicaments puissent soulager les symptômes, mais la dépression légère ou modérée n'a pas besoin d'être comparée à une maladie : cela n'apporte souvent rien. Des découvertes récentes le confirment : dans les cas de dépression légère ou modérée, les antidépresseurs surpassent à peine l'action de l'effet placebo (qui conduit à une amélioration chez 30 % des patients en moyenne). Ils ne deviennent plus efficaces que quand la dépression s'aggrave.

Les trois éléments sur lesquels nous avons porté notre attention (les causes extérieures, la réaction dépressive et l'habitude) constituent une nouvelle approche. Ils vous donnent le pouvoir d'inverser les éléments sous-jacents de la dépression. Nous ne disons toutefois pas que la cause de cette dernière a été trouvée, car au bout du compte, votre dépression est entremêlée avec toute votre vie, y compris avec tout ce qui se passe dans votre corps.

De ce fait, vous devez remodeler votre vie à de multiples niveaux, ce que vous ne pouvez faire que consciemment. Parfois, il n'est pas ardu de sortir de la dépression, si tant est que l'on puisse considérer qu'il soit simple d'échapper à un travail ou à un mariage nuisible. Mais au moins, les choses sont directes. D'autres fois, la dépression est tel un brouillard insaisissable, où que l'on soit. Mais le brouillard peut se lever. La meilleure des nouvelles est que votre soi véritable n'est pas déprimé et qu'il ne l'a jamais été. En empruntant la voie qui conduit à l'être que vous êtes vraiment, vous accomplirez plus que la seule guérison de votre dépression. La lumière s'ouvrira à vous et vous jetterez un nouveau regard sur la vie.

DEUXIÈME PARTIE

CRÉEZ VOTRE RÉALITÉ

VOTRE CERVEAU, VOTRE UNIVERS

À mesure que vous avancerez dans ce livre, vous découvrirez que le mental, le cerveau et le corps travaillent de manière indissociable. La vie est un processus continu. Plus vous le maîtrisez, plus vous êtes proche de votre objectif, le supercerveau. Un chercheur tel que Rudy, en observant des données sur la neuroplasticité, s'émerveillera de constater que le cerveau forme de nouvelles voies. Mais le fait que le mental puisse créer la matière est encore plus miraculeux. Car c'est exactement ce qui se passe dans le cerveau, des milliers de fois à la seconde. Qu'il s'agisse de l'excitation qui s'empare de vous quand vous gagnez au loto ou du « ravissement subtil, libre et insouciant » que le poète Robert Browning ressentait en écoutant le chant d'une grive, ces deux expériences ont besoin du cerveau pour créer une représentation physique. Le ravissement requiert des processus chimiques, de même que chaque pensée, chaque sentiment et chaque sensation. Ce fait a été très solidement établi par la neuroscience.

Notre souhait est de vous conduire à la maîtrise véritable, dans laquelle « le cerveau » n'est pas confiné à la dimension physique et « le mental » ne flotte pas au-dessus. La différence qui existe entre eux est trompeuse : elle est le fruit de la pensée de l'homme. Le mental et le cerveau ne font qu'un et le supercerveau naît de votre décision de le stimuler.

C'est dans les plans subtils de la conscience que se trouve le véritable pouvoir. Quand une personne s'avance pour recevoir l'Oscar de la meilleure photographie, elle s'exclame souvent : « Mon rêve se réalise enfin ! » Les rêves sont subtils, mais puissants. Votre vision personnelle met votre vie en mouvement. Mais pour cela, elle doit d'abord passer par le cerveau, ensuite par l'action, les possibilités, les opportunités, les coups de chance et tous les ingrédients nécessaires pour permettre à un rêve de se réaliser. Ce processus est ce que nous appelons la création de la réalité. Cette dernière se met en place de manière continuelle et bien que la science porte son attention sur les produits du cerveau – les synapses, les potentiels électriques et les substances neurochimiques –, ce n'en sont que des expressions grossières. La réalité commence à un niveau beaucoup plus subtil, invisible.

Dès lors, comment créer sa réalité de manière contrôlée ? Il faut suivre certaines règles, que voici :

LES RÈGLES POUR CRÉER SA RÉALITÉ

- Vous n'êtes pas votre cerveau.
- Vous créez tous les ressentis et apparences dans votre vie.
- La perception n'est pas passive. Vous ne vous contentez pas de recevoir une réalité figée et donnée. Vous la modelez.

- La conscience de soi change la perception.
- Plus vous êtes conscient, plus vous avez de pouvoir sur la réalité.
- Votre conscience contient en elle le pouvoir de transformer votre monde.
- À un niveau subtil, votre mental est uni aux forces créatrices de l'univers.

Nous allons expliquer ces règles. Mais la création de la réalité est un phénomène naturel et sans effort qui va presque au-delà de la croyance. Pour créer une étoile, l'univers va dans le même espace que vous quand vous visualisez une rose. Cette affirmation est incroyable, mais vraie, et nous allons maintenant vous le montrer.

VOUS N'ÊTES PAS VOTRE CERVEAU

Le premier principe pour créer votre réalité est que vous n'êtes pas votre cerveau. Nous avons déjà vu à quel point cette idée est primordiale pour les personnes qui souffrent de dépression (ou de tout autre trouble de l'humeur, comme l'anxiété, qui est tout aussi répandue que la dépression). Quand vous attrapez un bon rhume, même si vous souffrez beaucoup, vous ne dites pas : « je suis un rhume », mais « j'ai un rhume ». Toutefois, la linguistique veut que l'on n'affirme pas : « j'ai la dépression », mais « je suis dépressif », ce qui signifie que vous vous identifiez à cet état. Pour d'innombrables personnes dépressives et angoissées, ce « je suis » devient extrêmement puissant.

L'état d'esprit de l'individu fausse la réalité. Quand vous vous identifiez à la dépression, le monde reflète votre sentiment. Lorsque vous voyez un citron, vous ne vous dites pas que vous êtes jaune ; il devrait en aller de même pour la dépression. Dans les deux cas, pour créer du jaune ou la dépression, le mental utilise le cerveau. Il existe un lien étroit entre eux au niveau physiologique et si vous contrôlez ce lien, vous pouvez changer tout ce que vous voulez.

Si c'était votre cerveau qui décidait de votre identité, il serait tout aussi logique de déclarer « je suis un citron jaune » que « je suis dépressif ». Alors comment faisons-nous la différence ? Comment se fait-il que vous sachiez que vous n'êtes pas un citron jaune, tandis qu'une personne dépressive pourra s'identifier à son trouble au point de se suicider ? La différence est en partie émotionnelle. C'est là que la biologie entre en jeu. L'hippocampe est intimement lié à l'amygdale (du cerveau), qui régule la mémoire émotionnelle et la réaction de peur. Dans des études consistant à montrer à des sujets humains sous IRMf un visage effrayant (l'IRMf est la meilleure technique d'imagerie, elle permet de montrer en temps réel l'activité cérébrale), l'amygdale s'est illuminée comme un sapin de Noël. La réaction de peur se déverse dans le cerveau supérieur et il faut un certain temps avant de réaliser que des images effrayantes ne sont pas une raison pour céder à la peur. Les craintes incontrôlées, même en l'absence de causes réalistes, peuvent provoquer une angoisse et une dépression chronique.

Les ripostes biologiques peuvent contrebalancer cet effet. Des études récentes suggèrent que les nouvelles cellules nerveuses de l'hippocampe sont capables d'inhiber les émotions négatives provoquées par l'amygdale. Les activités qui déstressent, comme l'exercice physique et l'apprentissage de nouvelles choses, favorisent la naissance de nouvelles cellules nerveuses, ce qui, comme nous l'avons vu, stimule la neuroplasticité – la création de nouveaux synapses et circuits neuronaux. La neuroplasticité peut directement réguler l'humeur et prévenir la dépression. Ainsi, l'apparition de nouvelles cellules nerveuses dans l'hippocampe adulte aide à vaincre les déséquilibres neurochimiques conduisant à des troubles de l'humeur tels que la dépression.

En neuroscience, l'idée est nouvelle, mais dans la réalité, nombreux sont ceux qui ont découvert que faire du jogging peut évacuer les coups de déprime. Dans la mesure où un citron jaune ne déclenche pas de réaction émotionnelle, à l'inverse de la dépression, nous avons découvert une différence importante au niveau du cerveau. Certaines études ont montré que les antidépresseurs tels que le Prozac peuvent être efficaces au moins partiellement en augmentant la neurogenèse (l'apparition de nouvelles cellules nerveuses) dans l'hippocampe. Dans le même ordre d'idées, des souris auxquelles on administre des antidépresseurs affichent des évolutions comportementales positives qui peuvent être entravées en bloquant délibérément la neurogenèse dans l'hippocampe.

Le lecteur alerte aura remarqué que ces arguments semblent prendre le contrepied de notre propos initial. Si le Prozac permet d'aller mieux, qu'y a-t-il de mal à prendre un comprimé dans le but d'obtenir des effets désirables dans le cerveau ? Premièrement, les médicaments ne guérissent pas les troubles de l'humeur, ils ne font que les soulager. Une fois qu'un patient cesse de prendre un antidépresseur ou un tranquillisant, le trouble sous-jacent revient. Deuxièmement, tous les médicaments ont des effets secondaires. Troisièmement, leurs effets positifs s'atténuent avec le temps, il faut donc un dosage plus important pour parvenir aux mêmes bienfaits (qui pourront totalement disparaître au fil du temps). Enfin, des études ont montré que les antidépresseurs ne sont pas aussi efficaces que ne le prétendent leurs fabricants et que dans les cas les plus courants de dépression, une psychothérapie peut donner les mêmes résultats. Notre culture est dépendante des pilules qu'elle prend volontiers pour des remèdes miracles ; mais la réalité est que le fait de parler de sa dépression est curatif, tandis que les excès médicamenteux ne le sont pas.

À mesure que le cerveau change, la réalité s'adapte. Ce n'est pas seulement l'humeur des personnes dépressives qui est morose, mais aussi leur monde. Pour elles, la lumière du soleil est teintée de gris ; les couleurs manquent de luminosité. À l'inverse, ceux qui n'ont pas de troubles de l'humeur insufflent au monde des attributs plus vivants. Un feu rouge a cette couleur parce que le cerveau la lui donne, mais les daltoniens rouge-vert verront le même feu rouge en gris. Le sucre a la saveur qu'on lui connaît sous l'effet du cerveau, mais pour les personnes qui n'ont plus de papilles gustatives en raison d'une maladie ou d'une blessure, le sucre n'est pas sucré. Des éléments plus subtils entrent également en jeu. Vous ajoutez une émotion au goût du sucre s'il vous rappelle que vous êtes peut-être prédiabétique ; de même, vous superposez des émotions à un feu rouge si à sa vue, des mauvais souvenirs liés à un accident de voiture que vous avez eu dans le passé remontent. La dimension personnelle ne peut être séparée des « faits » de la vie quotidienne. Et même, les faits sont personnels. La situation est radicale : rien n'échappe au processus de création de la réalité.

Chaque aspect du monde extérieur existe parce que vous le créez. Mais ce n'est pas votre cerveau qui en est à l'origine, il n'est qu'un outil intermédiaire. Le véritable créateur est le mental.

Il vous en faudra davantage pour être convaincu que vous créez toute votre réalité. Nous le comprenons. Le doute est le produit d'un manque de connaissances à grande échelle sur l'interaction entre le mental et le monde dit extérieur.

Tout dépend du système nerveux qui vit l'expérience. N'ayant pas d'ailes, nous ne pouvons savoir ce que vit un colibri. Le fait de regarder le ciel par le hublot d'un avion n'est pas la même chose que de voler. Un oiseau plonge, fait un piqué, garde son équilibre en l'air, garde un œil sur toutes les directions et ainsi de suite. Le cerveau d'un colibri coordonne la vitesse d'une aile à hauteur de 80 battements par seconde et un rythme cardiaque supérieur à 1 000 pulsations à la minute. Les êtres humains ne peuvent comprendre une telle expérience : en essence, un colibri est un gyroscope vibrant qui reste équilibré au beau milieu d'une tornade, ses ailes qui battent frénétiquement. Il suffit de consulter un tableau récapitulant les records aviaires mondiaux pour être étonné. Le plus petit oiseau, le colibri-abeille de Cuba, pèse 1,8 g, soit environ le poids d'une pièce d'un centime d'euro. Pourtant, il a la même physiologie de base que le plus grand oiseau du monde, l'autruche d'Afrique, qui pèse environ 160 kilos.

Afin d'explorer la réalité, le système nerveux doit suivre la nouvelle expérience d'un bout à l'autre, la surveiller et contrôler le reste du corps. Les systèmes nerveux des oiseaux explorent quant à eux des expériences de vol. Par exemple, les oiseaux aquatiques sont conçus pour plonger. On a mesuré que les manchots empereurs pouvaient plonger jusqu'à une profondeur de 480 m. Le piqué le plus rapide jamais mesuré revient au faucon pérégrin étudié en Allemagne : en fonction de l'angle qu'ils choisissaient, les faucons atteignaient une vitesse comprise entre 258 et 346 km/h. La structure physique des oiseaux s'est adaptée de sorte à pouvoir dépasser ces limites. La clé est leur système nerveux, non pas leurs ailes ou leur cœur. C'est ainsi que le cerveau d'un oiseau a créé la réalité du vol.

Cet argument peut être poussé bien plus loin dans le cas du cerveau humain, car notre mental est doué du libre arbitre, tandis que la conscience d'un oiseau (autant que nous le sachions) ne fonctionne qu'à l'instinct. Les humains ont eux la possibilité de faire une avancée majeure : créer leur réalité.

Mais avant d'en arriver là, nous voudrions faire une remarque sur quelque chose qui passionne tout particulièrement Deepak. Il n'est pas juste de dire que le cerveau « crée » une pensée, une expérience ou une perception, de même qu'il n'est pas juste de dire que c'est la radio qui crée Mozart. Le rôle du cerveau, tels les transistors d'une radio, est d'apporter une structure physique permettant d'émettre une pensée, de même qu'une radio vous permet d'entendre de la musique. Quand vous voyez une rose, vous sentez sa somptueuse fragrance et vous caressez ses pétales de velours, un grand nombre de corrélations se fait dans votre cerveau. Celles-ci sont visibles en temps réel sur une IRMf. Mais ce n'est pas votre cerveau qui voit, sent ou touche la rose. Ce sont là des expériences, que vous seul pouvez avoir. Ce fait est essentiel : il montre que vous êtes plus que votre cerveau.

Pour illustrer cette différence, dans les années 1930, un des pionniers de la chirurgie cérébrale, nommé Wilder Penfield, a stimulé l'aire cérébrale connue sous le nom de cortex moteur. Il s'est aperçu qu'en envoyant une minuscule décharge électrique dans cette zone, les muscles se mettaient à bouger. (Des recherches menées plus tard ont été beaucoup plus loin. Des décharges appliquées aux centres de la mémoire peuvent permettre aux gens de voir des souvenirs vivaces ; envoyées dans les centres émotionnels, elles peuvent déclencher la survenue spontanée de sentiments.) Toutefois, Penfield a réalisé que la distinction entre mental et cerveau était cruciale. Dans la mesure où les tissus cérébraux ne peuvent ressentir la douleur physique, on peut faire une opération à cerveau ouvert sur un patient réveillé.

Quand Penfield stimulait une zone locale du cortex moteur, le bras de son patient montait d'un coup. Quand il lui demandait ce qui était arrivé, le patient répondait : « Mon bras a bougé. » Puis, Penfield demandait au même patient de lever un bras. Quand il lui demandait ce qui s'était passé, le patient répondait : « J'ai bougé mon bras. » De cette manière simple, mais directe, Penfield a démontré quelque chose que tout le monde sait instinctivement. Il y a une énorme différence entre un bras qui se déplace automatiquement et un bras que l'on déplace volontairement. Cette différence met à nu le fossé mystérieux qui sépare le mental et le cerveau. Car vouloir bouger le bras est une action mentale ; mais un mouvement involontaire est une action cérébrale, ce qui n'est pas la même chose.

Cette distinction peut paraître tatillonne, mais au final, elle se révélera absolument primordiale. Pour l'instant, rappelez-vous simplement que vous n'êtes pas votre cerveau. Le mental qui donne les ordres au cerveau est le seul véritable créateur, de même que Mozart est le vrai compositeur de la musique diffusée à la radio. Au lieu d'accepter passivement tous les événements du monde « extérieur », affirmez d'abord votre rôle de créateur, qui est actif. C'est par là que commence vraiment l'apprentissage de la création de sa réalité.

La créativité s'appuie souvent sur la nouveauté. Pablo Picasso plaçait souvent les deux yeux du même côté d'un visage, *a contrario* de la nature (à l'exception des poissons plats tels que les flets et les flétans, dont le minuscule fretin naît avec les yeux de part et d'autre de la tête, avant que tous deux ne migrent du même côté pendant leur développement). Certaines personnes accuseraient Picasso d'avoir fait une erreur. À ce sujet, il existe une plaisanterie au sujet d'une institutrice de CP qui emmène sa classe dans un musée d'art moderne. Face à une peinture abstraite, elle déclare : « C'est censé être un cheval. » Au fond du groupe, un petit garçon intervient : « Alors pourquoi ça ne l'est pas ? »

La peinture abstraite fait des « erreurs » afin de créer de la nouveauté. Picasso perçoit le visage humain d'une nouvelle manière. La perception étant infiniment adaptable, si vous vous laissez imprégner par Picasso, votre vue se déforme et vous ne percevez plus les visages de manière ordinaire. Une émotion troublante jaillit et en même temps, vous pourrez rire, trembler de nervosité ou trouver beau ce style abstrait. Cette vision novatrice vous enthousiasme ; vous en faites partie. Le cerveau est conçu pour permettre à tout un chacun de faire de nouvelles choses. Si cet organe était un ordinateur, il accumulerait de l'information, la trierait de différentes manières et ferait des calculs à la vitesse de l'éclair.

La créativité ne s'arrête pas là. Elle dresse un portrait entièrement nouveau, jusque-là inconnu, des composantes brutes de la vie. Si vous mangez du Buitoni cinq soirs d'affilée, il est possible que cela vous ennuie, que vous vous plaigniez et que vous vous demandiez pourquoi la vie ne change pas. Ou alors, vous pouvez préparer un type de repas tout nouveau. En cet instant même, vous concevez votre vie à la manière d'un puzzle dont chaque pièce est sous votre contrôle.

FAIRE DU NEUF

Comment transformer vos perceptions

- Assumez vos expériences.
- Soyez sceptique à l'égard des réactions figées, les vôtres comme celles d'autrui.
- Affrontez vos vieux conditionnements. Ils ne mènent qu'à des comportements inconscients.

- Soyez conscient de vos émotions et de leur origine.
- Examinez vos croyances fondamentales. Exposez-les à la lumière et cessez d'alimenter les croyances qui vous bloquent.
- Demandez-vous quel aspect de la réalité vous rejetez. Consultez le point de vue de votre entourage en toute liberté. Respectez la façon dont chacun perçoit la situation.
- Pratiquez l'empathie afin de connaître le monde au travers du regard de quelqu'un d'autre.

Tous ces points renvoient à la conscience de soi. Quoi que vous fassiez, quand vous prenez votre petit déjeuner, faites l'amour, songez à l'univers ou écrivez une chanson pop, votre mental ne peut être que dans l'un de ces trois états : inconscient, conscient ou conscient de lui-même. Quand vous êtes inconscient, votre mental reçoit passivement le flot constant de données en provenance du monde extérieur, avec des réactions minimales et une créativité nulle. Quand vous êtes conscient, vous êtes attentif à cet afflux d'informations. Vous sélectionnez, décidez, triez, traitez, etc., et vous choisissez d'accepter certaines choses et d'en rejeter d'autres. Quand vous êtes conscient de vous-même, vous réfléchissez à ce que vous faites et vous vous demandez : « Comment est-ce pour moi ? » À tout instant, ces trois états coexistent. Nous ne savons absolument pas s'il en est de même chez une créature telle que le colibri. Pendant que son cœur bat la chamade avec plus de 1 000 pulsations à la minute, l'oiseau pense-t-il : « je suis fatigué » ? Cette question émerge de la conscience de soi. Ou alors pense-t-il : « mon cœur bat très, très vite » ? C'est une affirmation que l'on fait quand on est simplement conscient. On suppose, sans connaître la vérité, que le colibri n'est pas conscient de lui-même, ni peut-être conscient tout court. Toute sa vie pourrait être passée dans l'inconscience.

INCONSCIENT, CONSCIENT, CONSCIENT DE SOI

Les êtres humains connaissent ces trois états et celui qui sera prédominant à un moment donné sera fonction de votre choix. L'accès au supercerveau nécessite une réduction de nos moments d'inconscience et une augmentation de notre conscience et de notre conscience de soi. Songez au quatrième élément de la liste précédente : « Soyez conscient de vos émotions et de leur origine. » La première partie de la phrase traite de la conscience, la seconde de la conscience de soi. « Je suis en colère » est une pensée consciente, sortir de ses gonds est un comportement inconscient. C'est pourquoi nous prenons du recul face à une personne qui fait un accès de rage sur les lieux d'un accident de voiture, par exemple. Nous ne prenons pas au sérieux ce qu'elle dit tant que sa colère n'est pas passée et qu'elle n'a pas retrouvé son calme. Certains systèmes juridiques pardonnent l'inconscience et font preuve d'indulgence à l'égard de ce qu'on appelle les crimes passionnels. Si vous trouvez votre femme dans votre lit avec un autre homme et que vous réagissez en étranglant son amant dans l'instant, vous agissez inconsciemment, sans avoir tous vos esprits.

C'est une bonne chose d'être conscient, mais il est encore mieux d'être conscient de soi. « Je suis en colère » est une information limitée si votre but est de contrôler votre colère. Mais si vous savez d'où elle provient, vous entrez dans la conscience de soi. Cela vous permet de déceler un schéma comportemental. Vous prenez en compte le fait que vos accès passés n'ont pas eu l'effet escompté. Peut-être votre mari ou votre épouse vous a-t-il quitté(e) ou quelqu'un a-t-il appelé la police. Une fois que vous êtes dans la conscience de soi, la réalité change. Vous commencez à contrôler la situation ; le pouvoir de changer les choses vous tend les bras.

La conscience pénètre irréfutablement le monde animal. Les éléphants ont pour coutume de se rassembler autour d'un éléphanteau mort. Ils s'attardent autour et reviennent même sur les sites de mort de leurs congénères une année après. Ils se rapprochent de la mère qui a perdu son petit. Si l'empathie a un sens autre que celui que nous lui donnons, il suffit de se tourner vers les éléphants pour le trouver. Autant que nous sachions, un minuscule colibri qui traverse des milliers de kilomètres entre le Mexique et l'État du Minnesota pour migrer est probablement conscient de la trajectoire qu'il suit grâce à des repères visuels, aux mouvements des étoiles et même au champ magnétique de la terre.

Mais nous affirmons que la conscience de soi est notre apanage. (Cette forme d'orgueil pourrait un jour vaciller. Quand un chien est grondé parce qu'il a uriné sur un tapis, chacun verra dans son regard de la honte. Ce serait une réaction de conscience de soi.) Nous sommes conscients d'être conscients. En d'autres termes, notre niveau de conscience de nous-mêmes transcende l'apprentissage et la mémoire simple dans le cerveau.

La neuroscience réductionniste n'explique en rien le processus par lequel la conscience peut nous permettre de nous séparer de notre activité cérébrale. Le réductionnisme rassemble des données et révèle des faits. Dans ses recherches, Rudy se pare d'une identité réductionniste, dans la mesure où sa discipline de base est la maladie d'Alzheimer et les gènes qui lui sont associés. Mais la neuroscience réductionniste n'explique pas qui fait l'expérience des sensations et des pensées. Il y a un gouffre entre conscience et conscience de soi. « On m'a diagnostiqué une maladie d'Alzheimer » est une affirmation provenant de la conscience ; une personne inconsciente ne remarquerait pas qu'elle a des problèmes de mémoire. « J'ai la maladie d'Alzheimer, je déteste ça, ça me fait peur » est une expression de la conscience de soi. Donc, les faits découverts au sujet de cette maladie concernent ces trois états (inconscience, conscience et conscience de soi) sans expliquer le rapport que nous entretenons avec eux. Le cerveau se contente de faire ce qu'il fait. C'est le mental qui permet de comprendre cela.

Bien sûr, cette « conscience d'être conscient » est également rendue possible par le cerveau. Nous ne prétendons pas savoir, sur le plan réductionniste, où sont localisées la conscience et la conscience de soi sur la cartographie cérébrale ; il est probable qu'elle ne soit pas confinée à une aire spécifique. Nul n'a encore résolu cette énigme. Tandis que le cerveau produit des sentiments et des pensées auxquelles vous vous identifiez, le supercerveau fait appel à votre capacité à être observateur, ou témoin, détaché des pensées et sentiments produits par le cerveau.

Si une personne qui fait des accès de rage ne peut prendre de recul et observer ce qui se passe quand elle explose, cela signifie que sa colère échappe à son contrôle. Elle est inconsciente de son origine ou de ce qu'elle peut y faire, jusqu'à ce qu'un certain détachement se mette en place. L'imagerie cérébrale révèle que différents centres du cortex cérébral s'éclairent ou s'assombrissent en fonction du degré de contrôle qu'une personne a de ses émotions. Mais chez de nombreuses personnes, peut-être la plupart, l'idée de se détacher de ses émotions fait naître la vision effrayante d'une existence stérile, fade et dénuée de passion.

Mais les émotions changent en fonction de votre état.

L'inconscience : Dans cet état, les émotions ont le dessus. Elles émergent spontanément et suivent la trajectoire de leur choix. Les hormones sont stimulées, ce qui mène trop souvent à une réaction de stress. Les émotions inconscientes provoquent un état de déséquilibre cérébral. Les centres supérieurs liés à la prise de décision sont affaiblis. Les montées de colère et de peur ne peuvent être contrôlées. Il peut en résulter un comportement destructeur ; les habitudes émotionnelles s'inscrivent dans des voies neuronales figées.

La conscience : Dans cet état, la personne est capable de dire : « j'éprouve tel ou tel sentiment », première étape avant le retour à l'équilibre. Le cerveau supérieur permet le jugement, ce qui met l'émotion en perspective. La mémoire rappelle à la personne quel effet cette émotion a eu par le passé, bon ou mauvais. Il s'ensuit un état plus intégré dans lequel des circuits supérieurs et inférieurs du cerveau rajoutent des informations. Quand vous commencez à reprendre le contrôle de vos émotions et que vous pouvez dire : « j'éprouve tel ou tel sentiment », vous avez atteint la première phase du détachement.

La conscience de soi : Quand vous êtes conscient, vous pouvez être n'importe qui. Mais quand vous êtes conscient de vous-même, vous devenez unique. « J'éprouve telle ou telle émotion » devient « Qu'est-ce que cela me fait ? Où est-ce que cela m'emmène ? Qu'est-ce que cela signifie ? » Une personne qui est en colère peut s'en tenir à cela et ne faire preuve de presque aucune conscience d'elle-même. Un patron irritable qui incendie ses subordonnés année après année est certainement conscient de sa colère. Mais sans conscience de lui-même, il sera incapable de voir ce qu'il fait à lui-même et à autrui. Il est tout à fait possible qu'un soir, il rentre chez lui et qu'il soit interloqué de voir que sa femme est partie. Par ailleurs, une fois que la conscience de soi voit le jour, les questions que vous pouvez vous poser sur vous-même, sur vos pensées et sur vos sentiments sont sans limites. Ces questions de conscience de soi sont les clés qui permettent une expansion de conscience ; dès lors, les possibilités sont infinies.

Les émotions ne sont pas les ennemies de la conscience de soi. Chacune joue son rôle dans l'ensemble ; elles sont nécessaires pour donner du sens aux événements. Elles créent également des repères dans la mémoire. Car il est beaucoup plus simple de se rappeler son premier baiser que de se souvenir du prix du sans-plomb le même soir. Les émotions étant donc « collantes », elles ne sont pas détachées. En fait, le détachement s'inscrit dans un ensemble ; c'est lui qui vous permet de prendre du recul sur vos émotions (raison pour laquelle le premier baiser ne débouche pas toujours sur un bébé). Cet état d'esprit peut paraître froid et aseptisé, mais sachez que le détachement se fait dans la joie. Lorsqu'on est moins attaché à ses expériences, on peut les transcender et ainsi atteindre un niveau d'expérience supérieur dans lequel toute vie a un sens. En étant conscient de ses pensées et de ses sentiments, on commence à créer de nouvelles voies qui ne véhiculent pas seulement la colère, la peur, le bonheur et la curiosité, mais également tous les sentiments spirituels d'extase, de compassion et d'émerveillement. La création de la réalité n'a aucune limite. Quand on suppose que la réalité est un fait établi, ce n'est pas le monde « extérieur » que l'on accepte en vérité, mais nos limitations « intérieures ».

L'INTERFÉRENCE DE L'EGO

Si la conscience de soi a un ennemi, c'est bien l'ego, qui contracte sérieusement la conscience quand il sort du champ de la fonction qui lui est impartie. Cette fonction est prépondérante, comme on peut s'en apercevoir immédiatement en jetant un coup d'œil au cerveau. Tandis que des milliards de neurones remodèlent des milliers de milliards de synapses dans un réseau neuronal en évolution permanente, l'ego vous amène à croire que tout est statique et calme dans votre crâne. Ce n'est pas le cas. Sans ce sentiment de constance, vous seriez exposé au processus tumultueux de restructuration cérébrale qui est fonction des réactions à chaque expérience que vous faites, pendant l'état de veille, durant le sommeil ou lors des rêves (le cerveau est hautement actif quand vous dormez, bien que cette activité reste pour l'essentiel mystérieuse).

Une fois que de nouvelles expériences ont été enregistrées dans le cerveau, l'ego les assimile. C'est à vous que de nouvelles choses arrivent, et c'est ainsi que se compose un amas de plaisirs et de souffrances, de peurs et de désirs, en formation depuis votre tendre enfance. Il est important de savoir que la réorganisation cérébrale a toujours un effet, même si l'ego fait croire à l'illusion de la constance.

Quand Rudy et sa femme Dora ont élevé leur fille Lyla, ils ont décidé que durant sa première année de vie, la petite ne se retrouverait jamais seule à pleurer. D'autres parents ont critiqué cette décision, affirmant que cela en ferait un enfant gâté et que Dora et Rudy deviendraient des zombies insomniaques ; mais ils ont néanmoins tenu la promesse qu'ils s'étaient faite. Chez Lyla, comme chez chacun d'entre nous, la petite enfance est le temps de la mise en place de la structure fondamentale du réseau neuronal. Si ce processus est invisible, il donne néanmoins lieu à la formation d'une vision du monde et, des années plus tard, à chaque fois qu'une nouvelle expérience de plaisir ou de souffrance sera vécue, cette dernière sera comparée aux précédentes avant de prendre place dans la mémoire.

Dora et Rudy voulaient que le cerveau de Lyla ait pour base le bonheur, la sécurité et l'acceptation, et non l'insatisfaction, le sentiment d'abandon et de rejet. Bien sûr, cette approche a nécessité davantage de travail que la simple présence des parents quand le bébé pleurait. Mais les parents d'un bébé représentent toute sa vie et, en grandissant, Lyla aurait ainsi une raison profonde de percevoir le monde comme tolérant et accueillant. Celui-ci n'est pas figé. Il est le produit de nos expériences et de la manière dont nous l'intégrons à notre vision de la vie. Par conséquent, l'argument selon lequel Lyla ne serait pas prête à affronter les dures réalités de la vie n'était pas valable. Comme nous tous, elle se confrontera au monde en fonction de l'image qu'elle s'est créée dans son cerveau (par la suite, Lyla s'est avérée une enfant très heureuse qui irradie l'amour qu'elle reçoit).

L'ego est fondamental dans cette fonction d'intégration de toutes les expériences, mais il est enclin à aller trop loin. Le mot égotisme est un terme courant employé pour désigner un égocentrisme extrême, mais là n'est pas le problème pour l'instant. Tout le monde se retrouve dans une situation paradoxale à propos de l'ego. Sans lui, on ne peut vivre, mais faire de chaque chose une affaire personnelle peut vite tourner à l'illusion et à l'égocentrisme. L'ego passe avant toute autre considération. Au lieu d'avoir un point de vue et des valeurs personnelles fortes (l'aspect positif de l'ego), l'égotiste finit par défendre ses *a priori* et ses préjugés simplement parce qu'ils font partie de son identité (l'aspect négatif de l'ego). L'ego prétend être le soi. Mais le soi véritable est conscience. Quand vous vous fermez à n'importe quel aspect de votre expérience en disant : « ce n'est pas moi », « je ne veux pas y penser » ou « cela n'a rien à voir avec moi », vous excluez quelque chose de votre conscience et ainsi construisez une image égotique à défaut de vous ouvrir aux possibilités infinies que vous réserve la création de votre réalité.

Ce genre d'étroitesse d'esprit a un prix : elle engendre une réduction ou un déséquilibre de l'activité cérébrale, visible sur imagerie cérébrale. Nouvelles expériences égalent nouveaux réseaux neuronaux. Elles occasionnent une restructuration qui maintient le cerveau en bonne santé. À l'inverse, quand les gens se disent « je ne montre pas mes émotions » ou « je n'aime pas trop penser », ils ferment certaines régions cérébrales. L'ego crée ces rationalisations pour contracter la conscience d'une personne, ce qui contracte par la suite l'activité cérébrale. Réfléchissez à ce que pensent certains hommes, pour qui « je suis un homme » équivaut à « un homme n'affiche pas ses émotions ». Cette attitude met de côté toute la richesse qu'apportent les émotions, elle va à l'encontre de l'évolution. Car le cerveau utilise les émotions en soutien à nos besoins instinctifs, destinés à assurer notre survie. Vous devez vous servir de vos émotions afin de renforcer la passion qui est la vôtre dans les objectifs personnels que vous cherchez à atteindre. Vous devez utiliser votre intellect pour mettre au point des stratégies et enfin, vous devez détacher votre conscience afin d'acquérir le recul et la sobriété nécessaires pour atteindre ces buts. En d'autres termes, vous devez faire des va-et-vient entre la passion générée par vos peurs et vos désirs, et les pensées rationnelles associées au contrôle de soi et à la discipline. Pour tenter de battre un record en faisant la traversée de l'Atlantique en avion, il a fallu à Charles Lindbergh de la détermination et de l'enthousiasme, mais aussi le calme et l'objectivité requis pour piloter son avion. Nous sommes tous comme lui.

Le cerveau est fluide et dynamique. Mais il perd son équilibre quand on lui ordonne d'ignorer ou de changer son processus naturel. Quand vous contractez votre conscience, vous contractez votre cerveau et vous rigidifiez votre réalité en créant des schémas figés.

LES BLOCAGES DE L'EGO

Pensées typiques qui contractent la conscience

- Je ne suis pas du genre à faire telle ou telle chose.
- Tout ce qui m'intéresse, c'est mon petit confort.
- Ah non ! De quoi vais-je avoir l'air ?
- C'est seulement que je ne veux pas le faire ; je n'ai pas besoin de me justifier.
- Que quelqu'un d'autre le fasse à ma place !
- Je sais ce que je pense.
- N'essaie pas de me faire changer d'avis.
- Je sais mieux que toi.
- Je ne suis pas à la hauteur. C'est au-dessus de mes forces.
- J'ai toute la vie devant moi pour faire telle ou telle chose.

Vous remarquerez que certaines de ces pensées donnent un sentiment de supériorité, tandis que d'autres donnent un sentiment de négativité. Quoi qu'il en soit, dans chacune d'entre elles, une image est défendue. La véritable fonction de l'ego est de vous aider à bâtir un soi fort et dynamique (nous y reviendrons dans un autre chapitre), mais quand il intervient pour vous protéger inutilement, il masque en réalité une peur et une insécurité. Un homme de la quarantaine qui achète soudain une voiture de sport rouge ressentira peut-être de l'insécurité, de même qu'une femme du même âge qui paie une opération de chirurgie esthétique dès l'apparition des premières pattes d'oie autour de ses yeux. Mais la défense de l'ego est beaucoup plus subtile que cela : les retranchements derrière lesquels nous nous enterrons échappent généralement à notre conscience. Au lieu d'aller de l'avant dans notre projet de création de notre réalité, nous finissons par fortifier la même vieille réalité qui nous donne un sentiment de sécurité. Pour certaines personnes, cette sécurité passe par la suffisance, pour d'autres, par l'humilité. Vous pouvez avoir un sentiment d'infériorité et le déguiser sous une bravade extérieure, ou vous pouvez dissimuler ce sentiment derrière une timidité de façade. Il n'existe pas de formule toute faite. Si vous vous fermez à certaines expériences, vous ne savez pas à côté de quoi vous passez.

Mais l'expérience individuelle compte moins que l'incroyable agilité dont fait preuve le cerveau quand il reçoit, transmet et traite les expériences. Si vous ne participez pas, les choses que vous refusez de voir vous affecteront quand même, mais inconsciemment. Nous avons tous connu des personnes ne faisant montre d'aucun chagrin à la mort d'un proche. Ce qui n'a pas empêché cette émotion de s'exprimer dans la personne, mais hors de la vue de tout le monde, en conflit intestin se poursuivant malgré la décision de l'ego de ne pas ressentir.

La création de la réalité se fait de manière réciproque. C'est vous qui la créez, mais c'est aussi elle qui vous crée. Sur le plan neurobiologique, les neurotransmetteurs excitateurs comme le glutamate agissent de sorte à créer un équilibre yin-yang constant avec les neurotransmetteurs inhibiteurs tels que la glycine, à mesure que vos émotions et votre intellect accomplissent la danse qui forme votre personnalité et votre ego. Tout cela vous donne un sentiment d'identité, une perception de votre réaction à la vie à tout moment. En outre, depuis l'époque où vous étiez dans l'utérus de votre mère, chaque expérience sensorielle crée des synapses, processus qui consolide vos souvenirs et jette les bases de votre réseau neuronal. Ces synapses primordiales vous ont conçu. Pensez à votre réaction à une araignée que vous trouvez chez vous. En théorie, vous pouvez avoir n'importe quelle réponse mais en réalité, celle qui est vôtre est gravée en vous et elle vous paraît naturelle à partir du moment où vous agissez en fonction d'elle. « Les araignées me dégoûtent », « les araignées ne me dérangent pas » ou « j'ai une peur panique des araignées » : il s'agit là de choix personnels que vous avez faits, mais qui vous font aussi. C'est tout à fait naturel. Cela devient problématique dès lors que l'ego intervient et qu'il fait d'une réaction personnelle un fait : « les araignées sont dégoûtantes », « les araignées sont inoffensives », « les araignées sont effrayantes ». Au niveau factuel, ces remarques n'ont aucune fiabilité ; elles font d'un jugement personnel une réalité « objective ».

Maintenant, remplacez le mot araignée par « les catholiques », « les juifs », « les Arabes », « les gens de couleur », « la police », « l'ennemi », etc. Les préjugés sont affirmés sous la forme de faits (« ce sont tous les mêmes »), mais au fond, on trouve la peur, la haine et le besoin de se protéger. En dépit de ses manipulations subtiles, l'ego peut être contré au moyen de quelques questions simples. Demandez-vous :

> Pourquoi est-ce que je pense ainsi ?
> Quelle est ma véritable motivation ?
> Ne suis-je pas en train de reproduire toujours les mêmes vieux schémas dans mes paroles/pensées/actes ?

La valeur de l'autoquestionnement réside dans le fait qu'il vous permet de continuer d'avancer. Vous renouvelez vos réactions ; vous vous laissez imprégner autant que possible par la conscience de soi. Ce genre de réflexion incite le cerveau à changer et le mental, qui a alors davantage de réactions cérébrales à sa disposition, s'étend au-delà des limites de l'imagination. Ce qui est figé est limité ; ce qui est dynamique permet une expansion au-delà des limitations. L'idée du supercerveau est de toutes les ôter. Chaque pas vous rapproche de votre soi véritable, qui crée la réalité en toute liberté.

LES SOLUTIONS DU SUPERCERVEAU
LE SURPOIDS

Le surpoids est un problème que l'on peut commencer à résoudre en utilisant le cerveau d'une nouvelle manière. Plus d'un tiers des Américains sont en surpoids et plus d'un quart sont obèses. Si l'on met de côté les problèmes médicaux, cette épidémie est provoquée par les choix qui sont faits. Dans une société qui consomme en moyenne 70 kilos de sucre par an, qui prend un repas sur dix chez McDonald's et dont la grosseur des portions augmente chaque décennie, on pourrait penser que ces mauvais choix sont si flagrants que la première idée qui vient en tête est de les inverser. Mais ce n'est pas le cas, et les nombreux messages d'alerte sur la santé publique ne semblent pas améliorer la situation. L'essor de l'obésité dépasse l'entendement, car l'entendement ne peut efficacement l'arrêter.

Qu'est-ce que le cerveau de base fait de travers ? Autrefois, on rejetait la faute sur des considérations morales. Le surpoids était un signe de faiblesse personnelle, un vestige de la période médiévale durant laquelle la gloutonnerie faisait partie des sept péchés capitaux. Au fond d'elles-mêmes, beaucoup de personnes atteintes de surpoids s'accusent d'un manque de volonté. Si seulement elles pouvaient cesser d'être complaisantes ! Si seulement elles pouvaient cesser de se punir en absorbant des calories qui alimentent un cercle vicieux : manger trop fait prendre des kilos, ce qui conduit à une dégradation de l'image de soi, et quand on se sent mal, quoi de mieux que de manger davantage pour se consoler ?

Les décisions sont conscientes ; les habitudes non. Par cette affirmation simple, on commence à envisager le surpoids d'après la perspective du cerveau. Les parties inconscientes du cerveau ont été entraînées à exiger une nourriture dont le cerveau supérieur ne veut pas. Les va-et-vient constants entre l'excès de nourriture et les remords ont une contrepartie physiologique. Les hormones qui servent de signaux naturels indiquant que l'on a assouvi sa faim sont soit supprimées, soit contrecarrées par d'autres hormones signalant un appétit insatiable. En soi, ce n'est pas la nourriture qui pose problème. Aussi tentants soient un sunday nappé de chocolat ou un bon gros steak de 750 g, ce ne sont pas des substances addictives.

Alors où est le problème ? Les réponses, qui sont aujourd'hui connues, semblent vaines. Il y a tant de facteurs qui entrent en jeu dans l'alimentation et la santé que quelle que soit la direction que l'on prend, il y a toujours de nouveaux reproches à faire. Les gens grossissent, d'après les experts, en raison de :

Une faible estime de soi.

Une mauvaise image du corps.

Les antécédents familiaux en matière d'obésité.

Une prédisposition génétique.

La formation dans la tendre enfance de mauvaises habitudes alimentaires.

Les fast-foods et la nourriture industrielle, malsains et lourds en additifs et en conservateurs.

Le déclin des aliments complets.

La fixation sociétale sur un corps « parfait », objectif hors de portée de la grande majorité des individus. Le défaitisme lié au régime permanent et au yo-yo entre les pertes et les prises de poids.

Face à une accumulation aussi décourageante, le cerveau de base est rapidement accablé. Cela conduit à un schéma comportemental familier, le défaitisme. Les régimes infructueux se succèdent, alimentés par une véritable frustration et confusion. L'échec provoque encore plus de frustration, mais vous rend également enclin aux stratagèmes et aux solutions de fortune : la pression déraisonnable exercée par la faim, l'habitude et l'imagination empêche le cerveau supérieur de prendre des décisions.

Comment le supercerveau peut-il modifier ces schémas profondément ancrés ? Première chose, il faut faire une trêve dans la guerre qui nous oppose à la graisse. Le cerveau de base n'a pas remporté la victoire. Des études montrent que beaucoup de personnes qui suivent un régime perdent du poids, mais que jusqu'à 100 % d'entre elles le reprennent dans les deux années qui suivent. Les rares personnes qui arrivent à maîtriser leur poids déclarent être prêtes à surveiller la moindre calorie, jour après jour, jusqu'à la fin de leur vie. La chimie cérébrale joue un rôle dans ce processus. En général, les personnes qui suivent un régime ont un appétit plus important après avoir perdu quelques kilos qu'avant. Des chercheurs australiens croient que la raison en est un changement biologique. Les estomacs des personnes qui ont réussi leur régime avant de finalement reprendre du poids ont révélé qu'elles avaient un taux de ghréline (l'hormone de la faim) supérieur de

20 % par rapport à la période précédant le début de leur régime. D'après un article du *New York Times* de décembre 2011, « leurs corps toujours potelés agissaient comme s'ils mouraient de faim et faisaient des heures supplémentaires pour retrouver les kilos perdus ». Votre cerveau est responsable de la régulation du métabolisme du corps par le biais de l'hypothalamus et les régimes semblent affecter également cette fonction. Les personnes qui retrouvent un poids normal ont besoin par jour de 400 calories en moins par rapport à celles restées au poids idéal au fil des ans.

Pour se sortir du défaitisme, la personne en surpoids n'a pas besoin d'un nouveau cerveau, d'un métabolisme plus approprié ou d'un équilibre hormonal. C'est-à-dire que la réponse ne réside pas dans ces facteurs ; ils sont en réalité secondaires et viennent après un autre phénomène : l'équilibre. Un déséquilibre des circuits cérébraux apparaît quand les aires du comportement impulsif ont été renforcées, tandis que les aires de la prise de décisions rationnelles ont été affaiblies. La répétition de schémas négatifs nuit également à la prise de décision, car quand on s'en veut ou qu'on a le sentiment d'être un moins que rien, à nouveau, ce sont des aspects inférieurs du cerveau qui prennent le pas sur le cortex cérébral. Pour rétablir l'équilibre mental, il faut réussir à faire des choix positifs, par exemple cesser de se servir de la nourriture pour apaiser ses émotions. Une fois l'équilibre rétabli, votre cerveau aura naturellement tendance à le préserver. Ce processus, connu sous le nom d'homéostasie, est l'un des mécanismes les plus puissants qui fassent partie du système nerveux involontaire ou autonome. Le cerveau a ceci d'unique qu'il est soumis à un double contrôle : les processus se font en pilotage automatique, mais si vous leur donnez pour instruction de suivre vos souhaits, la volonté et le désir prennent le dessus. Toutefois, ce n'est pas la volonté qui est requise. Car elle implique la force. Vous avez envie de reprendre une part de tarte ou de vider le frigo à minuit, mais vous résistez, animé par une détermination pure.

Ce n'est pas la volonté naturelle ; c'est de la résistance. Et ce à quoi vous résistez persiste. C'est le hic. Tant que vous alimenterez une guerre intestine entre vos envies irrésistibles et la raison, qui sait ce qui est bon pour vous, la défaite sera quasiment inéluctable. À l'état naturel, la volonté est l'opposé de la résistance. Vous prenez la vie telle qu'elle vient et la volonté de la nature, qui a des milliards d'années d'évolution derrière elle, vous porte. L'homéostasie est ce que désire votre corps ; chaque cellule a été merveilleusement élaborée de sorte à rester en équilibre (raison pour laquelle, par exemple, une cellule n'engrange généralement que quelques secondes de nourriture : elle n'a pas besoin de réserves supplémentaires, car dans l'équilibre global du corps, chacune sait qu'elle sera continuellement nourrie).

L'idée qui sous-tend le supercerveau est de contrôler ce que fait le cerveau. Notre slogan est : « Utilisez votre cerveau, ne laissez pas vous utiliser. » Les problèmes de poids incluent les patients souffrant de troubles alimentaires. Une jeune anorexique gravement touchée peut se regarder dans le miroir, y voir une ossature émaciée avec des côtes, des coudes et des genoux ressortant grotesquement, ainsi qu'un visage ressemblant à un masque fin étiré sur le crâne, mais penser : « Je suis grosse. » Les données brutes qui entrent dans son cortex visuel à l'arrière de son cerveau n'ont aucune pertinence. Comme chez toute personne atteinte d'un trouble alimentaire, le corps qu'elle voit se trouve dans sa tête. Ce processus est certes le même chez tout un chacun, à la différence que nous associons un reflet normal dans le miroir à l'image normale dans notre tête. Ce qui est à la limite du normal, c'est que des millions d'entre nous pensent être « trop gros » quand nous regardons un corps pourtant bien dans la normale. Bien sûr, le déni peut s'en mêler et au bout d'un certain temps, il se peut que l'on ait trop de kilos en plus pour le reconnaître (dans le *New Yorker*, un dessin humoristique intelligent représentait une femme demandant à son mari : « Dis-moi la vérité : est-ce qu'avec un corps pareil, j'ai l'air grosse ? »)

La clé est de créer un équilibre au sein du cerveau, puis de se servir de sa faculté de tout équilibrer – les hormones comme la faim, les envies et les habitudes. Votre poids se trouve entièrement dans votre tête, car au final, c'est là que se trouve votre corps. C'est-à-dire que le cerveau est à la source de toutes les fonctions corporelles et que le mental est à l'origine du cerveau.

Pour développer un supercerveau, il faut que vous établissiez un rapport nouveau à votre cerveau. La plupart des gens sont en déséquilibre, car leur cerveau est très adaptable. Il compense tout ce qui se passe dans le corps. Des personnes qui présentent une importante charge pondérale s'en sortent malgré leur obésité et réussissent à mener une vie à peu près normale, à élever des enfants et à vivre au sein d'un couple harmonieux. Mais à un autre niveau, elles sont malheureuses. Le déséquilibre conduit au déséquilibre, ce qui perpétue le cercle vicieux. Ces personnes doivent cesser de s'adapter à l'obésité et considérer le cerveau comme la réponse, et non comme le problème.

PRISES DE CONSCIENCE POUR PERDRE DU POIDS

- Cessez de batailler avec vous-même.
- Arrêtez de compter les calories.
- Arrêtez les régimes.
- Rétablissez l'équilibre là où vous savez que se trouve votre plus grand déséquilibre (au niveau des émotions, du stress, du sommeil). Occupez-vous de ce qui crée ce déséquilibre.
- Focalisez-vous sur le désir d'arriver à un tournant dans votre vie.
- Laissez votre cerveau s'occuper du rééquilibrage physique.

Vous ne pouvez changer une habitude qu'à partir du moment où vous sentez le besoin pressant de passer à l'action. C'est la même chose pour la nourriture. Vous vous surprenez à vous préparer une pizza ou à manger discrètement de la glace à minuit. Que se passe-t-il à ce moment-là ? Si vous pouvez répondre à cette question, vous créez une ouverture vers le changement.

1. Soit vous avez faim, soit vous soulagez une émotion.

Tels sont les deux choix de base. Au moment où vous prenez de la nourriture, demandez-vous quel choix vous faites.

J'ai faim : Si c'est vrai, manger est alors un besoin corporel naturel qui disparaît quand la sensation de faim n'est plus présente (bien avant que vous soyez repu ou gavé). Quelques centaines de calories suffiront pour satisfaire une faim passagère. Un repas équivaut à environ 600 calories.

Je soulage une émotion : Si c'est vrai, cette émotion sera tout aussi présente que l'appétit. Mais vous avez pour habitude de vouloir à tout prix mettre « faim » à cette émotion. Ou alors, elle sera déguisée. Quoi qu'il en soit, arrêtez-vous et demandez-vous si vous vous sentez :

Accablé et épuisé
Frustré
Sous pression
Distrait
Anxieux
Ennuyé
En insécurité
Agité
En colère

Une fois que vous avez identifié l'émotion en question, nommez-la, de préférence à voix haute : par exemple, « en ce moment même, je me sens frustré », « en ce moment même, je me sens épuisé ».

2. Une fois que vous savez ce que vous ressentez, allez-y, mangez.

Ne bataillez pas avec vous-même. Dans votre tête s'oppose « je ne devrais pas manger cela » et « il faut que je mange cela », mais c'est un combat qui n'a de cesse. S'il avait un dénouement, l'un ou l'autre camp aurait gagné depuis longtemps. Par conséquent, remarquez si vous avez faim ou si vous soulagez une émotion. Puis mangez.

3. Attendez une ouverture.

Si vous vous êtes régulièrement demandé : « Qu'est-ce que je ressens ? » avant de manger, il viendra un temps où votre mental dira quelque chose de nouveau. « Je n'ai pas besoin de manger cela » ou « je n'ai pas vraiment faim, alors à quoi bon manger ? » Vous n'avez pas à anticiper pareil moment. En tout cas, ne forcez pas les choses. Mais soyez prêt et alerte. Votre besoin de vous libérer de votre habitude alimentaire est réel. Il se trouve que pour l'instant, il n'est pas aussi fort que cette habitude.

Quand viendra cette brèche, agissez en fonction de votre nouvelle envie, puis oubliez-la.

4. Apprenez à mieux faire face.

Lorsqu'on apaise un sentiment, il s'en va temporairement, mais finit toujours par revenir. Vous mangez pour affronter ce sentiment. Mais il a d'autres moyens de gérer la situation et une fois que vous les connaîtrez, votre envie de manger diminuera, car votre corps et votre mental sauront que vous n'avez pas à votre disposition un seul et unique outil pour tenir le coup.

Pour faire face à une situation, il est bon de :

Dire ce que vous ressentez sans avoir peur d'être désapprouvé.

Vous confier à la bonne personne, qui fera preuve d'empathie, de détachement et ne vous jugera pas (il n'est jamais bon de vous livrer à des personnes qui dépendent de votre argent, de votre statut ou de votre évolution).

Avoir suffisamment confiance en quelqu'un pour suivre ses recommandations. Ne compter que sur soi provoque la solitude et crée aisément des perceptions déformées.

Trouver un moyen de dissiper l'énergie sous-jacente de peur ou de colère. Ces deux sentiments négatifs de base alimentent tout comportement compulsif.

Attacher autant d'importance à votre vie intérieure qu'à votre vie extérieure.

Vous sentir suffisamment bien pour ne pas avoir à céder à la tentation. Car vous vous laissez aller quand vous vous sentez mal. Ce n'est pas l'odeur alléchante de la nourriture qui vous fait dévier.

5. Créer de nouveaux réseaux neuronaux.

Les habitudes sont des sillons mentaux qui dépendent de réseaux cérébraux. Une fois en place, la réaction est automatique. Quand une personne résiste à l'envie de faire des excès, son cerveau « se rappelle » qu'il est censé trop manger. Il suit automatiquement et avec force le même sillon. Il faut donc que vous donniez à votre cerveau une nouvelle possibilité, ce qui signifie qu'il faut créer de nouveaux réseaux neuronaux. Vous ne pouvez les construire quand l'envie de manger vous saisit, néanmoins il existe de nombreux moments et moyens de concevoir de nouveaux schémas cérébraux.

Personne n'apprécie vraiment d'avoir à apaiser ses sentiments. Cela fait trop penser à l'échec, à la faiblesse. Mais les émotions non plus ne veulent pas être apaisées. Elles veulent être comblées. Vous satisfaites vos émotions positives (amour, espoir, optimisme, appréciation, approbation) en interagissant avec autrui et en exprimant ce qu'il y a de mieux en vous. Vous satisfaites vos sentiments négatifs en les évacuant. Tout votre organisme reconnaît que ceux-ci sont toxiques. Il est donc futile de les étouffer, de faire diversion, de les ignorer ou d'essayer de prendre de la hauteur. Soit la négativité vous quitte, soit elle reste avec vous : il n'y a pas d'autre alternative.

À mesure que vous exaucerez vos émotions, votre cerveau changera et formera de nouveaux schémas : tout l'objectif est là.

Il vous faut également du répit dans votre combat, votre conflit et votre confusion internes qui entretiennent la guerre entre vos bonnes et mauvaises envies. C'est là qu'intervient la méditation. Elle montre à votre cerveau qu'il y a en lui un espace de repos. Laissons de côté les implications spirituelles de la chose ; il est immensément utile de découvrir un espace de repos véritable, dans lequel aucun aspect de votre être ne lutte contre un autre. Cela donne à votre cerveau les bases nécessaires pour le changement. Pendant la méditation, vous ne suivez pas d'habitude, de schéma ou de vieux conditionnement. Quand votre cerveau en prendra conscience, il voudra pratiquer davantage. Par voie de conséquence, au lieu d'entretenir des envies du passé, vous commencerez à connaître davantage de moments d'équilibre, de clarté et de liberté.

Votre cerveau doit devenir votre allié. À défaut, il restera votre adversaire.

La clé est la clarté. Quand on voit, on peut changer. Ce que l'on ne peut voir reste avec soi. Puisque nous ne perdons jamais notre faculté de vision, nous sommes toujours ouverts au changement.

Le but de ce programme ne se mesure pas en kilos perdus. Avec le temps, quand vous aurez entraîné votre cerveau à reconnaître les émotions, les pulsions et l'insatisfaction qui découlent de l'excès, vous parviendrez à un tournant et vous saurez alors que vous pouvez utiliser votre cerveau et non plus le laisser vous utiliser. Il vous sera alors facile de choisir de ne pas manger en excès. Avec un objectif clair en tête, vous ferez naturellement ce qui a toujours été bon pour vous. Nous allons aborder ces deux thèmes (apprendre à se servir du cerveau au lieu d'être son serviteur et à ne pas adopter de nouveaux comportements par la force) à de multiples reprises tout au long de ce livre. Ce sont des principes fondamentaux qui permettent d'évoluer vers un supercerveau.

VOTRE CERVEAU ÉVOLUE

Tous les choix bénéfiques que vous faites sont des manières de faire évoluer votre cerveau. À un certain niveau, ce processus est lent ; il a fallu des centaines de millions d'années pour que les cerveaux animaux les plus primitifs évoluent et deviennent le cerveau humain remarquablement sophistiqué que nous connaissons. D'après Darwin, il n'y a pas d'autre forme d'évolution que celle-ci, qui dépend de la mutation aléatoire des gènes sur une très grande échelle de temps. Mais nous répliquerons que dans la mesure où les choix de chacun créent de nouvelles voies neuronales et synapses, ainsi que de nouvelles cellules nerveuses, les êtres humains connaissent une seconde forme d'évolution qui s'appuie sur le choix personnel. Mue par vos désirs dans la vie, votre évolution personnelle se fait *via* une restructuration de votre cerveau. Si vous décidez de grandir et de vous développer, c'est alors vous qui guidez votre propre évolution.

Le supercerveau est le produit de l'évolution consciente. De plus, la biologie se fond avec le mental. Jusqu'à environ vos 20 ans, la nature s'est occupée de votre évolution physique, qui s'est faite plus ou moins automatiquement.

Vous n'avez pas choisi de perdre vos dents de lait ou d'apprendre à diriger votre regard. Mais beaucoup d'autres choses dépendaient de la rencontre du mental et des gènes. À l'âge de trois ans, la plupart des enfants ne sont pas prêts à lire (à l'exception de quelques-uns, appelés hyperlexiques, éventuellement capables de lire avant deux ans). À quatre ou cinq ans, les enfants ont envie de lire et leur cerveau est prêt. Ils découvrent alors que les petites taches noires qui figurent sur la page ont une signification. L'apprentissage des langues étrangères a également un âge optimal, vers la fin de l'adolescence.

À l'époque où les neuroscientifiques croyaient que le cerveau était figé et stable, l'apprentissage n'était pas assimilé à l'évolution. Mais si le cerveau se transforme au fur et à mesure de l'apprentissage, cela signifie que tous deux sont synonymes. Récemment, un journal a raconté l'histoire de Timothy Doner, un jeune garçon de 16 ans inscrit dans un lycée de New York qui a décidé d'apprendre l'hébreu moderne en 2009, peu après sa bar-mitsva. Un professeur particulier a été embauché et les cours se sont bien passés. Timothy discutait avec lui de la politique israélienne, ce qui a donné au premier l'idée d'apprendre l'arabe (considéré comme l'une des cinq langues les plus complexes sur terre), et c'est ainsi qu'il a participé à un cours universitaire d'été pour ce faire.

L'article du journal poursuit : « Il lui a fallu quatre jours pour apprendre l'alphabet, a-t-il déclaré, et une semaine pour apprendre à bien lire. Puis il s'est penché sur le russe, l'italien, le perse, le swahili, l'indonésien, l'hindi, l'ojibwa, le pachto, le turc, l'hausa, le kurde, le yiddish, le néerlandais, le croate, et l'allemand, qu'il a appris par lui-même essentiellement dans des livres de grammaire et à l'aide de fiches disponibles dans des applications de son iPhone. » Timothy a commencé à poster des vidéos dans d'autres langues sur Internet ; bientôt, un fan-club international s'est constitué. Il a découvert qu'il était polyglotte, c'est-à-dire qu'il maîtrisait un certain nombre de langues étrangères. Au-delà de ce stade, il existe les hyperpolyglottes, obsédés par l'apprentissage de dizaines de langues. « Timothy a été inspiré par la vidéo de Richard Simcott, un hyperpolyglotte britannique, dans laquelle il parlait seize langues d'affilée. »

Le fait que le préfixe *hyper*, signifiant « excessif », apparaisse si souvent dans ce livre (hyperthymésie pour la mémoire, hyperlexie pour la lecture, hyperpolyglotte pour l'apprentissage des langues étrangères) atteste de la faiblesse des normes cérébrales existantes. Mais il n'y aucune raison de considérer des performances exceptionnelles comme excessives, terme impliquant une étrangeté, voir un trouble. À notre sens, nous pourrions évoluer vers une norme supérieure à tout ce que nous avons connu. L'évolution consciente conduit au supercerveau, qui n'est en aucun cas une singularité, un trouble ou une anomalie. Les taches noires apparaissant sur une page auraient décontenancé nos ancêtres lointains, mais le cerveau de ces *Homo sapiens* était déjà suffisamment évolué pour permettre le langage et la lecture. Il leur fallait seulement du temps et l'apparition des cultures, ce qui allait stimuler l'apparition de la langue. Quelles choses incroyables aurons-nous l'habitude de faire à l'avenir, avec un cerveau essentiellement identique ? Aujourd'hui, nous menons déjà des vies d'une complexité inconcevable pour les personnes qui ont vécu seulement deux générations avant nous.

À QUI APPARTIENT CE VISAGE ?

Le fait que Timothy ait pu apprendre les bases d'une nouvelle langue en un mois, et même acquérir un accent décent en hindi ou en allemand, montre que le cerveau, quand il est entraîné au moment optimal, peut faire un bond quantique et acquérir une compétence latente. Mais qu'est-ce qui existe déjà l'état latent ? La science apporte des réponses petit à petit, pratiquement toujours à la suite d'un problème médical.

La prosopagnosie, ou incapacité à reconnaître les visages, en est un exemple frappant. Certains soldats rentrant chez eux après la Seconde Guerre mondiale et ayant subi des blessures à la tête ne réussissaient pas à reconnaître le visage des membres de leur famille, ni de quiconque. Ils pouvaient décrire avec précision chaque trait – la couleur des cheveux, les yeux, la forme du nez –, mais à la fin, quand on leur demandait : « Savez-vous à qui appartient ce visage ? », ils répondaient, perplexes, par des hochements de la tête.

Au départ, les scientifiques associaient ce trouble à des blessures traumatisantes ; des médecins du XVIIIe et du XIXe siècle avaient depuis longtemps remarqué des défaillances mentales étranges chez leurs patients. Mais dans les cinq décennies qui ont suivi, il est apparu que l'incapacité à reconnaître les visages peut être une prédisposition – il semblerait qu'elle touche un peu plus de 2 % de la population. Dans les cas extrêmes, la personne n'arrive même pas à reconnaître son propre visage. (L'éminent neurologue Oliver Sacks, qui a écrit un livre sur le sujet, a révélé avoir une prosopagnosie. Une fois, il s'est excusé d'être rentré dans quelqu'un avant de découvrir qu'il venait de présenter ses excuses à son propre reflet dans un miroir !)

En raison d'une lésion ou de la génétique, les prosopagnosiques ont une défaillance du gyrus fusiforme, une partie du lobe temporal associée à la reconnaissance des visages, mais aussi des formes corporelles, des couleurs et des mots. Bizarrement, il peut falloir des années avant qu'une personne découvre qu'elle est atteinte de cette défaillance. Auparavant, elle trouve des excuses telles que « les visages, ce n'est pas mon fort » et elle se fie à des indices sensoriels tels que le son de la voix d'un ami ou la manière dont il s'habille au lieu de reconnaître son visage. Un homme a indiqué que quand sa meilleure amie du travail a changé de coiffure, il est passé devant elle sans s'arrêter.

La prosopagnosie pourrait paraître un diagnostic net et tranché, imputable à une petite zone précisément localisée dans le cerveau. Il est bien établi que notre cerveau est structuré de sorte à nous permettre de reconnaître les visages. Cinq petites zones visuelles à l'arrière du cerveau enregistrent inconsciemment ce qui est vu. Pour parvenir à la conscience, ces signaux doivent être relayés vers le cortex cérébral, à l'avant. Quand ces circuits ne fonctionnent pas correctement, il y a absence de reconnaissance. (Une autre zone spécifique permet de reconnaître les lieux. Quand les gens ont une défaillance à ce niveau-là, ils peuvent décrire une maison dans les moindres détails, mais ne pas reconnaître qu'ils en sont propriétaires.) Les animaux possèdent déjà des compétences d'adaptation fondamentales. L'évolution leur a donné des facultés de reconnaissance incroyables : par exemple, les pingouins de l'Antarctique, quand ils rentrent chez eux et rapportent de la nourriture à leur petit, peuvent traverser une volée très compacte de millions d'oiseaux et aller directement à l'endroit où il se trouve (l'explication classique est que le cri du petit est gravé dans le cerveau des parents, mais d'autres sens pourraient être impliqués). Mais il existe un pendant à l'incapacité à reconnaître les visages. Certaines personnes ont l'aptitude inverse, leur faculté de reconnaissance est extraordinaire, phénomène encore peu étudié.

Ces personnes se rappellent pratiquement tous les visages qu'elles ont rencontrés. Elles peuvent rencontrer quelqu'un dans la rue, l'aborder et lui dire : « Vous vous souvenez de moi ? Vous m'avez vendu une paire de chaussures noires à Chaussland il y a dix ans. » Naturellement, la personne qui est accostée ne s'en souvient presque jamais. Ce genre de rencontre est tellement déconcertante qu'on a accusé des personnes douées d'une telle faculté de suivre leurs proies, explication bien plus commode à accepter. Par ailleurs, le passage du temps ne trompe pas ces personnes. Quand on leur montre des photographies d'enfants de sept ou huit ans devenus plus tard des stars hollywoodiennes, elles reconnaissent instantanément ces visages. On a demandé à une femme comment elle faisait et elle a répliqué en haussant les épaules : « Pour moi, le vieillissement du visage n'est qu'un changement superficiel, comme si une brunette devenait blonde ou comme si la personne changeait de coiffure. » Les rides marquées d'un octogénaire ne masquent pas les similitudes avec la personne figurant sur une photographie de classe de CE2.

Si l'incapacité à reconnaître les visages est une défaillance cérébrale, à quoi correspond cette faculté de reconnaissance extraordinaire ? Pour y répondre, il faut d'abord savoir comment les gens reconnaissent les visages. Une chose est certaine, c'est qu'ils n'utilisent pas d'indices, à l'inverse des prosopagnosiques pour compenser leurs problèmes. Quand vous rencontrez une femme d'un certain âge, vous ne vérifiez pas ses yeux, ses cheveux, son nez et sa bouche avant de vous écrier : « Ah, c'est ma mère. » Vous la reconnaissez instantanément, faculté associée à la prédisposition qu'un bébé a pratiquement dès la naissance. Si les mères sont des cas spéciaux, cela ne résout pas pour autant le mystère. Le cerveau forme des images complètes, appelées gestalts, par conséquent la biologie sous-tend notre capacité à reconnaître les visages instantanément et non pas progressivement.

Le fait est que les photons qui stimulent les cellules sur la rétine et les signaux transmis au cortex visuel ne contiennent pas d'image. Le nerf optique transforme l'image en message neuronal dénué de forme ou de luminosité. Cette information est traitée en au moins cinq ou six étapes. Les zones de lumière et d'obscurité sont triées, les contours détectés, les schémas décodés, etc. La reconnaissance se fait presque à la fin de ce processus. Mais quand vous dites : « ah, c'est ma mère », personne n'a la moindre idée de la manière dont votre cerveau l'a reconnue. Ces six phases de traitement ne donnent pas le fin mot de l'histoire. Des experts en informatique travaillant dans le domaine de l'intelligence artificielle ont essayé de permettre à des machines de reconnaître des visages à l'aide de schémas constituant différents indices.

Au mieux, les résultats étaient rudimentaires. Si vous voyez sur une photo un visage familier légèrement flou, vous n'avez aucune peine à savoir de qui il s'agit, alors que même l'ordinateur le plus puissant restera pantois.

En revanche, si vous prenez la photographie d'un visage et que vous la retournez, vous n'arriverez plus à le reconnaître, que ce soit le visage d'un membre de votre famille, d'une célébrité ou même le vôtre. Vous pouvez vous le prouver en ouvrant n'importe quel magazine people et en le retournant : les visages des célébrités deviendront alors des énigmes indéchiffrables. Mais il importe peu à un ordinateur conçu pour la reconnaissance faciale que le visage soit dans un sens ou dans l'autre. On peut facilement le programmer pour qu'il soit efficace dans les deux cas. Pourquoi l'évolution nous a-t-elle donné en potentiel une faculté de reconnaissance extraordinaire, mais pas la capacité à voir les visages retournés ?

La réponse que nous proposons ne s'arrête pas au cerveau. Nous pensons que le mental n'a pas besoin de reconnaître les visages retournés, par conséquent, le cerveau n'a jamais développé cette aptitude. Un darwinien considérerait ce genre d'affirmation comme absurde. Si l'on s'en tient strictement à la pensée darwinienne, il n'y a pas de mental, pas de fil conducteur dans l'évolution, pas de but : rien n'est hérité, sauf ce qui est le produit de mutations génétiques aléatoires. Pour Rudy, en tant que chercheur spécialisé dans la génétique, inclure le mental dans l'équation est idéaliste. Mais il est convaincu que le cerveau mûrit et se développe en accord avec la volonté du mental. Nous en voulons pour preuve l'évolution rapide de la définition du rapport entre le mental et le cerveau.

Si la neuroplasticité prouve que l'attitude et les choix liés au mode de vie peuvent transformer le cerveau, on pourra aisément qualifier ce processus d'évolutionnaire. Au fur et à mesure que nous évoluons, des variations émergent progressivement dans notre cerveau et nos gènes.

Mais au stade actuel de la neuroscience, la prédisposition est un concept mixte comprenant des aspects déconcertants. On ne considère plus qu'il y a une séparation entre l'inné et l'acquis dans le développement humain. Dans certains cas, l'inné domine – certains prodiges de la musique commencent à tapoter au piano des fugues de Bach dès l'âge de deux ans. Mais la musique peut aussi être apprise, ce qui est le domaine de l'acquis. Le camp d'après lequel toutes les prédispositions sont génétiques n'entrevoit qu'une partie de la vérité ; le camp opposé, qui rétrograde le talent inné en arguant que 10 000 heures de pratique peuvent permettre d'atteindre le niveau d'un génie, n'a lui aussi qu'une demi-vérité.

Revenons-en aux polyglottes qui font une fixation sur l'apprentissage de dizaines de langues. Pour apprendre une langue, les êtres humains dépendent des gènes, ainsi que de caractéristiques vaguement définies telles que l'intelligence et l'attention ; ils dépendent également de l'acquis, et notamment de la pratique, nécessaire pour entraîner le cerveau à n'importe quelle compétence. Mais qu'en est-il des autres éléments, tels que la patience, l'enthousiasme, la passion et même l'intérêt ? Existe-t-il un gène qui permette de sculpter année après année une vache dans du beurre à la foire de l'Iowa ? Les gens développent des intérêts très spécifiques, voire singuliers.

Une chose est bien plus mystérieuse : comment un cerveau malade ou qui a subi une lésion peut-il surpasser un cerveau sain ? C'est ce qui arrive dans les cas de syndrome du savant, aujourd'hui considéré comme une forme d'autisme, mais parfois associé à une lésion du lobe temporal droit. Les personnes touchées par ce syndrome (qu'on appelait autrefois « idiots savants ») ont des problèmes importants au niveau des compétences simples de la vie de tous les jours, mais possèdent des facultés extraordinaires. Les savants musicaux, par exemple, peuvent jouer au piano n'importe quel morceau entendu une seule fois, y compris des morceaux de musique classique très complexes, alors même qu'ils n'ont jamais suivi de cours de piano. Les savants calendaires peuvent instantanément vous dire quel jour de la semaine tombe n'importe quelle date, y compris des dates comme le 23 janvier 3323. Il existe aussi des savants langagiers. Un enfant qui souffre de ce syndrome était incapable de s'occuper de lui-même ou de se repérer seul dans les rues de sa ville. Mais autodidacte, il avait réussi à apprendre les langues étrangères dans des livres, ce que l'on a découvert un beau jour où il s'est perdu lors d'une sortie pédagogique. Ses deux auxiliaires de vie ont paniqué, mais ont fini par le repérer, alors qu'il faisait calmement la traduction pour deux étrangers, un qui parlait chinois et l'autre finlandais. Ces deux langues, comme l'arabe, figurent parmi les cinq langues les plus complexes du monde. Encore plus étonnant, le garçon avait appris le chinois en tenant son manuel à l'envers !

Des exemples aussi spectaculaires que celui-là peuvent laisser perplexe, mais l'évolution est universelle, ouverte à tous. Au sein de tous les organes du corps, le cerveau est unique, car il est capable d'évoluer individuellement, en cet instant même. Un enfant de cinq ans qui apprend à lire évolue, si l'on considère la physiologie cérébrale ; il crée de nouvelles voies neuronales permettant de donner une réalité physique aux mots composant l'un des contes de ma mère l'Oye. Le cerveau adulte évolue quand une personne apprend à gérer sa colère, à piloter un jet ou à faire preuve de compassion. C'est toute l'étendue des possibilités de transformation qui montre comment se fait véritablement l'évolution.

LE CERVEAU EN QUATRE PARTIES

À l'heure actuelle, chez les scientifiques, la balance penche en faveur de la domination du cerveau sur le mental. La neuroscience utilise ces deux termes de manière interchangeable, comme si changer sur le plan mental et changer sur le plan cérébral était la même chose. Car le cerveau n'a ni volonté ni intention, à l'inverse du mental. De plus, cet organe n'a pas de libre arbitre, même si le cerveau supérieur organise les choix et les décisions. La neuroscience essaie donc de simplifier les choses en imputant tout comportement humain au cerveau. Dans des revues, nous avons même vu des articles intitulés « L'amour naît dans le cerveau » et « Dieu se trouve dans les neurones », qui étayent l'hypothèse erronée selon laquelle le cerveau est responsable de l'amour comme de la foi.

Pour nous, c'est une erreur. Quand vous entendez des parasites à la radio, vous ne dites pas : « Beethoven est en manque d'inspiration. » Vous savez faire la différence entre le mental (de Beethoven) et le récepteur qui lui donne forme (la radio). Les neuroscientifiques sont de grands intellectuels parfois doués de génie. Comment se fait-il qu'ils ne parviennent pas à faire une différence aussi fondamentale ?

L'une des raisons principales est le matérialisme, cette perception du monde qui insiste pour dire que toutes les causes sont physiques. Le mental n'est pas matériel, mais si vous le mettez de côté, vous pouvez étudier le cerveau d'un point de vue strictement physique. Nous espérons progresser dans notre tentative de vous convaincre que le cerveau est là pour être utilisé par le mental. Toutefois, nous devons concéder que l'évolution, par le truchement des gènes, a structuré le cerveau, et vous a ainsi fait don d'un instrument de réception décomposé en parties définies. Notre idée essentielle est que vous pouvez guider votre évolution, mais que vous devez également honorer toute l'évolution physique préalable.

Pour des raisons de simplicité, nous allons maintenant diviser les fonctions du cerveau en quatre phases :

Instinctive	Intellectuelle
Émotionnelle	Intuitive

Tels sont les quatre aspects du fonctionnement du mental tels qu'ils ont été décrits par Satguru Sivaya Subramuniyaswami dans *Merging with Siva*, un livre qui a fait forte impression à Rudy et qui l'a beaucoup inspiré à l'heure où il commençait à explorer ce que les traditions anciennes avaient à dire sur le mental et à les comparer à ce que l'on sait du cerveau aujourd'hui. L'évolution humaine a commencé par les parties instinctives du cerveau (le cerveau reptilien, vieux de centaines de millions d'années), puis s'est poursuivie par l'apparition de la partie du cerveau responsable de toutes les émotions (le système limbique) avant, très récemment, d'atteindre les fonctions supérieures de la pensée (représentées par le néocortex, apparu en premier chez les mammifères). Chez les humains, le néocortex forme 90 % du cortex global. Le neuroscientifique Paul D. MacLean a été le premier à postuler l'existence du « cerveau triunique » dans les années 1960. Mais jusqu'à aujourd'hui, nul n'a réussi à localiser la structure cérébrale qui permet l'intuition et nombreux sont les neuroscientifiques qui préféreraient passer toute cette question sous silence. Pour la recherche sur le cerveau, il n'est certes pas commode que Dieu ne se trouve pas dans les neurones, ni l'art, ni la musique, ni la perception de la beauté, ni la vérité ni quantité d'autres expériences que nous considérons comme précieuses. Toutefois, dans la mesure où ce genre d'expériences est valorisé depuis l'aube de la civilisation, nous les incluons dans notre schéma en quatre parties. C'est d'ailleurs ce qu'il faut faire si l'on veut résoudre toutes les énigmes posées par le cerveau et la conscience, des réactions instinctives préprogrammées aux visions révolutionnaires des maîtres éveillés.

LA PHASE INSTINCTIVE DU CERVEAU

Les organismes unicellulaires âgés de plusieurs milliards d'années peuvent réagir à leur environnement ; par exemple, beaucoup d'entre eux nagent vers la lumière. C'est à partir de là que s'est faite l'évolution de la partie la plus ancienne du cerveau, appelée cerveau instinctif. Il correspond au comportement expressément programmé par notre génome pour la survie. Des centaines de millions d'années d'évolution ont raffiné l'instinct. Aussi gigantesques que fussent les dinosaures, leur attitude ne requérait que des cerveaux de la taille d'un petit pois, tout au plus d'une noix ou d'un abricot.

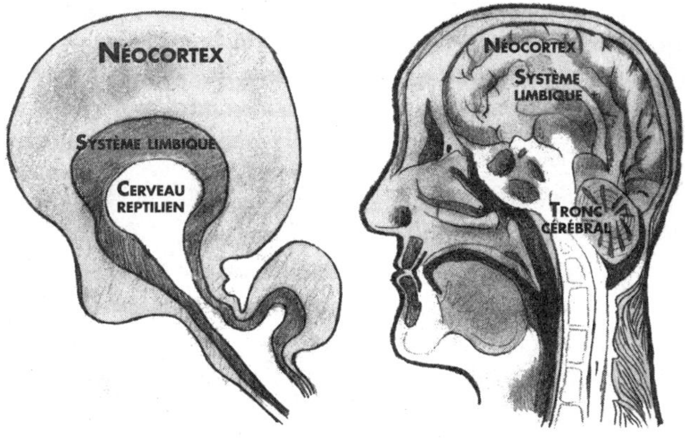

Schéma 2 : Le cerveau triunique

D'après le modèle triunique (trois parties n'en faisant qu'une) du cerveau, la partie la plus archaïque est le cerveau reptilien, encore appelé tronc cérébral, dont le but est la survie. Il abrite des centres de contrôle vitaux pour la respiration, la déglutition et les battements cardiaques, entre autres. Il est aussi à l'origine de la faim, de la sexualité et de la réaction de fuite et d'attaque.

Ensuite, l'évolution a porté sur le système limbique. Il abrite quant à lui le cerveau émotionnel et la mémoire à court terme. Les émotions basées sur la peur et le désir ont évolué et se sont mises au service des pulsions instinctives du cerveau reptilien.

L'évolution la plus récente concerne le néocortex, aire cérébrale associée à l'intellect, à la prise de décision et au raisonnement supérieur. Si nos cerveaux reptilien et limbique nous poussent à faire ce qu'il faut pour assurer notre survie, le néocortex représente l'intelligence nécessaire pour parvenir à ses fins ; il contraint aussi nos émotions et nos pulsions instinctives. Le néocortex, fondamental dans l'optique du supercerveau, est le centre de la conscience de soi, du libre arbitre et du choix : c'est lui qui fait de nous les utilisateurs et potentiellement les maîtres de notre cerveau.

Les créatures qui ne possèdent qu'un cerveau reptilien, par exemple les oiseaux, peuvent néanmoins afficher des comportements très complexes. Son cerveau a beau être reptilien, un perroquet gris d'Afrique peut imiter des centaines de mots et si la recherche actuelle a raison, il en comprend même la signification. Mais si vous fixez le regard d'un lézard, d'une autruche, d'une grenouille ou d'un aigle, vous ne détecterez aucune émotion. Il peut paraître effrayant : nous l'assimilons à l'attaque sans merci d'un cobra ou au prédateur qui se précipite sur sa proie. L'instinct a précédé l'émotion dans l'échelle de l'évolution.

Le cerveau instinctif est à la source des pulsions naturelles qui visent à la préservation de soi, notamment la faim, la soif et la sexualité (un écrivain, qui a qualifié la libido de « soif de la peau », avait tout à fait raison d'employer un terme aussi direct du point de vue du cerveau instinctif). Il inclut également des processus totalement inconscients tels que la régulation des systèmes digestif et circulatoire – c'est-à-dire toutes les fonctions corporelles qui se font automatiquement.

L'angoisse qui habite la société moderne provient en partie du cerveau instinctif, qui nous oblige inlassablement à être attentifs aux pulsions de peur comme si notre survie en dépendait. Une consultation chez un dentiste ne vous fera pas mourir, raison pour laquelle d'autres parties du cerveau interviennent pour faire en sorte que la peur ne vous fasse pas bondir du siège du dentiste pour vous enfuir. Le cerveau instinctif sait seulement déclencher la pulsion, et non la juger.

Si vous vous observez, vous remarquerez que la trêve que vous avez faite avec le cerveau instinctif est instable. Si vous essayez d'ignorer ses pulsions, vous êtes en proie à l'agitation, l'insécurité et l'angoisse. Rudy se souvient du début de ses années universitaires, peu après le décès de son père lié à une crise cardiaque. Il notait en permanence dans son journal les sentiments écrasants d'angoisse et les envies fortes qui prédominent à l'adolescence. Lors de l'apparition des hormones postpubertaires, Rudy a été décontenancé par son incapacité à les gérer (la célèbre auteure américaine M. F. K. Fisher a raconté une anecdote à propos d'un homme frappé par la mort soudaine de sa femme et qui s'est mis à parcourir dans un sens puis dans l'autre la grande route qui longe la côte Pacifique des États-Unis en s'arrêtant à chaque restaurant pour y commander un steak).

Rudy savait intellectuellement que son angoisse créait des pulsions qui l'amenaient à sortir et à faire la fête avec ses amis durant toute sa première année, et que ses pulsions provenaient d'un besoin irrationnel d'acceptation sociale, de confirmation extérieure et de stature auprès de ses semblables. Mais il n'arrivait pas à résister à l'envie forte de faire la fête, alors même qu'il aurait dû étudier. Sa première année n'a été qu'un combat en apparence interminable pour parvenir à trouver tant bien que mal la discipline nécessaire pour rester à la bibliothèque et étudier, mais le plus souvent, c'est son cerveau instinctif qui remportait la victoire.

Son anxiété a pris le dessus jusqu'à atteindre son point culminant en 1979, durant sa dernière année. C'était le Nouvel An à Times Square. Rudy faisait partie de la foule qui se bousculait. Il y avait dans l'air un sentiment de tension palpable. L'ayatollah Khomeini détenait en Iran 52 otages américains. Des bandes de jeunes ont maudit l'Iran et lancé des bouteilles de bière. Rudy s'est éloigné d'eux, s'est assis sur le trottoir et s'est appuyé contre la rampe de l'entrée du métro, ressentant que son angoisse était culminante du fait de l'agressivité omniprésente.

Dans de tels moments de crise, au moment même où le cerveau instinctif semble prendre le dessus, il est possible qu'un changement radical se produise. Il est arrivé à des soldats, au beau milieu d'une bataille, de connaître soudain le calme et le silence intérieurs alors même que des obus éclataient tout autour d'eux. À ce moment-là, à Times Square, Rudy a pris conscience que toute son angoisse avait pour racine des pulsions basiques de peur et de désir. La crainte créait en lui un début de sentiment d'insécurité. Quant au désir, il déclenchait des appétits devant être satisfaits dans des circonstances pourtant inappropriées.

Alors même qu'il ne savait pas encore que les circuits du cerveau sont conjointement intégrés (découverte qui allait intervenir plusieurs décennies après), Rudy a senti en lui que c'était vrai. La peur et le désir ne sont pas séparés, ce sont des sentiments reliés. Car la peur alimente le désir d'activités la soulageant et réciproquement, le désir crée la peur de ne pas pouvoir, ou devoir, satisfaire ces envies. Dans nos sociétés, nous nous tournons vers les scientifiques et les poètes afin qu'ils confirment les conflits engendrés par notre cerveau instinctif. Freud a évoqué la puissance des pulsions sexuelles et agressives inconscientes ; ces forces sans nom sont tellement primitives qu'il les a baptisées « ça ». Le ça étant tellement puissant, le slogan de Freud quand il guérissait ses patients était : « Là où est le ça est le moi [l'ego]. » Le monde est constamment témoin des forces destructrices de nos pulsions primales. La peur et l'agressivité n'attendent qu'une chose : le moment où elles pourront emporter les défenses de la raison.

Shakespeare, s'observant courir après les femmes, a écrit : « La satisfaction de la luxure, c'est l'épuisement de l'âme en prodigalité de honte. »[1] Ce sonnet pourrait servir de cours d'anatomie cérébrale, dans la mesure où il révèle le conflit qui oppose les pulsions et la raison.

La satisfaction de la luxure, c'est l'épuisement de l'âme en prodigalité de honte : jusqu'à ce qu'elle soit satisfaite,

1. Nous utilisons la traduction faite par François-Victor Hugo. (NdT)

la luxure est parjure, meurtrière, sanguinaire, infâme, sauvage, extrême, brutale, cruelle, déloyale.

Quelle meilleure description des pulsions primitives et de l'attitude de chacun quand la sexualité prend le pas sur tout le reste ? Si deux mouflons d'Amérique se donnant des coups de tête pendant la période de rut pouvaient rédiger un poème, ils décriraient ainsi leurs envies incontrôlées. Mais en être humain, Shakespeare a éprouvé du remords après avoir pris du recul :

Aussitôt assouvie, aussitôt méprisée. Poursuivi hors de raison, à peine son désir est-il atteint qu'il est maudit hors de raison, comme une fatale amorce mise exprès pour rendre fou celui qui l'avale.

Il se compare à un animal attiré par une amorce, un appât posé dans un piège. La satisfaction de la luxure apporte une nouvelle perspective d'autocritique (il n'y a pas de preuve que Shakespeare ait eu une maîtresse, mais c'était un homme marié qui était père d'une fille et deux jumeaux nouveau-nés quand il a délaissé sa famille à Stratford pour partir chercher fortune à Londres en 1585).

Pourquoi le piège a-t-il été posé ? Shakespeare ne jette pas la pierre aux femmes. Il affirme que le piège a été posé par notre nature, pour nous rendre fou :

Folle dans la poursuite, elle l'est aussi dans la possession : [...] béatitude, à l'épreuve ; après l'épreuve, vraie douleur ; d'abord, joyeux projet, rêve ensuite !

Il est passé du cerveau instinctif au cerveau émotionnel, en attendant l'évolution suivante. Les poètes élisabéthains étaient toujours en proie à la passion, qu'il s'agisse de l'amour ou de la haine. Quant à Shakespeare, il avait suffisamment sollicité ses émotions pour ensuite faire appel à son cerveau supérieur. Il finit, après avoir observé toute cette folie, sur une morale triste :

> *Le monde sait tout cela, et pourtant nul ne sait éviter le ciel qui mène les hommes à cet enfer.*

Dans les moments où nous sommes divisés, le cerveau peut physiquement représenter chaque aspect de notre guerre mentale. Pour Rudy, à ce moment-là à Times Square, la structure qui a engendré la prédominance de la peur et du désir dans son comportement semblait très claire. Ces gamins des rues turbulents, qui en voulaient à l'Iran et lançaient des bouteilles, étaient aussi lui-même, bien qu'il ne fût que spectateur de la scène. La peur et l'envie s'étaient emparées d'eux. Un désir instinctif de pouvoir et de statut, comme vous le dira tout bon psychologue, créé une anxiété mue par la peur du rejet et de la perte de pouvoir. Un désir trop intense de succès engendre un accroissement de la peur de l'échec et quand la peur apparaît, elle peut justement engendrer l'échec. Le cerveau instinctif nous piège en nous faisant vouloir désespérément quelque chose et avoir peur de ne rien obtenir.

Comme pour chaque partie du cerveau, les instincts peuvent se dérégler.

Si vous êtes trop impulsif, votre colère, votre peur et votre envie finiront par échapper à votre contrôle. Il s'ensuit des actes irréfléchis, puis des regrets.

À l'inverse, si vous contrôlez trop vos pulsions, vous devenez froid et vous étouffez vos envies. Cela provoque des difficultés au niveau du rapport avec autrui et avec vos pulsions fondamentales.

POINTS ESSENTIELS : LE CERVEAU INSTINCTIF

- Prenez conscience que les instincts sont une nécessité dans la vie.
- Soyez patient avec la peur et la colère, mais ne les entretenez pas.
- N'essayez pas de vous affirmer en faisant prévaloir vos pulsions et vos envies.
- Ne refoulez pas vos pensées et vos sentiments par culpabilité.
- Soyez conscient de la présence de la peur et du désir. La conscience aide à les équilibrer.
- Ce n'est pas parce que vous êtes impulsif que vous devez toujours agir impulsivement. Vous devez également consulter les aspects supérieurs du cerveau.

LES SOLUTIONS DU SUPERCERVEAU
L'ANXIÉTÉ

L'anxiété créée une fausse perception du monde, elle trouve de multiples motifs en réalité inoffensifs d'avoir peur. C'est le mental qui ajoute la peur à la réalité. Mais s'il arrive à se défaire de cette illusion, le danger disparaît.

Commençons par le commencement. La vie ne peut exister sans peur, pourtant la peur crée la paralysie et le mal-être. Ces deux premiers aspects, l'un étant positif et l'autre négatif, coexistent dans le cerveau. Les personnes qui souffrent d'angoisses fluctuantes (l'un des maux dont on se plaint le plus dans la société moderne) ont souvent recours à une solution de fortune : les tranquillisants. Nous vous avons déjà averti des effets secondaires de ce genre de substances chimiques, mais le problème fondamental est que les médicaments ne guérissent pas les troubles de l'humeur, donc l'anxiété. De même que la tristesse est universelle, tandis que la dépression est anormale et malsaine, la peur est universelle, tandis que l'anxiété fluctuante ronge l'âme. Comme l'a indiqué Freud, il n'y a rien de plus indésirable que l'anxiété. Des études médicales n'ont trouvé que quelques rares éléments auxquels le système mental-corps ne peut s'adapter : l'un d'entre eux est la douleur chronique, qui ne laisse pas de répit (zona, cancer avancé des os), un autre est l'anxiété.

Le mot fluctuant indique ici que l'objet de la peur n'est pas une menace spécifique. Dans l'ordre naturel des choses, la réaction de peur est physique et ciblée.

Les victimes ayant survécu à un crime rapportent qu'au moment de l'acte, alors même que l'arme de leur assaillant se dressait et accaparait presque tout leur champ visuel, elles sont entrées dans un état d'hypervigilance et leur cœur s'est alors mis à palpiter. Ces aspects de la réaction de peur proviennent automatiquement du cerveau inférieur et on pense que la cause de l'inquiétude et des angoisses est programmée dans l'amygdale. Mais cela ne suffit pas. Une fois que l'anxiété devient omniprésente, comme c'est le cas par exemple des inquiets chroniques, tout le cerveau est impliqué. La peur est ciblée et spécifique ; l'anxiété est généralisée et mystérieuse. Les gens qui en souffrent ne savent pas pourquoi.

Pour eux, c'est comme une mauvaise odeur qui demeure à la périphérie de leur conscience malgré tous leurs efforts pour faire comme si elle n'était pas là. Pour guérir leur angoisse, ils ne peuvent l'attaquer de front comme si elle faisait bloc ; la mauvaise odeur s'est répandue partout. En d'autres termes, leur aptitude à créer leur réalité a dévié. Tout et n'importe quoi peut susciter l'angoisse en eux. Ils ont toujours une raison d'avoir peur, une nouvelle inquiétude ou une nouvelle menace. Pour trouver la solution, ils doivent apprendre à ne pas lutter contre la peur, mais à cesser de s'identifier à elle.

Le détachement n'est possible que si vous mettez le doigt sur ce qui rend la peur aussi tenace. Dans son état positif, naturel, cette émotion se dissipe après que vous avez échappé au tigre à dents de sabre ou tué le mammouth laineux. Il n'y a pas de composante psychologique. Dans son état négatif, pénétrant, la peur demeure. Sa ténacité se caractérise par un certain nombre d'aspects.

COMMENT L'ANXIÉTÉ DEVIENT TENACE

- Les mêmes inquiétudes reviennent toujours. C'est la répétition qui fait que la réaction de peur est tenace dans le cerveau.
- La peur est convaincante. Quand vous croyez ce qu'elle vous dit, elle prend le dessus.
- La peur remue le passé. Ce que vous craignez vous rappelle de mauvais souvenirs, ce qui fait remonter la même vieille réaction.
- La peur conduit au silence : par honte ou sentiment de culpabilité, vous n'exprimez pas votre peur, par conséquent, la situation s'envenime.
- La peur est un sentiment désagréable et vous balayez d'un revers de la main cette souffrance pour qu'elle soit hors de votre vue. Mais les sentiments refoulés perdurent. Ce à quoi vous résistez persiste.
- La peur est handicapante. Vous vous sentez trop faible pour y faire quoi que ce soit.

Nous avons déjà évoqué le fait que la réaction dépressive est une attitude qui devient habitude. C'est l'une des manières de décrire la ténacité émotionnelle ; il est bon de faire un retour en arrière et de revoir comment la dépression devient routinière, puisque ce processus s'applique aussi à l'angoisse. Nous ajoutons ici l'aspect multidimensionnel. La peur étend ses nombreux tentacules et tout attachement est malsain. Pour mettre fin à cette émotion, il faut décomposer sa réalité. Car chaque partie, prise à part, est gérable. Vous pouvez la démanteler pour la simple raison que c'est vous qui êtes au centre de la création de votre réalité.

1. Les mêmes inquiétudes reviennent toujours. C'est la répétition qui fait que la réaction de peur est tenace dans le cerveau.

La répétition renforce la routine qui maintient toute réaction figée. Si vous devez traverser un quartier dangereux le soir en rentrant du travail, à force de le faire, la menace semblera empirer. Mais parfois, on s'y habitue. Les enfants qui vivent avec des parents colériques savent très bien prédire le moment où il y aura un énième débordement. La répétition n'est toutefois jamais simple à analyser. Les mêmes enfants s'apercevront, généralement de nombreuses années plus tard que cette forme de maltraitance les a affectés. Dans le cas de l'anxiété, ils auront intériorisé cette répétition. Ils deviendront alors à leur tour l'agresseur et n'auront de cesse de transmettre le même message : « Ayez peur. »

Il est utile de prendre conscience que vous jouez ce double rôle de coupable et de victime. Les inquiets chroniques ne parviennent pas à s'en apercevoir. Ils reproduisent les mêmes inquiétudes (« Si ça se trouve, j'ai oublié de fermer la porte à clé. », « Et si je perdais mon travail ? », « Et si mon enfant se droguait ? ») et pensent même être ainsi de bons services. Les réactions irritées de leurs familles et amis ne mettent pas fin à leurs illusions. Bien au contraire, l'inquiet le devient plus encore, car nul ne fait attention à ce qu'il dit. Il est donc de sa responsabilité de s'inquiéter pour tout le monde.

Le mental, piégé en lui-même, n'a pas suffisamment de recul pour se rendre compte que l'inquiétude chronique n'apporte rien de bon. Il ne reconnaît pas la négativité de l'agression répétée et obsessive commise par la peur. Cela devient une sorte de solution de fortune. Vous pinaillez et vous en souffrez quelque peu afin de vous sécuriser face à d'énormes menaces qui pourraient se révéler désastreuses. Et puis, il est aussi fait appel à une sorte de pensée magique. L'inquiet récite une forme d'incantation censée éloigner la menace (« Si je suis inquiet à l'idée de perdre tout mon argent, peut-être cela ne m'arrivera-t-il pas. »).

Pour mettre un terme à l'influence de la répétition, la conscience doit intervenir et l'individu doit se dire par exemple :

> Je suis en train de reproduire le même schéma.
> Je me sens mal quand je m'inquiète.
> Il faut que j'arrête tout de suite.
> L'avenir est incertain. Il est inutile de m'en inquiéter.
> Je ne me fais pas du bien.

Une femme qui avait de grosses difficultés conjugales avait peur : elle s'inquiétait constamment de son avenir. Elle craignait d'être seule. Elle avait peur que ses enfants se rallient à son mari, que celui-ci détruise sa réputation auprès de leurs amis et que son travail en soit affecté. Il en a résulté chez elle un état de grande anxiété. Chaque jour, obnubilée par un crescendo d'inquiétudes, elle se faisait du mal.

Mais la réalité n'avait rien à voir avec ses craintes. Ses enfants et ses collègues l'adoraient. Elle faisait un travail fantastique. Son mari, même s'il voulait divorcer, lui a fait don d'un montant d'argent élevé sans se plaindre. Il ne médisait même pas ni ne forçait leurs amis à prendre position. Le véritable problème était bien plus simple qu'il n'y paraissait : elle angoissait à chaque fois qu'elle pensait à l'avenir. Heureusement, elle avait une confidente qui comprenait son schéma. Celle-ci, dès que son amie s'inquiétait, lui disait : « Tu as peur à chaque fois que tu penses à l'avenir. Arrête. Je te connais depuis longtemps. Tes motifs d'inquiétude d'il y a deux, cinq et dix ans se sont tous bien finis. Tout ira bien là encore. »

Bien sûr, au départ, la femme anxieuse n'assimilait pas bien le réconfort que sa confidente lui apportait. Ses inquiétudes répétitives étaient devenues une habitude ; en gardant en tête toujours les mêmes avertissements, elle avait le sentiment d'avoir une forme de contrôle sur la peur. Mais sa confidente persistait. Quelles que fussent ses angoisses, cette dernière lui disait : « Tu as peur quand tu anticipes le futur. Arrête. » Plusieurs mois ont passé, mais cette stratégie a fini par payer.

Les personnes bloquées par des inquiétudes autodestructrices savent que le même vieux schéma ne s'arrête pas d'emblée. Elles s'en sortent non pas en apprenant à mettre fin à leur processus mental, mais en le surmontant grâce à une conscience émergente : « La peur n'est pas réelle. C'est moi qui la crée. » La femme anxieuse a pris conscience que ses peurs étaient imaginaires et qu'elle se faisait du mal. Elle a appris à ne plus monter sur ses grands chevaux quand commençait à tourner le manège de ses inquiétudes.

2. La peur est convaincante. Quand vous croyez ce qu'elle vous dit, elle prend le dessus.

Quand vous pensez que quelque chose est vrai, cela vous reste en tête. Cela va presque sans dire. Nous voulons tous croire au « je t'aime » que l'on entend pourvu que ce soit de la bouche de la bonne personne ; ce souvenir peut nous rassurer pendant des années, voire toute une vie. Mais être convaincant n'est pas la même chose qu'être vrai. La suspicion illustre cela parfaitement. Si vous soupçonnez lourdement votre mari ou votre femme de vous tromper, aucune preuve de son innocence ne vous persuadera du contraire. Vous êtes trop convaincu par vos soupçons. La jalousie est une forme de suspicion poussée à son extrémité pathologique. Quand les amoureux sont sous son emprise, ils sont tous infidèles ; et quand des pensées et des émotions sont aussi tenaces, il arrive qu'elles ne correspondent pas à la réalité.

L'angoisse est l'émotion la plus convaincante de toutes, en partie parce que l'évolution a structuré le cerveau de sorte qu'il ait une réaction de survie. Pendant une bataille, si vous fixez du regard l'ouverture d'un canon, votre cœur, qui bat la chamade, vous dira à coup sûr quoi faire. Mais dès lors qu'il s'agit d'une angoisse fluctuante, la peur ne traduit pas la réalité. Elle se sert de son emprise pour vous convaincre, même quand vous n'avez aucune raison d'avoir peur. C'est là que le détachement apporte ses bienfaits. Si vous pouvez dire à votre peur : « je ne te crois pas ; je ne t'accepte pas », son pouvoir de conviction diminuera.

En l'occurrence, c'est le mental qui doit diriger le cerveau. Si ce dernier est exposé à un événement extérieur terrible (par exemple le crash d'un avion ou une attaque terroriste), il réagira par la peur, mais les images de cet événement ou tout autre stimulus fort le ramenant à l'esprit déclenchera la même réaction. Les réactions réflexes nous parlent ; elles s'expriment. Le rôle du mental est donc de séparer le bon grain de l'ivraie. Quand il aide le cerveau à s'extraire de l'angoisse, il émet des pensées telles que :

> Il ne m'arrive rien de mal. Je sais gérer la situation.
> Les pires scénarios finissent très rarement par se produire.
> Je ne suis pas dans cette situation.
> Je ne suis pas seul. Je peux demander de l'aide si j'en ai besoin.
> Mon anxiété n'est qu'un sentiment.
> Ce sentiment a-t-il un sens ?
> Tout va bien et moi aussi, je vais bien, en cet instant même.

En remettant ainsi la peur à sa place, vous la rendez moins convaincante. À chaque fois que vous recommencez, le phénomène de la répétition vous vient en aide au lieu de vous desservir. Chaque évaluation réaliste simplifie ainsi la suivante. L'anxiété n'a aucun pouvoir de conviction quand on s'aperçoit qu'elle est en décalage avec la réalité.

3. La peur remue le passé. Ce que vous craignez vous rappelle de mauvais souvenirs, ce qui fait remonter la même vieille réaction.

Vous créez votre réalité en cet instant même, sans être nullement séparé d'autrui. Vous avez beau essayer de vivre dans le présent, votre cerveau enregistre chaque expérience et en les comparant avec le passé, il fait son apprentissage. La mémoire est extraordinairement utile, elle vous permet de monter à vélo et d'en faire sans avoir à chaque fois à réapprendre. Telle est l'utilisation naturelle et positive de la mémoire. À l'inverse, son aspect destructeur, qui alimente l'anxiété, vous fait prisonnier du passé. Les impressions laissées par les blessures et traumatismes anciens ne devraient pas avoir un tel impact psychologique. Pourtant, c'est bien le cas ; d'où leur ténacité (comme le dit Mark Twain non sans humour : « Un chat qui s'est assis sur le couvercle chaud d'une casserole ne recommencera pas. Mais il ne s'assiéra pas non plus sur un couvercle de casserole froid. ».)

Remplacez le mot chat par le mot cerveau, tout aussi conditionnable. En effet, une fois exposé à une expérience pénible, le cerveau octroie une voie neuronale privilégiée au souvenir de cette souffrance au cas où elle se reproduirait. C'est une caractéristique évolutionnaire utile et c'est la raison pour laquelle un petit enfant ne met pas plus d'une fois la main sur le feu. Mais le réflexe étant machinal, les vieux souvenirs se fondent dans l'expérience présente, alors qu'ils n'y appartiennent pourtant pas. Par exemple, les psychologues pour enfants distinguent le fait de lui dire quoi faire et de lui dire qui il est. Car l'enfant oublie facilement le premier type d'affirmation – qui se souvient de regarder à gauche et à droite avant de traverser ? En revanche, le second type d'affirmation lui reste en tête. À partir du moment où on a dit à un enfant : « tu es paresseux », « jamais personne ne t'aimera » ou « tu es très méchant », son évolution sera conditionnée par ces paroles, qui lui resteront en tête souvent toute sa vie. Les petits enfants s'en remettent à leurs parents pour qu'ils leur disent qui ils sont, et si le discours parental est destructeur, il n'y aura pas d'autre échappatoire que de guérir consciemment ces souvenirs douloureux.

Quand les souvenirs sont tenaces, le processus de conscientisation nécessite de nouvelles pensées telles que :

Je fais l'enfant.
C'est déjà ce que je ressentais il y a très longtemps.
Quel sentiment pourrais-je avoir qui serait mieux adapté à la situation ?
J'arrive à observer mes souvenirs comme si c'était un film, sans croire à l'histoire qui m'est racontée.
Finalement, je n'ai peur que d'un souvenir.
Qu'y a-t-il vraiment en face de moi ?

La mémoire grave l'histoire de votre vie et il n'est pas bon de faire des fixations inconscientes. Vous devez intervenir et faire quelque chose de nouveau, aussi insignifiant cela soit-il. La mémoire est incroyablement complexe, mais elle a tendance à engendrer une réaction simple :

A est en train de se passer.
Je me souviens de B, événement désagréable du passé.
J'ai la réaction C, comme toujours.

Ce schéma simple est récurrent quelle que soit la situation, par exemple quand vous rentrez chez vous pour fêter Noël, quand vous voyez à la télévision un politicien du parti adverse ou quand vous vous faites surprendre dans un bouchon. Sachez que si vous n'avez aucun contrôle de l'événement A et du souvenir B, la réaction C vous donne en revanche une chance d'intervenir. Au moment même où vous réagissez, vous pouvez faire un travail, examiner votre réaction, évacuer les sentiments négatifs qui sont évoqués et ne pas fuir pour pouvoir choisir la réaction que vous souhaitez avoir. Dans cette réaction en chaîne, A, B et C peuvent tous apparaître au même moment, mais même dans ce cas, vous pouvez intervenir consciemment afin de briser cette chaîne, ce qui permettra que vos souvenirs ne soient plus aussi tenaces.

4. La peur conduit au silence : par honte ou sentiment de culpabilité, vous n'exprimez pas votre peur, par conséquent, la situation s'envenime.

Il y a une sorte de noblesse désuète à garder ses peurs pour soi. Les hommes en particulier sont réticents à admettre leurs craintes, par peur de ne pas paraître assez masculins aux yeux des autres hommes. Quant aux femmes, elles évoquent plus librement leurs émotions, du fait de l'acceptation sociale entre elles. Mais se confier n'est pas sans danger, car les gens sont sous pression : ils doivent s'en tenir, dans leurs confessions ou lamentations, aux limites socialement acceptées. Les choses les plus difficiles, volontiers passées sous silence en raison de la culpabilité et de la honte, sont rarement exprimées.

Par conséquent, il ne faut pas être surpris de constater que le plus souvent, les enfants maltraités se taisent et souffrent en silence. D'ailleurs, leurs agresseurs comptent bien sur leurs réticences à s'épancher. La victime a le sentiment d'avoir fait quelque chose de mal simplement parce qu'elle est victime. Si le problème n'est plus la maltraitance, mais l'angoisse, on s'aperçoit que le mental joue un rôle double : il accuse l'enfant de faire quelque chose de mal et en même temps, il lui dit qu'il est violenté, ce qui rejette la faute sur l'agresseur. C'est une double contrainte. Examinons maintenant de plus près comment agit ce genre de piège pour paralyser l'enfant. Supposons qu'une mère soit en colère contre son enfant, qu'elle veuille lui donner la fessée et qu'elle lui dise : « viens voir maman » avec un sourire qui l'amadoue. L'enfant entend ces paroles, mais en même temps, il voit bien que sa maman est en colère et qu'elle va lui infliger une punition. Ainsi, on obtient deux messages contradictoires, donc deux contraintes.

Le fait d'exprimer sa peur à voix haute libère cette emprise. Un jeune enfant qui ne veut pas être fessé pourra simplement ignorer l'invitation et refuser de bouger. Il n'est pas suffisamment grand pour dire : « Tu me fais peur, même si tu prétends être gentille. » Quand vous vous sentez angoissé, il vous appartient de dénouer vos tensions émotionnelles, même si, par définition, le fait d'exprimer votre peur nécessite la présence d'une deuxième personne. En réalité, il ne vous faut pas seulement une personne qui vous écoute. C'est un confident dont vous avez véritablement besoin, d'une personne qui a vécu le même genre de peur. Car elle aura au moins un peu d'avance sur vous. Il faut qu'elle ait de l'empathie et qu'elle vous montre que la peur peut prendre fin. En d'autres termes, cette personne vous a devancé sur le chemin de l'anxiété. Il faut savoir que les amis bien intentionnés ne sont pas nécessairement doués pour cela : peut-être réagiront-ils en vous jugeant et en vous culpabilisant (« Tu as souhaité que ton bébé ne naisse jamais ? Mon Dieu, mais comment as-tu pu faire une chose pareille ? »).

La maturité émotionnelle commence par la prise de conscience que les pensées ne sont pas des actes. Avoir une pensée négative n'est pas la même chose que passer à l'action. Mais la culpabilité ne fait pas de différence. Par conséquent, pour sortir du silence, vous devez apprendre, en observant la réaction d'autrui, que vous avez le droit d'avoir toutes les pensées que vous voulez. L'idée est de sortir de l'anxiété induite par la pensée. Pour arriver à trouver un confident aussi mature, il vous faut cultiver des pensées telles que :

Je ne veux pas vivre dans la culpabilité.
Mon silence ne fait qu'aggraver la situation.
Même si j'attends longtemps, mon angoisse ne s'en ira pas toute seule.
D'autres personnes en sont passées par là.
Tout le monde ne trouverait pas ça mal, comme je le pense.
Il se peut même qu'il y ait quelqu'un qui compatisse.
La vérité a le pouvoir de me libérer.

Une des découvertes tout à fait singulières en psychiatrie est que les gens qui sont en liste d'attente pour suivre une thérapie voient souvent leur état s'améliorer avant même leur première séance, amélioration pouvant correspondre au mieux-être anticipé. Avant de prendre leur courage à deux mains et de se lancer dans la thérapie, ces êtres soucieux ont surmonté la pression intérieure qui les faisait taire. En soi, cette étape a le pouvoir de guérir.

5. La peur est un sentiment désagréable et vous balayez d'un revers de la main cette souffrance pour qu'elle soit hors de votre vue. Mais les sentiments refoulés perdurent. Ce à quoi vous résistez persiste.

Éviter la douleur est efficace. Les humains ne sont pas des moutons de Panurge. Si vos amis vous mettent au défi de sauter dans une carrière de marbre vide, vous n'êtes pas obligé de le faire juste parce qu'eux-mêmes le font. Mais la stratégie simple qui consiste à éviter la douleur provoque un contrecoup dans le cerveau. Vous avez probablement entendu parler de ce vieux défi : « Essayez de ne pas penser à un éléphant. » La seule mention de l'éléphant déclenche des associations dans le cerveau. C'est essentiel pour l'existence humaine, car c'est ainsi que nous apprenons, par associations. En ce moment même, vous associez les mots que vous lisez sur cette page à tous les autres que vous avez jamais lus et c'est ainsi que vous pouvez décider d'accepter et d'absorber votre lecture ou pas.

La peur associe toutefois la douleur à la douleur. Ses associations éveillent un sentiment de mal-être et quand quelqu'un y fait référence, vous faites tout votre possible pour rejeter la douleur. Freud, parmi de nombreux autres chercheurs spécialisés dans le mental, croyait que le fait d'écarter de sa vue des sentiments, des souvenirs et des expériences, ce qu'on appelle le refoulement, ne fonctionnait pas. Car alors, les associations auxquelles on ne veut pas se confronter se retrouvent tapies quelque part dans l'obscurité. Carl Jung, marchant sur les traces de Freud, croyait lui qu'une partie de nous crée un brouillard d'illusions afin d'empêcher la vie d'être trop pénible. Il appelait « ombre » toutes les peurs, rages, jalousies et violences cachées reléguées dans les recoins secrets de la psyché.

À première vue, Freud semble se tromper ; la plupart des gens sont très doués pour le déni. Ils ne font pas face aux dures vérités. Ils font barrage à toutes sortes d'expériences qu'ils auraient souhaité ne jamais vivre. Mais l'ombre envoie des messages à l'insu de l'individu. Les sentiments refoulés se dressent tels des fantômes. Parfois, on se sent angoissé, car la peur essaye de prendre le dessus. Mais le refoulement est délicat. On peut se sentir anxieux, parce que l'on garde des secrets et que cela nous inquiète, ou parce que l'on sait qu'un jour, on sera exposé, ou encore parce que la souffrance liée au déni de la souffrance est trop grande.

Il existe deux antidotes au refoulement : l'ouverture et l'honnêteté. Si vous êtes ouvert à tous vos sentiments et pas seulement à ceux qui sont agréables, vous n'avez aucune obligation de refouler quoi que ce soit. Vous n'avez aucun petit secret douteux à cacher. Si vous êtes honnête, vous pouvez évoquer vos sentiments, même s'ils ne sont pas les bienvenus. Mais nul n'est parfait. Freud a annoncé à un monde sous le choc que tous les nourrissons dissimulaient une attirance sexuelle pour leur père ou leur mère. Si c'est un secret universel (ce n'est peut-être pas du tout le cas), alors le refoulement est répandu à grande échelle. Nous n'avons pas à résoudre cette profonde question psychologique ici. L'important est de guérir. Afin de trouver le courage d'évoquer vos secrets, il vous faut en être détaché. Un enfant d'un an qui fait pipi au lit est détaché, car à cet âge-là, aucune culpabilité n'en découle. À l'inverse, un enfant de quatre ans qui fait la même chose et qui se fait gronder essaiera de cacher le prochain incident. Et un adulte de 40 ans qui a le même problème peut connaître des états de gêne très tortueux.

Quand vous exprimez les émotions que vous avez refoulées pendant des années, le risque le plus gros que vous courez est que la personne à laquelle vous vous confiez réagisse en vous jugeant, ce qui pourrait vous faire regretter de ne pas avoir gardé votre secret pour vous. Mais la culpabilité a le don de nous forcer à nous tourner vers la mauvaise personne quand nous voulons mettre notre âme à nu. Cela est lié au fait que nous continuons de jouer le double rôle de bourreau et de victime. Nous ne cherchons pas quelqu'un qui va ensuite nous juger, mais nous cherchons quelqu'un, *parce que* nous savons que cette personne va nous juger. Vous devez donc d'abord préparer le terrain en entretenant des pensées telles que :

> Je sais que je cache quelque chose ; cela me fait mal.
> J'ai peur de libérer ma conscience, mais c'est comme ça que je vais guérir.
> Je ne veux plus porter mon fardeau.
> Être hanté me donne trop d'angoisses.

Quand vous gardez des secrets, notamment des émotions cachées que vous jugez, il est dur de réaliser que le pardon est possible. Vous en êtes bien trop loin ; cela semble imaginaire en comparaison à l'angoisse que vous ressentez dans l'instant. Mais rappelez-vous juste que le pardon est la dernière marche, et non la première. Votre approche consiste à avancer pas à pas. Votre responsabilité envers vous-même est seulement de vouloir vous pardonner, ensuite seulement, trouvez quelle est la phase suivante, aussi insignifiante soit-elle, pour cheminer vers la guérison. La première étape pourrait être de lire un livre, tenir un journal ou vous joindre à un groupe de soutien sur Internet. Quoi qu'il en soit, faire le premier pas a toujours le même objectif : vous cessez de vous concentrer sur votre peur et vous apprenez à accepter vos sentiments pour ce qu'ils sont, c'est-à-dire des événements naturels qui font partie de la vie.

6. La peur est handicapante. Vous vous sentez trop faible pour y faire quoi que ce soit.

Une personne effrayée peut être paralysée par la peur. Deux soldats chargeant sur une colline lors de la bataille de Gettysburg ou deux pompiers confrontés à l'incendie d'une maison pourront ressentir la même peur, mesurée physiquement par des changements cérébraux. Mais si l'un d'entre eux est un ancien combattant ou un ancien pompier, la peur ne l'immobilisera pas. Il la gérera différemment que le soldat qui n'a jamais essuyé de coups de feu ou que le petit nouveau qui n'a jamais affronté d'incendie. En d'autres termes, quand on est figé par la peur, la réaction du corps n'est pas la seule donnée à entrer en ligne de compte.

La capacité de la peur à vous arrêter net est mystérieuse et changeante. Un alpiniste expérimenté pourra faire de l'escalade par une journée normale, sur un parcours peu risqué, quand soudain, il ne pourra plus avancer d'un centimètre. Il s'immobilisera sur la paroi rocheuse, car soudain, au lieu, comme toujours, de faire peu de cas du danger de chute, il se dira : « Oh mon Dieu, qu'est-ce que c'est haut ! » C'est alors que la peur à l'état brut prend le contrôle, même s'il a déjà franchi cette même paroi rocheuse un bon nombre de fois. Car l'expérience a été traitée d'une nouvelle manière.

La manière dont vous choisissez de réinterpréter chaque information brute qui parvient à votre cerveau peut tourner à votre avantage. C'est ce qui fait que vous avez décidé de tenir tête à une brute sur un terrain de jeu ou que vous êtes remonté à cheval après que celui-ci vous a désarçonné. Votre cerveau n'est pas vous, vos réactions non plus. Franklin Roosevelt a énoncé un principe universel le jour où il a déclaré : « La seule chose que nous ayons à craindre est la peur elle-même. » Pour évacuer la peur, il faut surmonter l'impact qu'elle a sur nous. (Les économistes, pour qui la peur ne fait pas partie du problème, ont été pour beaucoup décontenancés face au déclin soudain et total de l'économie américaine après que la bulle immobilière a éclaté fin 2008 et que les banques ont commencé à chuter. D'après les données disponibles, l'économie était suffisamment forte pour éviter la destruction de millions d'emplois que le pays a dû subir. Mais en l'occurrence, ces données n'avaient pas d'importance. Car les gens se sont laissés dominer par la peur. Une angoisse gérable s'est transformée en une panique.)

Le mental, le cerveau et le corps sont indissociables. Avoir peur de la peur entraîne un bon nombre de symptômes, tels que la faiblesse musculaire, la fatigue, la perte d'enthousiasme et d'envie, la distraction (auparavant inexistante), une perte d'appétit et de sommeil, et la liste ne s'arrête pas là. Imaginez que vous vous retrouviez suspendu à une falaise par le bout des doigts à minuit. Dans les ténèbres de la nuit, vous êtes terrifié à l'idée de faire une chute mortelle de plusieurs centaines de mètres. Puis, quelqu'un se penche vers vous et vous dit : « Ne t'inquiète pas, tu n'as que 50 cm en dessous de toi. » Soudain, vous percevez votre réaction de peur sous un nouveau jour. Il est normal de ressentir la panique et l'impuissance quand on est suspendu dans le vide, mais quand la peur disparaît, tout le corps change. Même si ce sentiment perdure, le fait de savoir que vous êtes en sécurité signale au cerveau qu'il est temps que vous retrouviez votre état normal.

L'anxiété vous dit que vous êtes en grand danger et le corps n'a pas de rhéostat qui lui permette d'augmenter ou de diminuer la réaction de peur : soit elle est présente, soit elle est absente. Même la peur du nombre 13, techniquement connue sous le nom de triskaïdékaphobie, peut vous donner le sentiment que vous êtes sur le point de mourir. Pour guérir les phobies, il existe un traitement certes brutal, mais néanmoins efficace qui a recours à la saturation pour court-circuiter les peurs exagérées.

Un patient avait une peur mortelle de la mort aux rats et des fils électriques. À la vue de l'un ou de l'autre, il se mettait à paniquer ; pendant ses accès, sa peur lui faisait faire les choses machinalement. Son thérapeute l'a fait s'asseoir et lui a donné des sédatifs. Quand il s'est assoupi, le thérapeute lui a mis des emballages vides de raticide autour du cou et l'a entouré de fils électriques. À son réveil, voyant ce qui s'était passé, il a hurlé au meurtre. Et effectivement, sa réaction phobique a failli le terrasser. Les phobiques font tout pour éviter d'éprouver ce sentiment, mais là, il n'avait aucune échappatoire. Il est alors entré dans une peur frénétique. Mais les minutes se sont écoulées et, voyant qu'il ne mourait pas, il a trouvé une ouverture. La phobie ne le contrôlait plus totalement : il n'était plus complètement envahi par la terreur.

Nous ne recommandons pas la saturation ; tel n'est pas notre message. Mais il est nécessaire de désamorcer la peur provoquée par la peur.

Pour surmonter votre crainte de l'angoisse, vous devez cultiver des pensées telles que :

> Je ne vais pas mourir, même si la situation me paraît effrayante.
>
> Je dois faire face à mon sentiment exagéré de danger.
>
> Puisque je sais que je peux survivre, je peux me risquer à ne pas fuir ma peur.
>
> Je peux faire face à la peur et faire néanmoins des choses qui m'effraient.
>
> Plus j'affronte ma peur, plus je la contrôle.
>
> Encore une fois à vraiment contrôler ma peur, et elle s'évanouira.

C'est la dernière étape du processus qui vise à mettre un terme à la ténacité de l'angoisse. Toutefois, vous pouvez aborder le problème en commençant par n'importe laquelle des phases que nous avons évoquées. Le but est toujours le même : parvenir à un plus grand détachement. Les phobies prouvent que la réalité n'est pas suffisamment forte pour triompher de la peur. Vous pouvez placer quelques araignées inoffensives sur une personne qui en a une peur mortelle et sa panique pourra suffire à déclencher une crise cardiaque. Qu'y a-t-il de plus fort que la réalité ? Savoir que c'est vous qui la créez. C'est le point clé. Une fois que vous savez comment la réalité est conçue et que vous retrouvez votre lucidité, vous êtes libre. Vous avez trouvé l'accès qui mène aux rouages cérébraux et vous en prenez le contrôle. C'est le retour du créateur.

LE CERVEAU ÉMOTIONNEL

La peur et le désir sont nourris dans le cerveau instinctif, avec la médiation du cerveau émotionnel et les négociations du cerveau intellectuel. Ces structures satisfont aux exigences du mental de traiter la luxure, les passions éphémères, la colère, la cupidité, la jalousie, la haine et le dégoût. Tous ces sentiments sont liés à la survie dans l'évolution. La réaction de fuite ou d'attaque chez les reptiles implique un cerveau aux circuits figés, conditionnés pour cette réaction. L'évolution n'a pas mené l'homme à se débarrasser de ces mêmes circuits, ni à les anéantir (comme, par exemple, la queue des mammifères de jadis devenue un vestige osseux en bas de notre colonne vertébrale).

Au lieu de cela, le cerveau humain a ajouté de nouvelles couches aux anciennes. (Dans le cas du cortex cérébral, i.e. la strate la plus à l'extérieur du cerveau, les couches ressemblent littéralement à l'écorce d'un arbre. D'ailleurs, *cortex* signifie « écorce » ou « croûte » en latin.) Cette disposition permet d'intégrer le passé au lieu de le rejeter. Si les souvenirs douloureux et désagréables entraînent la peur, les souvenirs plaisants et joyeux entraînent eux le désir. L'évolution suscite à la fois un mouvement d'attraction et de répulsion. Il est ainsi impossible de dire où finit le désir de plaisir et où commence la volonté d'éviter la douleur. Shakespeare éprouvait peut-être de la honte en raison de la luxure à laquelle il s'adonnait, mais il n'a pas demandé qu'elle lui soit enlevée. Les émotions basées sur la peur et le désir vont de pair. Par exemple, votre peur d'être rejeté par votre groupe social concorde avec votre désir de pouvoir et de sexualité, qui concourent à la préservation de l'individu et de l'espèce.

Les émotions éveillent le même sentiment d'urgence que l'instinct, à une différence près. Freud a donné le nom de *ça* aux pulsions instinctives, car elles étaient trop primitives pour être nommées. À l'inverse, les émotions ont des noms, tels qu'envie, jalousie et orgueil. Quand un poète déclare que l'amour est telle une rose rouge, il exprime notre fascination quand nous baptisons nos émotions et que nous construisons tout un monde autour d'elles. Elles sont donc une avancée vers la conscience.

Le conflit entre l'instinct et les émotions nous enseigne que les êtres humains ont évolué, à force de souffrance et de confusion, dans le but d'apprendre. Vous devez être conscient de vos peurs et de vos désirs. Car la force de contrôle n'est inhérente ni à ces derniers ni au cerveau reptilien. Le système limbique, dans sa complexité, est le centre de nos émotions, mais aussi d'éléments vaguement associés tels que la mémoire à long terme et l'odorat. Sentir un parfum ou des gâteaux au chocolat suffit à éveiller une cascade de souvenirs (Marcel Proust, lui, plongeait une madeleine dans son thé pour ce faire), car le système limbique unit l'odorat, la mémoire et l'émotion.

Il a été le deuxième à évoluer, après le cerveau reptilien, évolution toutefois de longue date. Tous les animaux à quatre pattes, y compris les premiers amphibiens, semblent avoir un système limbique développé. Mais les émotions, à l'inverse de l'odorat, pourraient être un développement récent de l'histoire. Ou peut-être n'ont-elles eu d'existence que quand le langage les a baptisées.

Notre tendance à considérer avec mépris que le cerveau inférieur est primitif est une erreur. On peut « sentir » le danger, avec un degré de certitude à faire pâlir d'envie le cerveau supérieur. Le cerveau inférieur ne connaît ni le doute ni la réflexion *a posteriori*. Il ne peut se renier par la parole. Nul ne parle de la sagesse de la libido, mais une chose est certaine : les émotions instinctives sont bien sages. Elles représentent une forme de conscience qui nous conduit vers le bonheur. Avant que le terme « geek » ne soit inventé, les universités ont commencé à attirer de jeunes hommes obsessifs et brillants en programmation informatique. Jour et nuit, ils écrivaient des codes. L'ère numérique s'est bâtie sur leurs nuits blanches. Mais le taux de rotation de ces jeunes qui avaient à peine passé la vingtaine avait tendance à être rapide et quand on lui a demandé pourquoi, le doyen d'une grande université a soupiré : « On ne peut pas les empêcher de traverser la cour intérieure et dès qu'ils croisent une jeune fille, il n'y a plus personne. »

Ce que les codes binaires perdent, c'est l'humanité qui le gagne. Avec l'émergence du cerveau émotionnel, la conscience a commencé à remettre en question la notion de survie physique. Les différentes aires du système limbique, telles que l'hippocampe et l'amygdale, ont été minutieusement cartographiées et on peut les relier à toutes sortes de fonctions grâce aux IRMf. Si cette précision exhorte les neuroscientifiques à revendiquer le fait que le système limbique nous utilise à des fins qui lui sont propres, comme le fait l'instinct, il ne faudra pas s'en tenir là. Le cerveau instinctif, ayant évolué dans le but d'assurer notre survie, doit nous utiliser. Qui voudrait choisir de digérer ou non sa nourriture après chaque repas ? Qui voudrait prendre le temps de la réflexion en voyant le conducteur de devant perdre le contrôle de son véhicule ? Quantité de domaines dans la vie doivent se faire en pilotage automatique, c'est pourquoi les choses sont ainsi.

Mais les émotions, même quand elles jaillissent spontanément, ont une signification et dès lors qu'il est question de sens, nous voulons tous mettre notre nez dedans. « Je n'y peux rien. À chaque fois que je vois la fin de *Casablanca*, je pleure », pourrait-on entendre dire. Certes, mais nous choisissons d'aller au cinéma, entre autres parce que nous pouvons y ressentir des émotions fortes sans aucun risque. Ce n'est pas gênant qu'un homme verse des larmes pendant le dénouement de *Casablanca* ou quand Old Yeller se fait tuer, même s'il croit qu'un homme, ça ne pleure pas. Le cinéma permet au système limbique de prendre des vacances, non pas parce que le cerveau a besoin de pleurer, mais parce que dans les bonnes circonstances, nous avons effectivement besoin de verser des larmes. Le cerveau émotionnel ne ressent pas d'émotions. C'est vous qui les ressentez en vous servant de lui.

Mais au cœur de la dimension émotionnelle du cerveau se trouve un nouveau conflit, que nous avons déjà abordé : la mémoire. La mémoire est le moyen le plus fort de créer des émotions tenaces, dès lors difficiles à chasser. Nous avons déjà évoqué la persistance d'un sentiment, l'anxiété. En sanskrit, pour désigner la ténacité d'une expérience, on parle de *samskara*. Ce terme renvoie aux empreintes laissées par les actes passés, le karma. Ce sont des termes exotiques, mais toute tradition spirituelle orientale puise ses racines dans un dilemme universel : les êtres humains s'efforcent, pour se faire du bien, de rompre l'emprise des conditionnements anciens, ce qui crée une souffrance aujourd'hui en se souvenant de celle d'hier. Le processus par lequel on crée des empreintes karmiques est un aspect inextricable du cerveau émotionnel.

Le fait que vous croyiez au karma ou pas n'a pas d'importance. Vous créez continuellement des empreintes dans votre système nerveux. Vos goûts et préférences (je déteste les brocolis, j'adore les asperges ; je la déteste, je t'aime) sont tous liés à des empreintes du passé. Il ne s'agit pas simplement d'un traitement de données. Toute personne qui compare le cerveau humain à un ordinateur devrait se poser la question suivante : les ordinateurs aiment-ils les brocolis ou détestent-ils le fascisme ? Ce sont les émotions qui guident nos préférences, mais les ordinateurs sont dénués de sentiments.

Puisqu'il est naturel de créer des empreintes, on pourrait se dire qu'il est tout aussi simple de les retirer. Parfois, oui. Si vous faites une erreur dans la conversation, vous pouvez vous corriger en disant : « oublie ce que je viens de dire », ce que fera alors votre interlocuteur. Mais vous aurez beau faire des efforts, vos empreintes durables ne pourront être enlevées. Les traumatismes perdurent. La mémoire étant tellement peu comprise, ces empreintes ne peuvent être détectées dans le système limbique. Ce qui n'empêche pas que les souvenirs quelque peu vivaces soient de nature tenace.

Vous devez avoir une vie émotionnelle ouverte et valoriser vos sentiments. Mais quand les émotions prennent le dessus, une évolution doit se faire. Nous croyons notamment que vous devez alors être le témoin de celles-ci. Ce qui ne signifie pas que vous deviez simplement vous mettre à l'écart et vous regarder devenir fou ou paniquer, s'il s'agit bien de ces émotions. Les émotions veulent qu'on leur laisse libre cours ; à l'instar de l'instinct, elles savent ce qu'elles veulent. Mais vous ne devriez pas les alimenter de manière excessive. La colère, par exemple, est déjà ardente et bouillonnante. Il n'est pas nécessaire que vous mettiez de l'huile sur le feu. En observant votre colère, vous créez un léger écart entre cette émotion et vous-même. Si vous vous faites l'observation suivante : « je suis en train de me mettre en colère », vous faites une distinction entre vous-même et ce sentiment. Par cet infime acte de détachement, l'émotion perd de son élan. Vous avez toujours le choix d'établir un partenariat avec n'importe quel aspect de votre cerveau. À vous d'en définir les termes.

Comme pour n'importe quelle partie du cerveau, les émotions peuvent connaître un déséquilibre.

Si vous êtes trop émotif, vous perdez en perspective. Vos sentiments vous convainquent qu'il n'y a qu'eux qui comptent. L'excès émotionnel est éreintant et épuise tout le système corps/mental. Si vous vous identifiez trop longtemps à vos émotions, vous en devenez le prisonnier.

Toutefois, si vous contrôlez trop vos émotions, vous les perdez de vue. Ce qui engendre l'illusion que l'intellect seul suffit. Ignorant la puissance véritable d'une émotion étouffée, vous risquez d'être victime d'un comportement inconscient. En outre, le refoulement émotionnel est en lien étroit avec l'apparition éventuelle d'une maladie.

POINTS ESSENTIELS :
LE CERVEAU ÉMOTIONNEL

- Laissez les émotions aller et venir. Ce processus est spontané.
- Ne vous accrochez pas aux sentiments négatifs en vous justifiant et en affirmant que vous avez raison tandis que l'autre personne à tort.
- Examinez vos faiblesses émotionnelles. Tombez-vous amoureux trop facilement, vous emportez-vous trop rapidement, avez-vous peur en cas de risques mineurs ?
- Commencez à observer vos faiblesses quand elles apparaissent.
- Demandez-vous si votre réaction est appropriée. Si la réponse est non, les sentiments indésirables commenceront à retrouver l'équilibre.

AVANT LE GRAND SAUT

À ce stade, nous en arrivons à une avancée dans l'évolution : l'apparition du cerveau supérieur. La question du sens de la vie est née dans le cortex cérébral, qui siège tel un roi philosophe par-dessus le cerveau inférieur. Mais il est arrivé à certains rois d'être renversés, et le cerveau ne fait pas exception. Le cerveau inférieur est toujours là avec ses exigences instinctives, voire primitives. Sans nul doute, il n'y a pas eu de plus grande avancée dans l'évolution – sur terre comme dans le cosmos – que la création du cortex cérébral. Ce dernier aura donc un chapitre qui lui sera consacré. Mais avant cela, revenons aux cerveaux instinctif et émotionnel. Ils méritent le respect pour la complexité de leur réaction au monde. S'il vous arrivait de vous faire pourchasser par un tigre, le cerveau instinctif prendrait instantanément les commandes en libérant des substances neurochimiques spécifiques vous donnant les meilleures chances de survie dans cette poursuite.

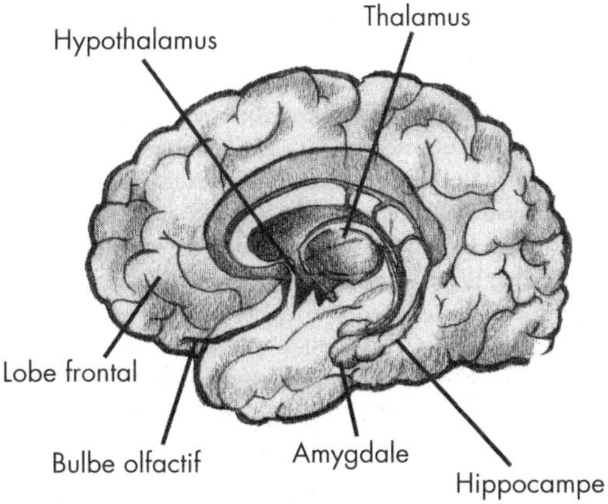

Schéma 3 : Le système limbique

Caché sous le cortex cérébral se trouve le système limbique (en gris). Il abrite nos émotions, les sentiments de plaisir associés à la nourriture et à la sexualité et la mémoire à court terme. On y trouve deux aires individuelles, le thalamus et l'hypothalamus, ainsi que l'amygdale et l'hippocampe, qui contrôlent la mémoire à court terme.
L'amygdale détermine quels souvenirs sont stockés en fonction de la réaction émotionnelle liée à une expérience. L'hippocampe est quant à lui responsable des souvenirs à court terme, il les envoie dans les zones appropriées du cortex cérébral pour qu'ils y soient conservés à long terme. Cette région est particulièrement affectée en cas de maladie d'Alzheimer.
Le système limbique est par ailleurs étroitement lié au lobe olfactif, qui traite les odeurs. C'est pourquoi certaines peuvent réveiller des souvenirs très poignants.

Ce cocktail neurochimique, principalement composé d'adrénaline, a nécessité des millions d'années de perfectionnement. Cette hormone marque le commencement d'une cascade de réactions chimiques dans le cerveau. Elle provoque une activité électromagnétique chez certaines synapses qui vous indiquent alors de fuir, tout en optimisant votre rythme cardiaque et votre respiration en vue de performances physiques maximales. Elle aiguise également votre concentration afin que vous puissiez échapper au tigre. Elle vous permet même d'éprouver du plaisir, tout en calmant les sensations préexistantes de faim ou de soif, voire le besoin d'aller aux toilettes.

Ces distractions potentielles sont instantanément éloignées de sorte que toute activité physique et mentale puisse se porter uniquement sur la fuite et la survie. À l'école, quand quelqu'un menaçait de vous prendre l'argent de votre repas, vous avez rendu les coups sans même y penser. Ou alors, si la brute était beaucoup plus grande que vous, vous avez fui là encore sans y penser.

L'évolution a perfectionné l'alliance entre les cerveaux instinctif et émotionnel afin d'assurer notre survie, mais si elle est éprouvée, cette alliance peut devenir notre pire ennemi. C'est lié au fait que les cerveaux instinctif et émotionnel sont « réactifs » – ils induisent machinalement un état de stimulation. Tout stimulus externe fort – un coup de feu, la voiture devant vous qui freine brusquement, un coup d'œil de la part d'une jolie fille ou un homme charmeur – déclenche automatiquement une réaction qui fait appel à la coalition entre l'instinct et les émotions.

Rudy se rappelle notamment une expérience de son enfance dans laquelle il a été molesté par une petite brute, expérience qui permet une transition vers notre thème suivant, le cerveau supérieur. À l'école élémentaire, il était terriblement timide et physiquement maladroit en sport. À l'inverse, sa sœur jumelle, Anne, s'est révélée une athlète naturelle dès son jeune âge. Quand des petits voyous s'en prenaient à lui dans la cour de l'école, Anne intervenait pour le défendre. Il était pour lui frustrant que ce soit une fille qui vole à son secours, qui plus est plus forte que lui.

Le plus important était sa réaction frustrée de survie, car ni la fuite ni la lutte n'étaient la solution. Quand il fuit, un petit enfant perd sa fierté ; s'il se fait taper dessus, il est humilié. Pourtant, Rudy reproduisait étrangement un problème évolutionnaire fondamental. Les humains d'antan ont dû trouver un moyen de vivre ensemble ; ils n'auraient pas pu former de société s'ils s'enfuyaient à chaque fois que leur adrénaline leur dictait cette conduite ou s'ils s'engageaient dans un combat sanguinaire dès lors qu'elle montrait son autre visage et les exhortait à la bataille. Rudy a dû trouver un moyen de résoudre le même dilemme social. Petit à petit, à mesure que d'autres garçons l'ont malmené, il a eu de plus en plus recours à son intellect.

Au départ, celui-ci lui a servi plus sur le plan tactique. Un jour, en CE2, une petite brute a provoqué une bataille. L'enfant a sauté sur le dos de Rudy en lui donnant des coups. Anne observait la scène depuis le côté, prête à en découdre. Mais Rudy, au lieu de paniquer et d'essayer de le mettre par terre, a eu une idée. Il a remarqué un grand chêne derrière lui et a couru à reculons en direction de l'arbre, aussi vite que possible, immobilisant le garçon contre celui-ci. Déstabilisée, la petite brute est lourdement tombée sur le sol gelé. Ce souvenir gravé dans sa mémoire, il n'a jamais plus ennuyé Rudy. En d'autres termes, tandis que les cerveaux instinctif et émotionnel de Rudy l'avaient prévenu de l'urgence de la situation, pour la première fois, son savoir intellectuel avait mis au point une stratégie qui n'impliquait ni le combat ni la fuite.

On peut imaginer que les premiers hommes ont fait des découvertes similaires. Une fois que votre opposant commence à penser, vous devez en faire de même. Les stratégies visant à déclencher la guerre ont inéluctablement conduit à des stratégies visant à y mettre fin. Le besoin de s'asseoir près du feu et de partager les fruits de la chasse et de la cueillette justifie le comportement social. Les stimuli externes n'ont pas été les seuls à générer le bond évolutionnaire quantique représenté par l'intellect.

Chaque cellule du corps est douée d'une intelligence innée. Nous ne pouvons limiter l'effet considérable de cette intelligence cellulaire, qui s'est révélée décisive à chaque étape qui a mené au développement du corps tel que nous le connaissons aujourd'hui. Les cellules vivent ensemble, coopèrent, se comprennent et communiquent constamment. Si une unique cellule devient antisociale et se rebelle, le système immunitaire interviendra, et en cas d'échec, un cancer, comportement antisocial ultime dans le corps, pourra se développer. En un sens, le cerveau supérieur a simplement tâché de rattraper son retard sur ce que chaque cellule sait déjà faire. Quoi qu'il en soit, cette avancée vers le cerveau intellectuel confère à la vie humaine mille fois plus de possibilités.

LES SOLUTIONS DU SUPERCERVEAU
LES CRISES PERSONNELLES

Beaucoup ont une réaction instinctive aux crises personnelles : la peur. Mais il est possible d'avoir une approche plus intégrée, c'est-à-dire d'utiliser de concert le cerveau supérieur et le cerveau inférieur. Une crise personnelle n'est qu'un défi qui prend des proportions démesurées ; et les défis font partie de la vie courante. Nul n'échappe aux moments difficiles qui marquent le passage du challenge à la crise ; souvent, un désastre imminent permet d'arriver à un carrefour dans votre vie.

Les résultats que vous obtiendrez dépendront de la façon dont vous gérez les moments les plus tumultueux. Deviendront-ils des tournants ou des revers ? C'est là qu'intervient la sagesse, car la plupart des gens prennent des décisions importantes sur un coup de tête ou en fonction de son pendant, l'habitude. Ils se sentent tiraillés par leurs émotions, qui n'ont jamais autant l'impact que quand le mental est tourmenté. On ne peut pas réfuter la célèbre première phrase du *Chemin le moins fréquenté*, de M. Scott Peck : « La vie est difficile. » Mais la sagesse peut motiver à triompher des difficultés et à transformer la frustration et la défaite en des tournants et des avancées majeures.

Chaque fois que les choses vont particulièrement mal, posez-vous trois questions, chacune étant destinée à faire du désarroi mental un processus ordonné que le cerveau peut suivre et organiser physiquement.

QUESTIONS À SE POSER :

1. Dois-je résoudre ce problème, me résoudre à la situation ou tourner les talons ?
2. À qui puis-je m'adresser qui a déjà résolu ce même problème ?
3. Comment aller plus profondément en moi pour trouver des solutions ?

À l'inverse, voici trois questions à éviter, car elles favorisent le défaitisme et le chaos mental.

QUESTIONS À NE PAS SE POSER :

1. Qu'est-ce qui ne va pas chez moi ?
2. De qui est-ce la faute ?
3. Quel est le pire des scénarios ?

Les situations dans lesquelles ces questions se poseront sont innombrables : cela peut aller des problèmes relationnels au diagnostic d'une maladie potentiellement mortelle, en passant par l'accident grave de voiture ou l'arrestation d'un enfant pour possession de drogue. La triste vérité est que des millions de personnes ruminent constamment les questions qu'elles devraient éviter de se poser, tandis que seuls quelques rares individus se posent les bonnes questions, qui conduisent aux bonnes actions. Voyons voir si nous pouvons améliorer la situation.

1. Dois-je résoudre ce problème, me résoudre à la situation ou tourner les talons ?

La première chose à faire est d'avoir les bons repères. Pour cela, posez-vous la question suivante : *dois-je résoudre ce problème, me résoudre à la situation ou tourner les talons ?* Tant que vous ne pourrez répondre à cette question clairement et rationnellement, votre vision sera voilée par vos réactions émotionnelles. À votre insu, vous serez soumis à l'influence de l'alliance instinct/émotions dans votre cerveau. Il est possible que vous cédiez à l'impulsivité ou que vous retombiez dans vos travers, alors que ce dont vous avez vraiment besoin est de nouveauté, d'une véritable solution à la crise.

Les mauvaises passes induisent souvent une mauvaise prise de décision ; par conséquent, pour arriver à faire de bons choix, votre confusion doit laisser la place à la clarté. Faites une pause et réfléchissez, en consultant les personnes en qui vous avez confiance, à un plan d'action qui commence par la recherche d'une solution. Si vous n'avez pas de solution, demandez-vous pourquoi. La réponse sera peut-être qu'il vous faut être patient et faire contre mauvaise fortune bon cœur, ou encore tourner les talons, parce que nul ne parvient à vous aider à trouver une solution. Les problèmes financiers peuvent parfois être résolus, mais d'autres fois, il faut tolérer la situation, à moins que celle-ci ne se dégrade et que vous ne deviez vous en sortir en vous déclarant insolvable. Remarquez bien que cette séquence doit exister. La société était rétrograde à l'époque où l'endettement personnel devenait faute morale et où les débiteurs étaient jetés en prison. Car ils étaient ainsi privés de la possibilité de résoudre leur situation ou de tourner les talons.

Ne vous enfermez pas dans le piège du jugement et de la moralisation punitive. En général, dans la mesure où il faut faire des efforts pour trouver une solution et où il apparaît risqué de tourner les talons, la plupart des gens tolèrent des situations difficiles, même en temps de crise, par exemple un mari violent ou des signes graves de maladie cardiaque en raison d'une obésité. Seul un petit pourcentage de gens (moins de 25 %) recherche une aide professionnelle à leurs problèmes émotionnels, tandis que la majeure partie (plus de 70 %) indique faire face aux difficultés émotionnelles en regardant davantage la télévision.

Les alternatives seraient efficaces si les gens ne vacillaient pas quand la situation se détériore. Un jour, ils espèrent de tout cœur trouver une solution et franchissent éventuellement quelques étapes dans ce sens. Le jour suivant, ils se sentent passifs et victimes des circonstances, par conséquent ils tolèrent les choses telles qu'elles sont. Le troisième jour, ils sont malades, en ont assez de souffrir et veulent tout simplement fuir. Résultat : ils tombent dans le défaitisme. Aucune solution ne peut être trouvée quand on se précipite dans trois directions différentes. Par conséquent, clarifiez votre situation et agissez sur ce que vous voyez clairement.

Actions : quand vous vous sentez plus calme, posez-vous et examinez votre crise. Mettez par écrit des alternatives en établissant trois colonnes : « solution », « attente » et « retrait ». Inscrivez les raisons correspondant à chacune. Pesez attentivement le pour et le contre. Demandez à quelqu'un en qui vous avez confiance de lire votre liste et de la commenter. Une fois que vous avez décidé quoi faire, tenez-vous-y, à moins que des indications vous suggèrent fortement d'opter pour une nouvelle direction.

2. À qui puis-je m'adresser qui a déjà résolu ce même problème ?

Les situations difficiles ne se résolvent pas dans la solitude ; pourtant, il ne fait aucun doute que nos réactions émotionnelles nous isolent. Nous avons peur, nous devenons déprimés. Nous nous replions sur nous-mêmes. En surface, nous éprouvons des sentiments de honte et de culpabilité, et quand ces émotions corrosives se sont emparées de nous, nous avons d'autant plus de raisons de nous fermer. Par conséquent, vous devez vous poser la question suivante : *à qui puis-je m'adresser qui a déjà résolu ce problème ?*

Le fait de trouver quelqu'un qui a traversé la même crise que vous a plusieurs effets concomitants : cela vous donne un exemple à suivre, un confident qui comprend votre détresse et des alternatives au repli sur soi et à l'isolement. Les victimes se sentent toujours seules et impuissantes. Aussi, prenez contact avec une personne qui a prouvé par son exemple que vous n'êtes pas obligé d'être la victime des circonstances négatives que vous affrontez en ce moment.

Il ne s'agit pas ici d'accompagnement, de misère partagée, voire de thérapie. Toutes ces activités peuvent s'avérer bénéfiques (ou non), mais rien ne remplace le dialogue avec une personne qui a connu une mauvaise passe et qui s'en est sortie. Où trouver ce genre d'individu ? Demandez autour de vous. Quand vous vous sentez accablé ou stressé, il y a plus de personnes qui veulent vous aider que vous ne l'imaginez. Internet permet d'élargir encore plus votre recherche, puisqu'il existe des forums actifs sur lesquels vous pouvez aborder en temps réel votre crise, avec en lien des ressources partagées.

Mais assurez-vous de ne pas faire que vous plaindre, que ce soit en ligne ou en face à face. Quand on est pris dans l'intensité des sentiments, il est facile de s'appuyer sur quelqu'un qui nous apporte une écoute.

Arrêtez-vous et prenez du recul. Obtenez-vous un retour approprié ? Y a-t-il quelque chose de positif et d'utile qui naît de chaque rencontre ? L'autre personne est-elle véritablement empathique (vous pourrez percer à jour les faux-semblants en vous y autorisant) ? Le fait de confier vos sentiments n'est que le commencement. Il vous faut des signes que vos émotions guérissent et qu'une solution véritable à la crise commence à émerger.

Actions : trouvez un confident à qui vous pouvez raconter votre histoire. Cherchez un groupe de soutien ; allez sur Internet et trouvez des blogs et des forums : les possibilités sont très vastes, aujourd'hui plus que jamais. Ne vous arrêtez pas avant d'avoir trouvé non seulement de bons conseils, mais également une empathie véritable de la part d'une personne en qui vous avez confiance. Mettez ses dires à l'épreuve en consignant par écrit la solution suggérée. Mettez ensuite vos notes à jour tous les quelques jours jusqu'à ce qu'une solution commence à apparaître ; sinon, continuez et demandez de meilleurs conseils.

3. Comment aller plus profondément en moi pour trouver des solutions ?

Enfin, il est impossible d'éviter d'affronter directement la crise. Il vous appartient de faire de quelque chose de négatif quelque chose de positif. Mais nul n'y arrive constamment et que cela nous plaise ou non, les crises sont dévorantes.

On se retrouve face à un monde intérieur soudain rempli de menaces, de peurs, d'illusions, d'idéalisme, de déni, de distractions et de conflits. Et le monde « extérieur » ne changera pas tant que le monde « intérieur » n'aura pas évolué. Par conséquent, demandez-vous : *comment aller plus profondément en moi pour trouver des solutions ?*

Vous cherchez alors à pénétrer le domaine du cerveau supérieur, dans lequel l'intellect et l'intuition peuvent vous aider. Mais pour cela, vous devez au préalable leur donner la permission de le faire, ce qui implique une volonté d'introspection. Le cerveau supérieur intervient ensuite. Pour vous donner un avant-goût du processus, songez à une vérité simple en laquelle Rudy et Deepak croient profondément : le niveau de la solution n'est jamais le niveau du problème. Sachant cela, vous pouvez échapper à de nombreux pièges dans lesquels les gens tombent.

Qu'y a-t-il au niveau du problème ? La pensée répétitive, qui débouche toujours sur une impasse. Les vieux conditionnements par lesquels on continue de faire les mêmes choix désuets qu'hier. Ainsi que des attitudes largement improductives et obsessives, et des actes infructueux. La liste ne s'arrête pas là. Mais l'idée principale est que vous avez plus d'un niveau de conscience et qu'au fond de vous existent une créativité et une intuition inexploitées.

Votre cerveau supérieur a le potentiel nécessaire pour créer des solutions nouvelles, mais vous devez coopérer. Beaucoup disent : « il faut que j'y réfléchisse mûrement », ce qui peut constituer une première étape intéressante. Mais à un niveau plus profond, le processus consiste à laisser faire. Vous devez trouver un moyen d'être serein, ce qui s'avère extrêmement difficile en temps de crise.

Nous avons tous la tentation de nous débattre. Mais une pression constante conduit à une inquiétude constante. L'angoisse croissante alimente le cerveau inférieur, qui amplifie ses réactions. Toutefois, seul le cerveau supérieur est capable de créer un détachement des réactions instinctives et émotionnelles au sein du mental.

Aussi, comment permettre au cerveau supérieur de mieux fonctionner ? La confiance et l'expérience sont deux choses utiles. Si par le passé, vous avez connu des déclics, avec la survenue inattendue d'une solution, vous pouvez avoir confiance dans le fait que cela se reproduira. Par ailleurs, si vous valorisez l'intuition, cela également est une bonne chose. Mettez en place des circonstances appropriées à une grande avancée : restez en silence pendant un temps que vous avez choisi au cours de la journée. Fermez les yeux et suivez votre souffle jusqu'à ce que votre corps commence à se calmer. Le stress physique bloque le cerveau supérieur. Assurez-vous d'être bien reposé, dans la mesure du possible. Éloignez-vous des circonstances stressantes et des personnes qui vous vulnérabilisent.

Dans ce silence, demandez une réponse. Pour certaines personnes, cela prendra la forme d'une prière adressée à Dieu, mais ce n'est pas un passage obligé. Vous pouvez solliciter votre moi supérieur ou simplement émettre une intention ciblée et claire. Puis, lâchez prise et détendez-vous. Les réponses viennent toujours, car le mental ne manque jamais de vecteurs de communication. Le fait de poser une question à l'univers stimule une réponse de sa part. Quelle que soit la situation, des générations de sagesse attestent que les solutions créatives jaillissent spontanément.

Dans la première phase, la peur recule ; vous vous sentez suffisamment fort pour affronter votre crise. Dans la seconde phase, vous voyez ce que vous faites. Dans la troisième phase, vous décelez un sens à toute votre expérience. Le cerveau supérieur appuie ce processus naturel si vous le lui permettez.

Actions : laissez apparaître un espace de calme intérieur. Détachez-vous de l'inquiétude ; ne vous impliquez pas dans le chaos. Grâce à ces conditions favorables, vous parvenez au niveau de la solution tout en vous détachant du niveau du problème.

Les trois questions à ne pas poser vous hanteront, à moins que vous ne les mettiez consciemment de côté. Nous avons tous envie de nous condamner par sentiment de culpabilité, de reprocher à autrui notre infortune et d'imaginer un désastre total. Tels sont les objectifs des trois mauvaises questions qui, quand on leur cède, nous nuisent, à notre insu, dans la vie quotidienne. Rappelez-vous, dans vos moments de clarté, qu'il s'agit d'une auto-punition. Créez un espace propice à la pensée lucide afin de faire cesser les réactions instinctives et émotionnelles qui veulent s'emparer de vous.

Nous ne pouvons connaître exactement les situations difficiles que vous traversez. Aussi, nous vous exhortons simplement à cesser de faire partie de cette majorité de personnes qui vivent dans la confusion et le conflit. Rejoignez plutôt la minorité qui entrevoit un chemin clair dans l'obscurité du moment, qui ne se soumet jamais à la peur et au désespoir, et qui joue son rôle afin de sortir tout un chacun de la crise pour mieux créer un avenir radieux.

DE L'INTELLECT À L'INTUITION

Même si le cerveau humain avait cessé d'évoluer après la phase émotionnelle, il n'en resterait pas moins une merveille. Nous avons des émotions extrêmement subtiles qui nous relient les uns aux autres. Mais le cerveau ne s'est pas arrêté là, car le mental humain en voulait davantage. Il ne suffit pas d'aimer ou d'éprouver la jalousie, l'admiration, la gratitude, la possessivité et tous les autres sentiments souvent mêlés à l'amour. Il ne suffit pas que l'amour se fasse à plusieurs niveaux, depuis l'affection tendre jusqu'à la passion sauvage. Le mental veut s'attarder sur l'amour, se rappeler qui nous avons aimé, quand et pourquoi. Nous sommes les seules créatures qui pourraient écrire : « Quelles façons ai-je de t'aimer ? Je vais les compter. » S'agit-il d'un jeu purement intellectuel ? Non, c'est un moyen d'enrichir encore plus nos vies.

LA DIMENSION INTELLECTUELLE DU CERVEAU

Dès que vous vous demandez : « pourquoi est-ce que j'aime telle personne ? » ou « pourquoi est-ce que je déteste telle autre personne ? », un élément plus évolué entre en jeu : l'intellect. L'intellect est le moyen fondamental mis en place par le cerveau pour contrer les obsessions basées sur les peurs et les désirs. La pensée rationnelle vous permet de définir des stratégies en vue d'obtenir ce que vous désirez, activité qui prédomine dans la vie de tout un chacun. Mais elle sert aussi de contrepoids dans le but de contenir vos émotions. Votre intellect et ces dernières accomplissent leur danse neurobiologique à mesure que les neurotransmetteurs excitateurs tels que le glutamate et les neurotransmetteurs inhibiteurs tels que la glycine font des va-et-vient permanents, tels le yin et le yang.

Au niveau de l'expérience personnelle, les interactions sans fin entre les émotions et l'intellect créent un discours interne qui est diffusé dans le cerveau à chaque moment de la journée. Pour certaines personnes, ce discours prend la forme d'un monologue intérieur opéré par le cerveau qui puise dans les souvenirs, habitudes et conditionnements anciens. Pour d'autres, il s'agit plutôt d'un dialogue intérieur, qui voit s'opposer des idées anciennes et nouvelles. La personne doit alors décider en faveur de qui elle veut faire pencher la balance : les réactions propres au cerveau ou les réponses nouvelles et inconnues. Cela peut s'avérer un problème. D'ailleurs, ce combat est suffisamment difficile pour que certaines personnes aient essayé de mener une vie purement basée sur l'intellect, réfutant ainsi leurs émotions. Jesse Livermore était un investisseur emblématique en Bourse durant les Années folles. Né dans le Massachusetts en 1877, il nous dévisage aujourd'hui d'un regard vide et plutôt austère, quand on l'observe sur de vieilles photographies. Mais il faisait partie des premiers financiers dont le seul travail dans la vie consistait à manipuler des chiffres sur un téléscripteur. Il a vécu pour les chiffres et sa vie était réglée avec une précision absolue. Chaque matin, il quittait son domicile à 8 h 07 ; à l'époque, les feux de signalisation étaient contrôlés manuellement par des policiers qui se tenaient debout sur un support et à la vue de sa limousine, tous les feux de la cinquième avenue passaient au vert.

Le 29 octobre 1929, lors du désastreux Jeudi noir qui a marqué le fameux krach boursier, la femme de Livermore a supposé qu'il avait perdu toute sa fortune, comme cela était arrivé à leurs amis. Elle a ordonné aux serviteurs de sortir tout le mobilier de leur hôtel particulier et à son retour, Livermore a trouvé une maison vide. En réalité, il avait écouté ce que les nombres lui avaient dit et il avait réussi ce jour-là à gagner plus d'argent que jamais. Cela peut ressembler à une histoire triomphante pour l'intellect pur, mais au cours des années 1930, Wall Street a commencé à être régulé. Cela a marqué la fin de l'époque des grands requins, puisque quelques riches investisseurs pouvaient manipuler à volonté les actions. Pour Livermore, l'adaptation a été rude. Ses transactions sont devenues chaotiques. Il a perdu courage, puis a déprimé et, en 1940, s'est réfugié dans la salle de bains de son club privé et s'est tiré une balle dans la tête. On n'a jamais su où étaient passés ses millions.

Naturellement, notre intellect se pose des questions et cherche des réponses. L'esprit humain a une soif inextinguible de connaissance. Mais nous sommes un paradoxe vivant. D'un côté, nous vivons toutes nos expériences, et de l'autre, nous les remettons en question. Le cortex cérébral, dernier élément à s'être ajouté au cerveau, gère la pensée dans tous ses aspects, dont la prise de décision, le jugement, la réflexion et les comparaisons. Pour un neurologue, le cortex est la partie la plus énigmatique du cerveau. Comment nos neurones ont-ils appris à penser et, mystère encore plus grand, comment ont-ils appris à réfléchir à leurs pensées ?

Car c'est ce que vous faites tous les jours. Vous avez une pensée, puis vous songez à son sens. Cela paraît très abstrait, aussi, dressons un schéma en adoptant la perspective du cerveau :

Instinctif : « J'ai faim. »

Émotionnel : « Hum, cette tarte à la banane me paraît bien appétissante. »

Intellectuel : « Est-ce que ça ne fait pas trop de calories ? »

Sur le plan intellectuel, les choix qui se présentent à vous sont infinis. Vous pouvez vous demander : « Comment faire une bonne tarte à la banane ? » ou « Est-ce bien ce que je veux ? » ou encore « Est-ce que cela signifie que je suis enceinte ? » Vous pouvez avoir toutes les pensées que vous voulez, y compris les idées les plus étonnantes (« Est-ce que les bananes souffrent quand on les cueille sur l'arbre ? »), les plus imaginatives (« je voudrais écrire un livre pour enfants racontant l'histoire d'un jeune garçon qui rencontre une tarte à la banane qui parle. ») et tout le reste.

Nous autres humains sommes fiers de notre intellect, au point que jusqu'à récemment, nous avons nié la possibilité que les animaux « inférieurs » aient une quelconque forme d'intelligence. Mais cela change rapidement. Par exemple, rares sont les oiseaux qui hivernent sur le versant enneigé au nord du Grand Canyon ; notons toutefois que certains d'entre eux passent les mois d'automne à ramasser des graines qu'ils enterrent. Ils amassent des pommes de pin pour leurs pignons et accordent à chacun, pourtant minuscule, un lieu où il est enterré, apparemment de manière aléatoire, jusqu'à ce que des centaines d'entre eux aient été déposés. Quand le blizzard hivernal arrive, ces sites sont recouverts de neige. Pourtant, on a observé que ces oiseaux retournaient sur les lieux où ils avaient enterré chaque pignon, qu'ils picoraient dans la neige et qu'ils arrivaient à les retrouver. De plus, chaque oiseau ne retourne qu'à la nourriture qu'il a personnellement enfouie, sans braconner au hasard des caches des autres oiseaux.

Il existe une multitude d'exemples d'intelligence animale, pourtant, nous demeurons certains que l'intellect est l'apanage de l'homme. Notre structure cérébrale corrobore ceci, dans la mesure où au vu de la taille de notre cerveau, qui est très large comparé à notre poids, une partie disproportionnée de celui-ci appartient au cerveau supérieur. (Le fait que 90 % de votre cortex constituent le néocortex, ou « nouvelle écorce », montre que vous consacrez beaucoup d'énergie à penser et à décider, tandis que le grand cerveau d'un dauphin est à 60 % environ consacré à son ouïe, ce qui paraît logique quand on sait que cette créature est guidée par un sonar sous-marin.) Malgré le fait que nous sommes mus par des envies inférieures telles que la sexualité, la faim, la colère et la peur, il n'empêche que le cerveau supérieur domine tout.

Après tout, avant que deux pays n'entrent en guerre et ne se bombardent leurs villes, ils doivent au préalable construire ces villes et ces bombes, merveilleuse prouesse de l'intellect.

Le cerveau supérieur marque l'arrivée de la conscience de soi. Chaque exemple que nous avons donné associe à la pensée le mot « je ». Je est l'être conscient qui se sert du cerveau. Les dimensions instinctives et émotionnelles du cerveau appartiennent au monde du subconscient. Nous supposons donc que l'intelligence animale est entièrement subconsciente. Lors de la même phase lunaire en mai, les limules viennent à terre par dizaines de milliers pour pondre sur le littoral atlantique de l'Amérique du Nord. Depuis les profondeurs de l'océan, elles se rassemblent comme elles le font depuis des centaines de millions d'années. Dans les quelques jours qui suivent, un minuscule oiseau connu sous le nom de bécasseau maubèche (*Calidris canutus rufa*) passe par là, en période de migration, pour se nourrir des œufs des limules éparpillés dans le sable.

Les bécasseaux maubèches, petits oiseaux tachetés de marron qui avancent avec précaution sur des pâtes guindées, passent l'hiver en Terre de Feu, à des milliers de kilomètres de là, dans l'hémisphère Sud, où ils se nourrissent de minuscules palourdes. Nul ne sait pourquoi ces oiseaux parcourent 15 000 km entre l'Antarctique et l'Arctique, où ils élèveront leurs petits. Ni, surtout, comment les bécasseaux maubèches ont appris à ajuster leur migration à la dernière pleine lune ou nouvelle lune de mai, exactement au moment où les œufs des limules foisonnent dans les plages de la baie du Delaware et deviennent la seule nourriture que ces oiseaux absorberont pendant leur arrêt. Leur destination, l'île Southampton au Canada, est venteuse, dépouillée et désolée, et n'offre guère de nourriture. Les œufs de limules, remplis de graisse, leur permettent de stocker suffisamment d'énergie pour survivre. Toute cette organisation complexe implique que l'instinct n'est pas toujours simple ou primitif. Il accomplit des choses incompréhensibles de l'intellect.

Toute la nature est-elle véritablement inconsciente ou sommes-nous piégés par notre désir de lui coller cette étiquette ? Une chose est certaine. Chez les humains, la dimension intellectuelle du cerveau allie les pulsions instinctives et les émotions au savoir dérivé de l'expérience. Si une personne traverse une mauvaise passe, l'intellect peut tenter de trouver des expériences plus positives, ou alors, pour mettre fin à sa misère, il pourra réaliser des actes radicaux, tels que le suicide. L'affirmation suivante, que nous devons à Nietzsche, était certes déprimante, mais surtout perspicace : « L'homme est le seul animal qui doit être encouragé pour vivre. » On peut dire la même chose de manière plus positive : les êtres humains refusent la dictature du cerveau inférieur, même pour leur survie.

Le cerveau intellectuel se sert de la pensée logique et rationnelle pour faire consciemment face au monde. Tandis que le cerveau instinctif vous fait *réagir* de manière naturelle et innée, le cerveau intellectuel vous donne la possibilité de *répondre* consciemment. Le mot répondre provient de la racine latine *responsum* qui signifie réagir de manière *responsable*. Répondre à une situation requiert une compréhension, y réagir non. En outre, la compréhension n'est pas un événement isolé. Elle s'accompagne toujours d'un contexte social. Vous devez éprouver de l'empathie pour autrui ; les gens doivent communiquer et établir des contacts significatifs. On pourrait donc concevoir que l'*Homo sapiens* ait pu rester sociable s'il ne s'était pas doté de ces caractéristiques supérieures. En effet, les chimpanzés le sont bien, eux qui ont rompu avec l'arbre généalogique des primates 6 millions d'années après, et non avant, nos ancêtres hominidés.

Quand on regarde dans les yeux d'un chimpanzé, on détecte des moments durant lesquels l'animal semble réfléchi ; mais les chimpanzés ne sont pas responsables et malgré toute leur intelligence, ils ne peuvent forcer leur courbe d'apprentissage. Vous pourriez faire une expérience dans laquelle un chimpanzé vous regarde pendant que vous cachez de la nourriture sous une des deux boîtes devant vous. S'il s'en souvient et qu'il regarde sous la bonne boîte, il obtient la nourriture. Il ne faut à ces animaux que quelques essais pour apprendre à réussir. Disons maintenant que vous changez d'expérience. Vous placez deux boîtes devant le chimpanzé et s'il vous tend la plus lourde, vous lui donnez de la nourriture en guise de récompense. Même au bout de six cents essais, un chimpanzé ne pourra obtenir mieux à ce test que des résultats aléatoires. À l'inverse, un jeune enfant de trois ou quatre ans comprend très rapidement qu'il lui faut choisir la boîte la plus lourde.

Par ailleurs, nous partageons notre apprentissage. La société humaine dépend de l'enseignement, qui nécessite un type de cerveau spécial qui transforme instantanément l'expérience en connaissance. Après des millions d'années, certains singes ont appris à écraser des noix dures sur des rochers pour les ouvrir et des primates supérieurs tels que les chimpanzés savent se servir d'un bâton pour faire levier et aller chercher des œufs d'oiseaux dans le trou profond d'un tronc d'arbre ou des fourmis dans un creux. Mais cette compétence demeure primitive. On peut apprendre à un orang-outan à récupérer de la nourriture dans un récipient complexe en plastique composé de plusieurs parties mobiles qui doivent être ouvertes en suivant une séquence précise. Il parviendra rapidement à résoudre ce casse-tête, mais ensuite, il sera confronté à un problème : il n'arrivera pas à enseigner à un autre orang-outan comment trouver la solution à la même énigme.

Par ailleurs, nous n'enseignons pas simplement par l'exemple, mais aussi par la parole. L'apparition de langages complexes a accéléré l'évolution du cerveau, car cela a permis un mode de communication plus sophistiqué. Cela nous a aussi donné l'aptitude à penser symboliquement. Ce qui signifie que nous pouvons créer des mondes symboliques virtuels en employant les mêmes parties du cerveau qui, au fur et à mesure de l'évolution, se sont mises à communiquer ensemble. Quand vous vous arrêtez à un feu rouge, vous ne vous arrêtez pas parce que vous entendez : « Arrête-toi ! » En réalité, vous associez la couleur rouge à cette injonction ; c'est un symbole. Si simple que cela paraisse, ce processus a de gigantesques ramifications. Les enfants dyslexiques, par exemple, ont des difficultés d'apprentissage au niveau de la lecture, qui sont dues à une anomalie du développement cérébral dans l'utérus : leur cerveau inverse des mots et des lettres. On a toutefois découvert que ce défaut peut être contourné grâce à des lettres de couleur. Mettons que A soit rouge, B vert, etc. Grâce à cette association symbolique, le langage est possible, dans la mesure où un mécanisme cérébral du cortex visuel a été affecté à un nouvel usage : la capacité à distinguer les couleurs, ce qui se fait, chez les êtres humains, avec une incroyable subtilité, l'œil humain pouvant détecter 10 millions de longueurs d'onde de lumière. Nul ne sait exactement combien se traduisent par des couleurs que nous pouvons distinguer, mais il semble qu'il y en ait au moins plusieurs millions.

Ces trésors que sont l'imagination et la symbolisation peuvent toutefois être utilisés à mauvais escient. À l'origine, le swastika est un symbole indien ancien désignant le soleil, mais peint à côté d'une synagogue, il dénote la profanation ou un crime haineux. L'image peut également faire entrave à la réalité. Les expressions « célébrité » ou « vedette du cinéma » ont été créées pour renforcer dans l'imaginaire du public l'idée que les grands acteurs ne sont pas des gens comme les autres. Mais la conséquence est que le public meurt d'envie de jeter un coup d'œil derrière cette façade et plus la réalité qui est exposée est de mauvais goût et sordide, plus cela en devient émoustillant.

Depuis longtemps, on a divisé le mental en trois catégories : l'instinct, l'intellect et les émotions. La neuroscience peut aujourd'hui donner une carte des aires cérébrales correspondant à chacune. Mais il est bon de se souvenir que ces séparations ne sont que des modèles inventés parce que la nature est particulièrement difficile à saisir dans toute sa complexité. En vérité, c'est nous qui créons constamment notre réalité, processus qui implique chaque aire cérébrale par le truchement d'interactions en évolution constante.

Comme pour chaque aspect du cerveau, l'intellect peut se déséquilibrer.

Si vous êtes trop intellectuel, vous perdez de vue vos émotions et votre instinct et vous devenez donc moins ancré. Cela conduit à des passages à l'acte trop calculés et à des plans sur la comète.

En revanche, si vous ne développez pas votre intellect, il ne dépasse pas la pensée rudimentaire. Cela conduit à la superstition et vous pouvez être victime de tous types d'arguments fallacieux. Vous devenez un pion au service de différentes influences extérieures.

POINTS ESSENTIELS : LE CERVEAU INTELLECTUEL

- L'intellect est la partie du mental dont l'évolution est la plus récente.
- Il n'opère jamais seul, mais se mêle aux émotions et à l'instinct.
- Il vous aide à gérer rationnellement vos peurs et vos désirs.
- Répondre au monde vous permet d'assumer votre responsabilité envers lui.
- La pensée rationnelle devient destructrice quand elle perd son sens des responsabilités (émergence des armes atomiques, destruction de l'écosystème, etc.)

LA DIMENSION INTUITIVE DU CERVEAU

Votre intellect fait partie de votre droit de naissance, qui comprend aussi un insatiable besoin de sens. Vous avez hérité de l'intuition en réponse à un autre besoin tout aussi fort : le besoin de valeurs. Le bien et le mal sont des notions tellement fondamentales que le cerveau est aménagé pour elles. D'ailleurs, les nourrissons semblent faire preuve d'un comportement intuitif à ce niveau. Avant même de faire ses premiers pas, un bébé qui voit sa mère laisser tomber quelque chose lui proposera de le ramasser : l'aide est une réponse naturelle. De même, si vous montrez à un enfant de deux ans un spectacle de marionnettes dans lequel l'une est gentille (ce qui implique le jeu et la coopération) et l'autre ne l'est pas (ce qui implique l'égoïsme et des lamentations), il désignera, quand on lui demande quelle marionnette il préfère, la « gentille » plus souvent que la « méchante ». L'évolution fait en sorte que le cerveau réponde à la moralité.

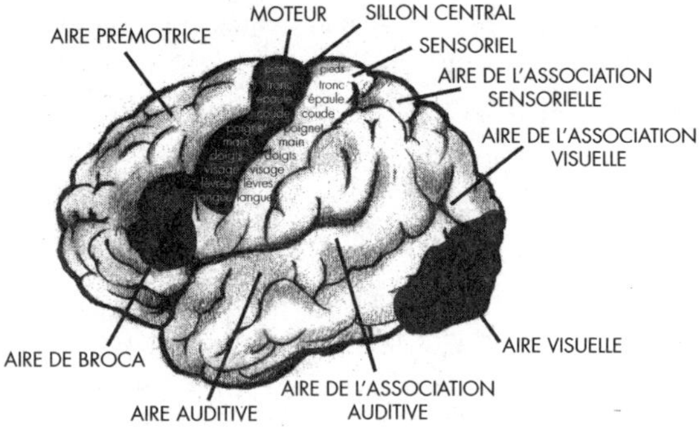

Schéma 4 : les zones fonctionnelles du cortex cérébral

L'essentiel du cerveau se compose du cortex cérébral ou télencéphale. Qualifié de cerveau supérieur, il est responsables de nombreuses fonctions que nous associons à notre humanité : la réception et le traitement des informations sensorielles, l'apprentissage, la mémoire et le commencement de la pensée et de l'action, ainsi que le comportement et l'intégration sociale.

Le cortex cérébral est la partie du cerveau qui a connu l'évolution la plus récente. Il se compose d'une couche de tissu neuronal d'environ 0,28 m^2 répandue en six sous-couches situées vers la surface du cerveau (*cortex* signifie « écorce » ou « croûte » en latin). Cette couche de tissu est repliée sur elle-même de multiples fois afin de s'adapter au crâne. Le télencéphale abrite la plus grande concentration neuronale de tout le cerveau, soit environ 40 milliards de ces cellules nerveuses.

Le cortex cérébral a trois aires fonctionnelles principales : les régions sensorielles qui reçoivent et traitent les informations liées aux cinq sens, les régions motrices qui contrôlent les mouvements volontaires et les régions des associations qui concernent l'intellect, la perception, l'apprentissage de la mémoire et la pensée ordonnée supérieure.

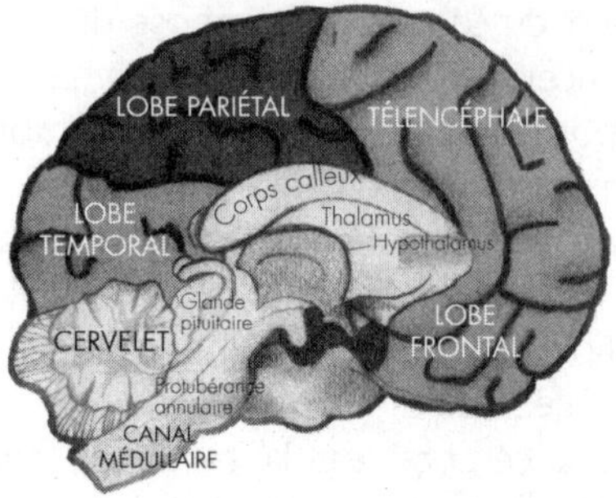

Schéma 5 : les régions du cortex cérébral

Le cortex cérébral est constitué d'un certain nombre de lobes. Vers l'arrière, on trouve le lobe occipital, qui contient le cortex visuel dans lequel le cerveau relaye et interprète les informations perçues par les yeux. Le cortex visuel gauche est relié à l'œil droit et vice versa. Vers l'avant des lobes occipitaux se trouvent les lobes temporaux. C'est là que se nichent les émotions instinctives servant à la survie : la peur, le désir et les appétits, tels que la faim et la sexualité. L'ouïe et l'équilibre sont également contrôlés par cette zone. Quand cette aire cérébrale est endommagée ou dysfonctionnelle, une personne pourra souffrir d'un appétit sexuel et alimentaire incontrôlable.

Devant et au-dessus des lobes temporaux se trouvent les lobes pariétaux, dans lesquels les informations sensorielles sont traitées, ainsi que l'orientation spatiale qui vous permet de savoir où vous êtes. Enfin, devant les lobes pariétaux se trouvent les lobes frontaux. Ces derniers régulent le contrôle moteur et le mouvement, mais ils sont également les médiateurs de notre attitude en société. Si le cortex frontal est endommagé ou s'il présente par exemple une tumeur, l'individu pourra devenir un inhibé maladif, doublé d'un exhibitionniste extrême ou même d'un agresseur sexuel.

Les hémisphères droits et gauches du cortex cérébral sont reliés par des paquets de fibres nerveuses appelés corps calleux. Ces derniers permettent aux deux côtés du cerveau de se « parler ». Car sinon, l'individu pourrait être atteint du « syndrome de la main étrangère », à cause duquel on ne reconnaît pas sa propre main ! Caché sous le corps calleux, on trouve le système limbique (voir schéma 5), composé du thalamus et de l'hypothalamus. Le premier joue un rôle dans la perception sensorielle et régule le mouvement. Le second régule quant à lui les hormones, la glande pituitaire, la température du corps, les glandes surrénales et de nombreuses autres activités.

Les deux autres grandes parties du cerveau sont d'une part le cervelet, à l'arrière, qui contrôle la coordination du mouvement, de l'équilibre et de la posture, et d'autre part le tronc cérébral (canal médullaire et protubérance annulaire), la partie la plus ancienne du cerveau. Elle relie ce dernier à la moelle épinière et régule le rythme cardiaque, la respiration et les autres processus dits autonomes, qui se font donc automatiquement.

Les fonctions cérébrales qui contrôlent les processus physiologiques – du rythme cardiaque au système immunitaire en passant par la réaction de peur –

sont concentrées dans des zones spécifiques du cortex cérébral, du cervelet ou du tronc cérébral, mais ces régions communiquent également entre elles pour créer un système complexe d'équilibre et de coordination destiné à toute activité cérébrale. Par exemple, quand vous regardez une fleur, vos yeux perçoivent les informations visuelles correspondantes et les relayent au cortex occipital, une zone du cortex cérébral qui se trouve vers l'arrière du cerveau. Mais d'abord, ces mêmes informations visuelles traversent de multiples autres aires cérébrales, où elles pourront également servir à coordonner vos mouvements en réponse aux informations visuelles. Les milliards de neurones présents dans ces régions travaillent de concert, dans un équilibre et une harmonie exquis, tel un orchestre produisant une belle musique. Il n'y a pas de place pour un instrument désaccordé ou jouant trop fort. L'équilibre et l'harmonie sont les clefs d'un cerveau efficace, eux qui sont aussi garants de la stabilité de l'univers.

Mais l'intuition est un domaine suspect. Une ironie curieuse veut que le cerveau intellectuel puisse rejeter le cerveau intuitif, qu'il associe à une superstition pure et qui touche à la croyance au paranormal. Rupert Sheldrake, un biologiste britannique visionnaire, a réalisé des dizaines d'expériences sur l'intuition. Il a par exemple testé l'expérience courante qui consiste à ressentir ce qu'une personne qui se tient généralement derrière vous vous montre. Avez-vous des yeux derrière la tête ? Si oui, il s'agit d'une faculté intuitive, dont Sheldrake a démontré l'existence. À son grand regret, son travail est controversé, alors même que, comme il le remarque ironiquement, les sceptiques ne daignent même pas regarder ses résultats.

Mais le fait que les humains soient intuitifs ne souffre aucune controverse. Des pans entiers de votre vie dépendent de l'intuition : l'empathie, par exemple. Quand vous entrez dans une pièce, si vous pouvez sentir si les personnes qui s'y trouvent sont tendues ou si elles se sont disputées avant votre arrivée, là encore, c'est de l'intuition. Ou encore quand vous savez que quelqu'un qui dit une chose en pense une autre ou que quelqu'un qui est « plus saint » que vous cache un secret.

L'empathie se définit comme la compréhension et le partage des sentiments d'autrui. Chez l'*Homo sapiens*, quand l'aptitude à communiquer a connu un gigantesque bond en avant, l'empathie est devenue une composante primordiale pour la survie sociale. Elle permettait aux parents de prendre soin des enfants du groupe, tandis que certains adultes étaient partis chasser ou se rassembler. Aujourd'hui encore, l'empathie nous permet de vivre en groupe et de cultiver un lien social, elle sert à réfréner l'égoïsme, les agressions et la concurrence (équilibre que la société s'efforce tant bien que mal de maintenir).

De manière plus générale, l'empathie a ouvert la voie au raisonnement moral et au comportement altruiste (la racine latine du mot compassion signifie « souffrir avec », ce qui renvoie à notre aptitude à refléter les sentiments que nous percevons chez autrui). Toutefois, éprouver de l'empathie est différent de compatir, sentiment qui n'implique pas le partage de l'état d'esprit d'une autre personne. L'empathie se distingue également de la contagion émotionnelle, qui se caractérise par le fait de ne pas savoir si l'émotion ressentie appartient à soi-même ou si elle a été absorbée au contact d'une personnalité plus forte ou de la foule.

Au niveau neuronal, l'aire cérébrale principale activée par l'empathie est le cortex cingulaire. En latin, cingulum signifie « ceinture ». En effet, le cortex cingulaire se situe au milieu du cortex cérébral, telle une ceinture, et on considère qu'il fait partie du système limbique, qui gère les émotions, l'apprentissage et la mémoire. C'est également lui qui abrite l'empathie. Par ailleurs, les zones associées à ce sentiment et appartenant au gyrus cingulaire sont plus grandes chez les femmes que chez les hommes et sont généralement plus petites chez les patients schizophréniques, qui sont souvent tragiquement isolés dans leurs émotions et se font des illusions sur les sentiments des autres.

L'empathie a également été associée aux « neurones miroirs », une catégorie de cellules nerveuses dont on sait qu'elle est présente chez les primates « inférieurs » tels que les singes. On dit que ces derniers reproduisent ce qu'ils voient : il y a à cela une raison neuronale fondamentale liée à l'apprentissage de nouvelles compétences. Quand un bébé singe, même quand il est encore en âge d'être allaité, voit sa mère saisir de la nourriture et la manger, les zones de son cerveau qui sont responsables de la préhension, du déchiquetage des aliments et de la mastication sont stimulées : elles reflètent ce qu'il voit. On ne peut conduire des expériences sur les nourrissons humains pour déterminer s'il en va de même dans notre espèce, mais selon toute vraisemblance, les choses en sont ainsi. (L'aspect pernicieux de cette faculté est que quand un jeune enfant assiste à un comportement négatif, par exemple à des violences familiales, un schéma cérébral peut se mettre en place. On sait que les enfants agressés deviennent souvent les agresseurs à l'âge adulte, tellement ce genre de comportement s'est imprégné en eux.)

Nul ne connaît l'intégralité du fonctionnement des neurones miroirs, mais elles semblent jouer un rôle majeur dans l'attachement social, le processus par lequel nous trouvons une sécurité, un lien affectif et un soulagement de notre désarroi dans nos relations. Une myriade de substances neurochimiques appelées neuropeptides – qui sont de petites protéines du cerveau qui régulent l'attachement social et qui comprennent l'ocytocine, les opiacés et la prolactine – régule la réaction empathique.

L'ocytocine favorise l'attitude maternelle ; et c'est elle qui éveille en nous le sentiment d'être amoureux. On a montré que la prise d'ocytocine par vaporisation nasale réduit la réaction au stress social et les réactions de peur dans le cerveau. Elle peut aussi augmenter la confiance mutuelle et sensibiliser aux expressions faciales d'autrui. À l'inverse, une mutation génétique défavorable au sein du récepteur qui agit sur l'ocytocine provoque une diminution de l'empathie chez l'individu. Par conséquent, ce neuropeptide joue un rôle critique ; pourtant, son nom populaire, « l'hormone de l'amour », ne devrait pas être pris au pied de la lettre. L'amour, qui est un comportement complexe, est affecté par de nombreuses réactions cérébrales et une hormone seule ne saurait en être la cause. C'est ainsi que nous sommes confrontés à une énigme : où se termine le cerveau et où commence le mental ? Toute personne déjà tombée folle amoureuse témoignera que ce mystère est très personnel. Les êtres humains ont développé une structure biologique cérébrale à partir de l'accouplement des mammifères « inférieurs », et à la différence de ces derniers, nous faisons quantité de choix sur notre façon d'aimer et sur les personnes qui nous attirent. Si la biologie est à l'origine de l'excitation, elle ne prend pas pour autant le pas sur le mental.

Toutes ces problématiques nous ramènent au libre arbitre, qui est à notre avis toujours prédominant dans la vie humaine. Mais nous pouvons interpréter de deux manières le fait que les substances neurochimiques puissent contrôler nos émotions, y compris l'amour et l'empathie. D'un côté, on peut dire que l'on n'a aucun contrôle sur nos sentiments et que nous sommes les esclaves, à peu de chose près, de notre neurochimie. D'un autre côté, si l'on adopte le point de vue du supercerveau, on peut arguer que le cerveau est un organe incroyablement raffiné qui produit des émotions dont nous avons besoin à tout moment donné. Il a besoin d'un événement déclencheur, qui peut être très subtil. Le fait de rencontrer un homme séduisant produira un effet différent chez les femmes, selon qu'elles sont disponibles ou pas. Si une femme n'est pas en recherche, son mécanisme d'amour cérébral ne sera pas stimulé ; mais si elle l'est, ce sera l'inverse. Quoi qu'il en soit, ce n'est pas le cerveau qui a pris la décision à la place de cette femme. En dépit de leur emprise indéniable, nos émotions sont là pour nous servir.

C'est là qu'entre en jeu le mental intuitif. Il s'élève au-dessus de l'émotion et de l'intellect et vous donne une vue d'ensemble (ce que les psychologues appellent une gestalt, c'est-à-dire l'image de la réalité que nous donnons à différentes situations). Au travail, la personne qui dirige n'a pas besoin de porter une pancarte sur laquelle il est inscrit : « Je suis le patron. » Plusieurs signaux (tels que le ton de sa voix, son grand bureau, son air autoritaire) se fondent pour donner naissance à une image que nous saisissons intuitivement. Nous affirmons « sentir » ou pas quelqu'un, mais ce n'est pas la même chose qu'une émotion. C'est le ressenti qui vous dit immédiatement ce qui se passe, au lieu d'avoir à reconstituer un puzzle pièce après pièce en passant par l'intellect et les émotions.

Tous les phénomènes suivants appartiennent à la catégorie de l'intuition :

Avoir le coup de foudre.

Savoir que quelqu'un ment.

Sentir qu'il y a une raison à un événement, même si celle-ci n'est pas encore clairement visible.

Être ironique, c'est-à-dire affirmer une chose et vouloir dire l'opposé.

Rire d'une plaisanterie.

L'intuition serait moins controversée si elle était isolée dans un endroit spécifique du cerveau, mais ce n'est pas le cas. La croyance la plus courante est que l'hémisphère droit du cerveau est responsable de l'intuition, tandis que l'hémisphère gauche est rationnel et objectif, mais cette séparation nette et précise n'a pas pu être corroborée par des tests rigoureux. Néanmoins, les caractéristiques propres aux personnes intuitives sont confirmées :

Elles prennent des décisions rapides sans processus rationnel, et pourtant, elles tombent tout aussi juste.
Elles relèvent les expressions faciales subtiles.
Elles se fient à leur intuition, qui leur permet de savoir quelque chose directement sans attendre une raison pour parvenir à une conclusion.
Leur créativité leur permet d'aller loin.
Elles savent bien jauger le caractère des gens, elles savent les observer.
Elles ont confiance en leur première impression et elles s'y tiennent (jugement éclair).

Pour toute personne qui a confiance en son intuition, cette dernière catégorie, les jugements éclair, est particulièrement intrigante. Car traditionnellement, on valorise davantage d'autres formes de jugement. On conseille aux jeunes gens de ne pas se précipiter, de prendre le temps de la réflexion et de juger tout bien considéré. Mais en réalité, nous prenons tous des décisions instantanées. D'où le dicton qui veut que la première impression soit la bonne. En effet, les premières impressions, qui sont établies en un clin d'œil, sont les plus fortes. Des études récentes ont même montré qu'avec les jugements éclair, elles sont ce qu'il y a de plus juste. Tout agent immobilier expérimenté vous dira que les acquéreurs savent dans les trente secondes qui suivent leur entrée dans une maison si c'est la bonne ou pas.

On a longtemps supposé qu'une personne sait mieux reconnaître les visages si elle passe d'abord par le processus de description verbale. « Cette fille a de longs cheveux bruns, la peau claire, un joli petit nez rond et de petits yeux bleus » est le genre de phrase qui est censée aider à fixer un visage dans la mémoire. Mais les expériences montrent l'inverse. Lors d'une étude, on a fait défiler rapidement une série de photos en demandant à des sujets d'appuyer sur un bouton s'ils voyaient un visage particulier. Les gens qui avaient seulement entraperçu ce visage ont obtenu de meilleurs résultats que ceux qui ont vu le visage et auxquels on a donné le temps d'en verbaliser les traits. Ce genre de découverte semble intuitivement juste (on en revient toujours à l'intuition), car nous savons tous ce que cela fait d'avoir le visage de quelqu'un gravé dans la mémoire, même si l'on ne le décompose pas rationnellement en caractéristiques séparées. Nous croyons aussi les victimes d'un crime qui affirment : « Je reconnaîtrais son visage entre tous. »

En fait, l'intuition intéressera toute personne en quête d'un sixième sens. Un sens est quelque chose de fondamental, un moyen primal d'intégrer le monde environnant en le regardant, l'écoutant et le touchant. Mais ce qui est plus important encore est le fait de « sentir les choses », de suivre ses pressentiments, de savoir ce qui est bon pour soi et ce qui ne l'est pas, dans quelle direction orienter sa carrière et comment éviter de se retrouver dans l'impasse, qui vous aimera pendant des dizaines d'années et qui n'est qu'un flirt. Quand on leur demande comment ils sont parvenus au sommet, les gens qui ont connu une très grande réussite ont tendance à s'accorder sur deux points : ils ont eu beaucoup de chance et ils ont atterri au bon endroit au bon moment. Peu d'entre eux sont toutefois capables d'expliquer comment ils ont fait. Mais si l'on considère que l'intuition est une compétence véritable, il est probable que ces individus soient les plus doués pour sentir les choses.

Voir le futur relève aussi de l'intuition et nous avons tous ce potentiel. Il n'est pas nécessaire de parler de faculté paranormale. Lors d'une expérience, on a fait défiler rapidement devant différents sujets une série de photos, dont certaines étaient des représentations horribles d'accidents de voiture mortels ou de carnages sanguinaires en temps de guerre. Les sujets avaient été placés sous surveillance afin de détecter les signes de stress, par exemple l'accélération du rythme cardiaque, l'augmentation de la tension artérielle et la transpiration des paumes de la main. Dès qu'une image terrible était présentée, elle déclenchait inévitablement une réaction de stress. Puis, un phénomène étrange se passait. Leurs corps ont commencé à stresser juste *avant* qu'on ne passe une image choquante. Alors même que les photos étaient montrées de manière aléatoire, ces personnes réagissaient par anticipation au choc, mais pas aux images inoffensives. Cela signifie que leur corps, ou plus précisément leur cerveau, prédisait l'avenir, car seul le cerveau peut déclencher le stress.

Nous ne prétendons pas qu'un aspect du cerveau est supérieur à l'autre. Mais il est crucial de ne pas en dénigrer un par scepticisme entêté ou par préjugé intellectuel. Les études contrôlées sont destinées à être des preuves objectives pouvant être acceptées par l'intellect, il est donc injuste que tandis que des centaines d'études en psychologie cognitive prouvent l'existence de l'intuition, notre attitude sociale envers cette dernière verse largement dans le doute et même la négativité. Êtes-vous intuitif ? Votre intuition vous dit que oui.

Mais comme pour chaque composante du cerveau, l'intuition peut connaître un déséquilibre.

Si vous avez trop confiance en vos pressentiments, vous rejetez la raison, alors qu'elle est importante. Cela conduit à des décisions impulsives et à une attitude irrationnelle.

À l'inverse, si vous ignorez votre intuition, vous perdez votre capacité à sentir les choses. Ce qui engendre une prise de décision aveugle dépendant trop de la rationalisation de vos actes, quand bien même ceux-là sont manifestement inappropriés.

POINTS ESSENTIELS :
LE CERVEAU INTUITIF

- On peut faire confiance à l'intuition.
- « Sentir les choses » donne de bons résultats.
- Les jugements éclair sont exacts, car l'intuition n'a pas besoin d'être analysée par le cerveau supérieur.
- La raison est plus lente que l'intuition, mais nous nous servons souvent de la première pour justifier la dernière, puisqu'on nous a enseigné que la raison est supérieure.
- Le cerveau intuitif n'a pas de limite prévisible : tout dépend de ce que le mental veut que le cerveau accomplisse.

SYNTHÈSE

Après avoir décomposé le quadruple cerveau, qu'obtenons-nous en rassemblant toutes les données ? Un superbe outil au potentiel infini pour créer notre réalité. Le meilleur moyen d'atteindre la santé, le bonheur et le succès est d'équilibrer les quatre parties du cerveau. Car un déséquilibre se crée quand vous favorisez l'une au détriment des autres. Remarquez d'ailleurs à quel point il est facile de s'identifier à une dimension du cerveau, ce qui l'encourage à dominer. Si vous dites : « je suis tout le temps triste », vous vous identifiez au cerveau émotionnel. Si vous affirmez : « j'ai toujours été intelligente », vous vous identifiez là au cerveau intellectuel. De même, vous pouvez vous laisser dominer par votre cerveau instinctif quand vous obéissez à des envies inconscientes ou par votre cerveau intuitif quand vous suivez vos pressentiments, vous pariez et vous prenez des risques. En répétant suffisamment les mêmes choses, on donne l'avantage à certaines aires cérébrales, tandis que celles qui sont peu utilisées se mettent à s'atrophier.

Mais votre identité véritable n'a rien à voir avec ces régions du cerveau prises séparément. Vous êtes la somme de toutes, car c'est le mental qui les contrôle. Pour faire court, c'est le je qui contrôle le cerveau, le petit soi. Ce je peut oublier son rôle et être victime de ses humeurs, de ses croyances, de ses pulsions, etc. Alors, c'est votre cerveau qui vous utilise, ni par malveillance, ni pour prendre le pouvoir sur vous, mais parce que vous l'avez entraîné à agir ainsi. Il est difficile de véritablement assimiler que chaque pensée est une instruction, mais c'est pourtant bien le cas. Si vous vous arrêtez devant une peinture impressionniste, les couleurs brillantes et l'ambiance légère vous séduiront instantanément. Aucune des données brutes traitées par le cortex visuel n'habitue le cerveau à quoi que ce soit (vous maîtrisez la compétence de base qu'est le fait de diriger le regard sur un endroit spécifique sans bouger depuis les premiers mois de votre vie). Mais dès que vous pensez : « j'adore cette cathédrale de Monet », vous donnez des instructions à votre cerveau, c'est-à-dire que vous l'exercez à penser d'une certaine manière, processus qui est loin d'être simple.

À l'instant même où vous pensez : « j'aime telle ou telle chose », qu'il s'agisse d'un Monet, d'un banana split ou de la personne que vous allez épouser le lendemain, votre cerveau entre en mode holistique :

Il se rappelle ce que vous aimez.
Il enregistre votre plaisir.
Il se souvient d'où ce plaisir provient.
Il met un point d'honneur à le reproduire à l'avenir.
Il ajoute un souvenir unique à votre banque mémorielle.
Il compare le nouveau souvenir à tous les anciens.
Il envoie des réactions chimiques de plaisir à chaque cellule du corps.

En réalité, il ne s'agit là que d'un bref exposé de ce qui se passe vraiment quand votre cerveau entre en mode holistique. Il serait lassant de décrire ce processus dans le moindre détail, mais au minimum, vous savez dans quel musée vous vous trouvez, de quelle manière les gens déambulent dans la salle et si vous vous sentez fatigué ou pas, ainsi que ce qui est de l'ordre de l'habituellement inconscient, par exemple la sensation de faim ou le fait de se demander si l'on a mal aux pieds parce que l'on a trop marché.

La grande prouesse de l'esprit humain est sa capacité de synthèse. C'est ce que nous faisons et pourtant, nous sommes bien incapables d'expliquer comment. Une expérience est infiniment plus riche que des explications. Notre but est donc de promouvoir le mode holistique du cerveau. Au fond, nous savons tous qu'il vaut mieux aimer toutes les peintures d'un musée, et non pas en sélectionner simplement quelques-unes. Chaque peintre a une vision unique et quand on apprécie son art, on s'ouvre à sa vision. Encore plus au fond, nous savons qu'il vaut mieux aimer tout le monde plutôt que d'aimer les quelques personnes qui font partie de notre entourage proche. Mais élargir les horizons émotionnels du cerveau constitue une menace. En général, nous nous identifions aux personnes qui nous ressemblent le plus (du point de vue de la race, du statut, de l'éducation, de la politique, etc.) et nous nous sentons très différents des gens qui nous ressemblent le moins.

Avec l'âge, nous avons tendance à restreindre nos goûts et nos préférences, ce qui signifie que nous empêchons notre cerveau d'être holistique. Lors d'une expérience intéressante de psychologie sociale, on s'est intéressé à dix personnes de Boulder dans le Colorado, une ville très libérale sur le plan politique et à dix personnes de Colorado Springs, une autre ville traditionnellement très conservatrice. L'un des problèmes de l'Amérique d'aujourd'hui est ses divisions politiques, qui ont une raison démographique. Par le passé, les gens qui avaient des conceptions politiques opposées vivaient ensemble et par conséquent, un candidat à une élection pouvait gagner par cinq ou six points d'avance.

Mais depuis la Seconde Guerre mondiale, il y a eu un changement décisif. Les libéraux emménagent dans des villes où vivent d'autres libéraux et les conservateurs dans des villes où vivent d'autres conservateurs. Par voie de conséquence, les élections sont maintenant nettement plus inégales et il est fréquent que les candidats l'emportent avec une avance confortable. L'expérience qui portait sur Boulder et Colorado Springs était destinée à tester si cette tendance pouvait être changée. Les dix sujets de chaque ville discutaient de politique au sein de leur groupe et donnaient une estimation de ce qu'ils pensaient de chaque problématique. Par exemple, concernant l'avortement ou le mariage des homosexuels, ils attribuaient une note de 1 à 10 à leur position, en fonction de leur degré d'opposition ou d'approbation.

Puis, une personne de Boulder s'est jointe au groupe de Colorado Springs et inversement. Chacune a eu l'autorisation de plaider sa cause et de défendre le libéralisme ou le conservatisme face aux gens qui avaient une position différente. Au bout d'une heure, les groupes se sont à nouveau évalués sur des sujets brûlants. Le fait d'avoir entendu le camp adverse a-t-il tempéré leurs opinions ? On pourrait penser que oui, mais en réalité, c'est l'inverse qui s'est produit. Après avoir entendu un libéral, les conservateurs sont devenus *plus* conservateurs qu'auparavant sur les problématiques abordées. De même, le groupe libéral est devenu plus libéral.

Ces résultats peuvent être décourageants. On aimerait à penser que le fait d'être exposé au point de vue d'autrui ouvre l'esprit. Mais certains neuroscientifiques concluent de ce genre de découverte que le mode de pensée qui oppose des individus est gravé dans le cerveau. Nous nous définissions par l'opposition ; il nous faut des ennemis pour survivre, puisque c'est en ayant des ennemis que les premiers humains ont perfectionné leurs compétences en autodéfense et en stratégie guerrière.

Nous nous inscrivons en faux contre de telles interprétations. Car elles ignorent un fait fondamental : le mental peut triompher des schémas intégrés dans le cerveau. Dans le cas de l'expérience de Boulder-Colorado Springs, il y a une énorme différence entre le fait d'écouter une opinion adverse l'esprit fermé et le fait de choisir de *vouloir* la comprendre.

Un ami de Deepak, né dans le sud des États-Unis, lui a raconté une histoire à la fois drôle et triste. Sa petite ville de Caroline du Nord avait une épicerie dénommée Bernstein's, qui était juive. Il y avait d'autres familles, celles-ci non-juives, qui portaient le même nom. « Les non-juifs prononçaient leur nom Bern-staïne, tandis que les juifs de l'épicerie se faisaient appeler Bern-stine », a-t-on dit à Deepak. Pourquoi ? Son ami a haussé les épaules. « C'était le seul moyen de trouver quelqu'un contre qui avoir des préjugés. À vrai dire, dans ma famille, personne n'avait jamais rencontré de juif. »

Nous refusons de croire que la tendance à discriminer est une composante inéluctable du cerveau. Si vous examinez sa forme physique, il s'agit d'un organe hautement intégré dans lequel différentes régions et leurs cellules nerveuses sont en communication constante. Pour un biologiste, toutes les caractéristiques, y compris l'aptitude du cerveau à communiquer au milieu de milliards de neurones, peuvent se réduire à deux objectifs principaux : la survie de l'espèce et la survie de l'individu. Mais les êtres humains d'aujourd'hui n'acceptent pas la seule survie. Sinon, il n'y aurait pas de charité pour les pauvres, d'hôpitaux pour les malades et de soins pour les invalides.

C'est le fait de préserver la vie de tout un chacun, et pas simplement des types alpha qui peuvent obtenir le plus de droits du point de vue de l'alimentation et de l'accouplement, qui nous a permis de nous élever au-dessus de l'évolution darwinienne. Nous partageons la nourriture ; nous pouvons nous marier sans avoir d'enfant. En bref, notre évolution est le résultat de choix, et non pas de nécessités naturelles. Le cerveau avance dans une direction plus holistique.

Notre expression préférée pour désigner cette tendance est : « La survie du plus sage. » Si tel est votre choix, votre évolution peut se faire grâce à des décisions conscientes.

LE DÉVELOPPEMENT CÉRÉBRAL

Comment prendre part à la prochaine avancée dans l'évolution

- N'encouragez pas le conflit dans un quelconque domaine de votre vie.
- Faites la paix quand vous le pouvez. Sinon, éloignez-vous.
- Valorisez la compassion.
- Choisissez l'empathie et non la critique ou la dérision.

•••

- N'essayez pas d'avoir toujours le sentiment d'avoir raison.
- Faites-vous un ami de la personne qui vous est opposée.
- Ayez l'esprit généreux.
- Détournez-vous du matérialisme au profit de l'accomplissement intérieur.
- Réalisez un acte de service par jour ; il y a toujours quelque chose que vous pouvez donner.
- Éprouvez une compassion authentique quand quelqu'un d'autre a des problèmes. N'ignorez pas les signes de malheur.
- N'alimentez pas la pensée qui divise.
- Si vous êtes dans le monde des affaires, pratiquez le capitalisme avec conscience en accordant autant de poids aux préoccupations éthiques qu'à la rentabilité.

Ce ne sont pas purement et simplement des idéaux. Le Dr Jonas Salk, qui est passé à la postérité pour avoir guéri la polio, était également un visionnaire et un philanthrope. Il a développé le concept de « monde métabiologique » pour désigner un monde qui a transcendé la biologie. Mais cette vision dépend de notre volonté d'endosser notre rôle de créateur de notre réalité : car tout ce que nous faisons, disons et pensons va au-delà de la biologie. Mais quel est le but de tous nos actes, toutes nos paroles et toutes nos pensées ? Pour Salk, nous avons un objectif qui dépasse tous les autres : accéder à tout notre potentiel. Seul le cerveau holistique peut nous permettre d'y parvenir. À elle seule, la science, qui est le domaine de l'intellect, exclut le monde subjectif des sentiments, des instincts et des intuitions. Pour la plupart des physiciens, l'univers n'a pas de but ; c'est une gigantesque machine dont les composantes n'existent que pour être comprises. Mais si vous vous servez de tout votre cerveau, alors il devient clair que l'univers a certainement un but : encourager la vie et les expériences qu'elle nous apporte. Quand votre vie s'enrichit, l'univers parvient mieux à ses fins. C'est la raison pour laquelle le cerveau, à l'origine, a amorcé son évolution.

LES SOLUTIONS DU SUPERCERVEAU
ACCÉDEZ À VOTRE POUVOIR DE CRÉATION

Si tout le monde a le pouvoir de créer sa réalité, pourquoi d'innombrables personnes vivent-elles dans l'insatisfaction ? Cette faculté devrait vous permettre de vivre dans la réalité de votre choix, et non pas d'en subir une dont vous ne voulez pas. Mais pour cela, il faut que vous trouviez votre pouvoir créateur. Et comme pour tout, il doit trouver son expression dans votre cerveau. Pour être influente, une personne doit conjuguer de nombreuses qualités, après que le cerveau a été entraîné en ce sens :

DE QUOI VOTRE POUVOIR PERSONNEL EST-IL FAIT ?

- Confiance en soi.
- Bonne prise de décision.
- Confiance en son instinct.
- Vision optimiste.
- Influence sur autrui.
- Grande estime de soi.
- Capacité à traduire ses désirs en actes.
- Capacité à vaincre les obstacles.

Dès lors qu'une personne se sent impuissante à changer une quelconque situation, cela signifie qu'il lui manque un ou plusieurs de ces éléments. Peut-être imaginez-vous que les puissants naissent avec un supplément de confiance et de charisme. Mais les P.-D.G. les plus influents tendent à être des personnes tranquilles et organisées qui ont appris un secret : comment modeler une situation en fonction des buts qu'ils veulent atteindre. Chacun d'entre eux a commencé à un niveau assez similaire au vôtre. Toute la différence est dans la rétroaction. Ils ont assimilé le moindre succès, ce qui leur a permis d'aller plus loin dès l'opportunité suivante. Somme toute, ils ont entraîné leur cerveau à intégrer les expériences réalisées et à mettre la barre plus haut.

À l'inverse, les gens qui se sentent impuissants se sont habitués à assimiler les expériences négatives. Le processus demeure le même au niveau du cerveau. En effet, les neurones sont neutres, qu'ils reçoivent des messages de succès ou d'échec. Dans un monde idéal, le titre de cette partie serait : « Cinq façons de vous sentir plus puissant. » Mais dans l'état actuel des choses, nombreux sont ceux qui se sentent impuissants et les tendances sociales qui font que les gens se vident de leur force ne font que s'accentuer. Que vous soyez en difficulté à cause de la récession, de votre mari qui vous contrôle ou de votre anonymat dans un travail routinier, il est crucial que vous découvriez votre pouvoir créateur, d'autant plus que les traditions de sagesse du monde ont de tout temps répété qu'une force infinie se cache à l'intérieur de chaque individu.

Nous aimerions être méthodiques et clarifier certaines erreurs de base. Avant de parler de pouvoir personnel, indiquons clairement ce que ça n'est pas. Il ne s'agit pas d'une force dont vous vous servez à la manière d'une arme pour aller là où bon vous semble. Il ne s'agit pas non plus d'enlever ce que vous n'aimez pas en vous et d'atteindre un idéal que le monde pourrait admirer. Il ne s'agit ni d'argent, ni de statut, ni de possessions, ni de tout autre bien de substitution. Car il existe des héritiers de grandes fortunes qui, au beau milieu du luxe, se sentent plus impuissants que le commun des mortels. La raison en est que les problématiques de pouvoir personnel sont toutes intérieures, qu'elles ne concernent que votre lien à vous-même.

Maintenant que nous savons ce que le pouvoir personnel n'est pas, nous pouvons dresser une liste des cinq étapes qui permettent d'accéder au vrai pouvoir créateur.

1. Cessez de donner votre pouvoir.
2. Examinez en quoi il est « bon » d'être victime.
3. Développez un moi mature.
4. Alignez-vous sur le cours de l'évolution, sur votre développement personnel.
5. Ayez confiance en une puissance supérieure qui transcende la réalité quotidienne.

Chacun de ces points dépend d'une vérité commune à chacun d'entre eux : la réalité que vous voyez tout autour de vous a été construite à partir de courants invisibles s'écoulant en vous, autour de vous et à travers vous.

À l'intérieur de vous-même, vous êtes soutenu par la créativité, l'intelligence et la sagesse innée de votre corps.

À l'extérieur, vous êtes soutenu par la force évolutive qui sous-tend l'univers. La croyance que l'on est déconnecté de ces forces et que l'on est seul et faible dans sa petite bulle est l'erreur fondamentale qui conduit au sentiment d'impuissance ressenti dans le quotidien.

Observons maintenant chacune des étapes qui vous permet de vous reconnecter à la source de votre pouvoir personnel.

1. Cessez de donner votre pouvoir.

Votre impuissance ne s'est pas faite en un jour, à la suite d'une invasion dramatique de barbares qui ont abattu votre porte et brûlé votre maison. Elle est le résultat d'un processus qui, pour la plupart des gens, est si progressif qu'il se fait à leur insu. En fait, ils sont plus qu'heureux de donner petit à petit leur pouvoir. Pourquoi ? Car l'impuissance semble un moyen facile d'être populaire, accepté et protégé.

Vous donnez votre pouvoir quand vous faites plaisir aux autres afin de trouver votre place.

Ou quand vous suivez l'opinion de la foule.

Ou quand vous décidez que les autres comptent plus que vous.

Ou quand vous laissez quelqu'un qui semble avoir une plus grande force que la vôtre s'occuper de vous.

Ou encore quand vous en voulez à quelqu'un.

Tout cela se passe sur le plan psychologique, dans l'invisible. Si une femme donne son pouvoir sans s'en rendre compte, il lui paraîtra tout à fait juste et approprié de s'effacer, de partager l'avis des autres, de vivre pour ses enfants et de laisser son mari la traiter comme une moins que rien afin de pacifier la situation. À petite et grande échelle, ce genre de sacrifices diminue toutefois son amour-propre et c'est ainsi qu'elle restreint le potentiel de son cerveau en ayant peu d'attentes à son égard.

Tout pouvoir caché est un pouvoir personnel. Si vous laissez votre amour-propre diminuer, il sera remplacé par un ensemble de compromis, de gestes mensongers, d'habitudes et de conditionnements. Cela entraînera votre cerveau à considérer que les défis palpitants de la vie n'en valent finalement pas la peine et ils laisseront alors la place à la routine. Une faible estime de soi est un filtre qui fait barrage aux signaux qui vous sont constamment envoyés pour vous amener au succès.

Remède : Cessez de donner votre pouvoir, résistez à l'envie d'aller dans le sens des autres. Apprenez à dire ce que vous avez sur le cœur. Cessez de remettre à demain les petites choses que vous avez peur de faire aujourd'hui. Faites en sorte d'obtenir un petit succès par jour. Prenez-en note et considérez-le comme un moment d'accomplissement. Cessez de croire que le déni de soi est vertueux. Accepter moins pour que les autres aient plus est une façon de justifier son insatisfaction. Cessez d'entretenir les vieilles rancœurs et de gaspiller de l'énergie à alimenter votre colère. La prochaine fois que vous sentez une menace, demandez-vous comment en faire une opportunité.

2. Examinez en quoi il est « bon » d'être une victime.

Dès lors que vous commencez à avoir moins d'amour-propre, vous n'êtes pas loin de vous poser en victime. Pour nous, il s'agit d'une forme de « souffrance altruiste ». En affirmant que vous ne comptez pas vraiment, vous faites de la souffrance que vous endurez une forme de vertu, comme tous les martyrs. C'est une bonne chose d'être un martyr si vous avez un objectif spirituel supérieur, comme certaines religions le croient en tout cas, mais qu'en est-il en l'absence d'un tel but ? La plupart des victimes se sacrifient sur l'autel de causes inutiles.

LES « BONNES » SOUFFRANCES DONT VOUS N'AVEZ PAS BESOIN

- Endosser la responsabilité des erreurs des autres.
- Couvrir un abus, physique ou mental.
- Se laisser rabaisser en public.
- Laisser vos enfants vous manquer de respect.
- Ne pas dire ce que vous avez sur le cœur.
- Vous refuser la satisfaction sexuelle.
- Faire semblant d'aimer.
- Faire un travail que vous détestez.

Le fait d'endurer au minimum l'une de ces souffrances inutiles vous rend bien plus vulnérable à la négativité en général, dans la mesure où la victimisation, dès lors qu'elle devient une habitude cérébrale, restreint vos réactions. Inconsciemment, vous décidez dans chaque situation que vous avez été choisi pour porter le fardeau. C'est une attente à la fois très dangereuse et très puissante.

Les victimes trouvent toujours de « bonnes » raisons à leur malheur. S'il s'agit de pardonner les abus de leur conjoint, le pardon est spirituel, n'est-ce pas ? Si elles laissent faire une personne dépendante, la tolérance et l'acceptation d'autrui sont tout aussi spirituelles. Mais avec le recul, on s'aperçoit que les victimes, dans ce genre de situation, portent délibérément leur malheur et au bout du compte, c'est toujours une question de sentiment d'impuissance. Une victime est toujours soumise. Il existe suffisamment d'agresseurs, de personnes dépendantes, pleines de rage ou dominatrices, et de petits tyrans pour vider de son énergie et de son pouvoir créateur tout individu qui voudra bien jouer le rôle de la victime.

Remède : Avant toute chose, prenez conscience que vous jouez *volontairement* ce rôle. Vous n'êtes pas piégé par le destin ou la volonté de Dieu. Tout cet état d'esprit qui veut que la « bonne » souffrance soit sacrée est peut-être valable pour les saints, mais au quotidien, rester victime est un mauvais choix. Prenez de nouvelles décisions. Reconnaissez les personnes que vous avez recrutées pour faire de vous des victimes et faites le nécessaire pour leur signifier leur renvoi. Ne remettez pas les choses à plus tard et ne rationalisez pas. Si vous vous sentez maltraité, blessé, rabaissé ou trompé d'une manière ou d'une autre, affrontez la vérité et sortez-vous aussi vite que possible de ce mauvais pas.

3. Développez un moi mature.

Les êtres humains sont les seules créatures qui ne mûrissent pas automatiquement. Le monde est rempli de personnes bloquées dans leur enfance et leur adolescence, quel que soit leur âge apparent. Mûrir est un choix ; arriver à l'âge adulte est un aboutissement. Nous sommes bombardés par les médias de masse et il est aisé de penser que la jeunesse est la fleur de l'âge, alors qu'en vérité, les jeunes (de 13 à 22 ans environ) traversent la période la plus troublante, la plus déstabilisante et la plus stressante de leur vie. Aucun projet n'est plus décisif en matière de pouvoir personnel – et de bonheur – que celui qui consiste à devenir un adulte mature.

Ce processus s'étale sur des décennies, mais la satisfaction augmente à mesure que l'on dépasse les panneaux indicateurs et les carrefours qui jalonnent le chemin. Il existe un fossé énorme entre les personnes âgées en proie aux regrets, à l'insatisfaction et à la dépression et celles qui contemplent leur vie avec contentement et joie intérieure. À 70 ans, les dés sont jetés. Mais pour grandir, il faut au départ une vision du but à atteindre. Pour nous, ce but prend vie dans l'expression « moi profond ». Il s'agit de cette partie de vous-même qui façonne votre réalité et qui vous place au centre des expériences que vous créez vous-même.

CE QUE CELA FAIT D'AVOIR UN MOI PROFOND

- Vous savez que vous êtes sincère.
- Vous ne vous sentez pas contrôlé par les autres.
- Votre but dans la vie n'est pas d'être approuvé ; vous n'êtes pas abattu quand on vous désapprouve.
- Vous avez des buts à long terme vers lesquels vous tendez.
- Vous analysez les situations difficiles par sentiment de dignité et d'amour-propre.
- Vous respectez les autres et on vous respecte.
- Vous comprenez votre vie émotionnelle. Vous n'êtes pas dépendant des émotions d'autrui.
- Vous êtes en sécurité dans le monde, vous vous y sentez comme chez vous.
- La vie a fait naître en vous une certaine sagesse.

Avoir un moi profond, c'est écrire sa propre histoire ; c'est l'exact opposé de l'état de la victime, qui doit mener une vie dictée par autrui. Dans la mesure où c'est lui qui définit les objectifs, votre moi profond est en avance sur vous-même. Vous ne pouvez pas vous attendre à le saisir dès aujourd'hui, pas plus qu'un enfant en maternelle ne peut comprendre qui il sera quand il entrera en université. Par ailleurs, la raison pour laquelle nous utilisons l'expression « moi profond » au lieu de « moi mature » par exemple est que la maturité a parfois mauvaise réputation ; elle tend à faire référence à une personne dont la vie est posée et ennuyeuse. En vérité, votre vie devient bien plus palpitante quand vous suivez une vision qui vous inspire d'année en année. Car les visions créent des opportunités de plénitude ; en conséquence, le moi profond est la source d'une force colossale dont dépend votre avenir.

Remède : Pour commencer, changez d'allégeance : détournez-vous des activités superficielles et embrassez le projet qui consiste à devenir une personne complètement authentique et mature. Asseyez-vous et mettez par écrit votre vision personnelle. Visez les buts les plus élevés que vous puissiez imaginer et qui vous permettraient d'être comblé. Cherchez des personnes qui partagent la même vision et qui ont réussi. Une fois que vous savez dans quelle direction vous allez, le chemin s'ouvre de lui-même et une guidance vous est apportée. Laissez faire ; votre potentiel est en train de se réaliser, vous devez renforcer ce processus jour après jour.

4. Alignez-vous sur le cours de l'évolution, sur votre développement personnel.

Il a été expliqué dans ce chapitre sur le cerveau et ses changements qu'évoluer est un choix qu'il vous appartient de faire. Votre cerveau n'est pas soumis à l'évolution darwinienne. Car ce n'est pas votre survie qui est en jeu, mais votre épanouissement. Si vous choisissez de grandir automatiquement, vous vous retrouvez face à l'inconnu. Au départ, la guidance que vous recevez est incertaine. Tout le monde éprouve une forme d'insécurité qui, au fur et à mesure, laisse la place à davantage de maîtrise de soi et à une connaissance véritable.

Mais sans évolution, il n'y aurait pas de chemin tracé, seulement des errances. L'évolution est une force cosmique. C'est la raison pour laquelle ce sont des nébuleuses à la dérive qui sont à l'origine de la vie sur terre. Elle est la source de toute créativité et de toute intelligence. Toutes les bonnes idées que nous ayons jamais eues, toutes les intuitions et tous les déclics prouvent que l'évolution est en marche, de manière invisible, et qu'elle tire les ficelles de la vie.

Nous croyons fermement que l'univers soutient l'évolution de chacun, mais qu'en même temps, vous pouvez guider votre propre évolution. La clé est le désir. Nous souhaitons tous ce qu'il y a de mieux dans notre vie. Si ces choses sont propices à votre développement, cela signifie que vous guidez vous-même votre évolution. Et si ce que vous désirez peut aider autrui, vous avez davantage de probabilités d'atteindre votre but.

QU'EST-CE QUI FAIT QU'UN DÉSIR EST ÉVOLUTIONNAIRE ?

- Il n'est pas la reproduction du passé, mais le produit de la nouveauté.
- Il vient en aide à d'autres personnes que simplement vous-même.
- Il fait naître une satisfaction spéciale.
- Il comble un souhait profond.

- Vous n'avez aucun regret.
- Les choses viennent aisément et naturellement.
- Vous n'êtes en conflit ni avec vous-même ni avec des forces extérieures.
- Votre réussite sera un bienfait pour autrui comme pour vous-même.
- Il ouvre un champ d'action plus vaste.
- Il élargit votre conscience au fur et à mesure de votre épanouissement.

Le désir est un guide trompeur si tout ce à quoi vous pensez est ce qui vous fait du bien sur l'instant, ainsi que ce qui vous fait du mal. Il vous faut un cadre de référence plus large. La culture indienne établit une distinction entre *dharma* et *adharma*. Le dharma inclut tout ce qui va naturellement dans le sens de la vie : le bonheur, la vérité, le sens du devoir, la vertu, l'émerveillement, la vénération, la révérence, l'appréciation, la non-violence, l'amour et le respect de soi. Le cours de l'évolution soutient toutes ces qualités chez l'individu, mais vous devez au préalable les choisir.

Et puis, il y a les mauvais choix, adharma, qui vont à contre-courant de la vie : la colère, la violence, la peur, le contrôle, le dogmatisme, le scepticisme rigide, l'immoralité, la décadence, les conditionnements liés aux habitudes, les préjugés, les dépendances, l'intolérance et l'inconscience en général. Le point commun aux traditions de sagesse du monde, qu'elles soient d'origine orientale ou occidentale, est la recherche de ce qui a trait au dharma et l'éloignement d'adharma. Car l'un mène à l'éveil et la liberté, l'autre à la souffrance et l'attachement.

Remède : Suivez la voie du dharma. C'est votre force ultime, car si l'évolution soutient toute la création, il lui est facile d'aider un individu unique. Examinez honnêtement votre quotidien et les choix que vous faites. Demandez-vous comment faire plus de choix bénéfiques (dharma) et moins de choix nuisibles (adharma). Pas à pas, soyez fidèle à vos convictions.

5. Ayez confiance en une puissance supérieure qui transcende la réalité quotidienne.

Rien de ce que nous avons décrit jusqu'à présent ne pourra se réaliser sans vision supérieure de la réalité. Pour le moment, laissons de côté la religion et toute référence à Dieu. Car il est bien plus important de se donner les moyens de surmonter la passivité afin de commencer à créer sa réalité. Quelle que soit la situation qui entretient votre état d'impuissance, si vous restez pris au piège, vous ne pourrez retrouver votre pouvoir créateur.

Heureusement, il a toujours été possible de transcender la souffrance : c'est votre droit de naissance. Même si vous n'aviez qu'une parcelle de conscience, vous seriez quand même relié à la conscience infinie qui soutient l'évolution, la créativité et l'intelligence. Et rien de tout cela n'est accidentel, ce n'est pas un privilège réservé à de rares élus. En effet, quand vous demandez à être connecté à une réalité supérieure, votre souhait est exaucé.

UN APERÇU DE LA RÉALITÉ SUPÉRIEURE

- Vous sentez qu'on veille sur vous et que vous êtes protégé.
- Vous sentez qu'on prend soin de vous.
- Dans votre vie, vous reconnaissez les bénédictions qui ressemblent à une intervention de la grâce.
- Vous êtes reconnaissant d'être en vie.
- La nature vous remplit d'émerveillement.
- Il vous est déjà arrivé de voir ou de ressentir une lumière subtile.
- Une présence divine vous a touché personnellement.
- Vous avez vécu des moments d'extase pure.
- Les miracles semblent possibles.
- Vous percevez un but supérieur dans votre vie. Rien n'est le fruit du hasard.

Cette réalité supérieure est-elle loin de vous ? Pour employer une métaphore, imaginez que vous vous êtes fait attraper dans un filet. Mais tous ont des mailles ; à vous d'en trouver une et de sortir par là. La réalité supérieure vous attendra.

La femme d'un mari autoritaire s'est retrouvée étouffée et impuissante. Elle n'avait jamais travaillé en dehors de chez elle, ayant passé vingt ans à élever sa famille. Mais elle a échappé aux mailles du filet quand elle a découvert la peinture. C'était pour elle bien plus qu'un loisir. L'art était un exutoire et quand elle a trouvé des acheteurs qui appréciaient ses tableaux, un changement s'est passé en elle. Au départ, sa vision de la réalité était : « Je suis prise au piège et impuissante » ; grâce à cette transformation, elle s'est mise à penser : « Je dois avoir plus de valeur que ce que j'imaginais, il n'y a qu'à regarder toute cette beauté que j'ai créée. »

Remède : Il y a toujours des issues dans le monde de la conscience. Il vous suffit d'être conscient de votre potentiel et de vous y accrocher. Qu'avez-vous eu soif d'accomplir dans votre vie sans jamais le faire ? Tels sont les choix qu'il vous faut remettre en question. Si vous aspirez à exaucer un souhait profond, la réalité supérieure viendra à vous. Ce nouveau lien sera marqué à l'intérieur par de la joie et de la curiosité, par une grande envie de savoir ce que le lendemain vous réserve. Et il sera marqué à l'extérieur par l'ouverture incessante de nouvelles portes dans les moments où vous vous y attendez le moins.

Au bout du compte, tout ce que nous avons abordé constitue une issue. Chacune conduit au moi profond, à l'individu né pour créer sa réalité. D'ailleurs, ce dernier n'a guère d'intérêt pour le pouvoir personnel. Ce qui compte vraiment va bien au-delà de la sphère individuelle : il s'agit de la gloire de la création, de la beauté de la nature, des qualités de cœur que sont l'amour et la compassion, de la capacité du mental à découvrir de nouvelles choses et des révélations inattendues qui rendent tangible la présence de Dieu. Ces aspects universels sont votre véritable source de pouvoir. Ils sont vous et vous êtes eux tous.

LE BONHEUR À L'ÉTUDE

Si vous pouvez créer votre réalité, à quoi ressemblera cette dernière dans l'idéal ? D'abord, elle sera personnelle. À mesure que votre cerveau se remodèle, il se conforme à ce que vous, individu unique, voulez dans la vie. Le bonheur ? On pourrait penser qu'il figure en haut de la liste. Mais il s'avère que la recherche du bonheur révèle d'emblée une faille importante : bien que nous soyons faits pour créer notre réalité, la plupart des gens ne sont pas particulièrement doués pour le bonheur.

Ce n'est que récemment, à la suite de l'émergence d'une nouvelle spécialité connue sous le nom de psychologie positive, que le bonheur a été étudié de près. Les résultats sont mitigés. Quand on demande aux gens de prédire ce qui les rendra heureux, ils dressent une liste d'aspects qui paraissent évidents : l'argent, le mariage et les enfants. Mais la réalité est autre. Élever des enfants en bas âge est en fait une source de stress importante pour les jeunes mères. De plus, la moitié des mariages finissent par un divorce. Enfin, l'argent n'achète le bonheur que dans une certaine mesure, par la sécurité matérielle qu'il procure. Certes, la pauvreté est une source de malheur, mais l'argent aussi, puisque quand les gens en ont suffisamment pour subvenir à leurs besoins de base, ils ne sont pas plus heureux d'en avoir plus – et même, cela rajoute des responsabilités et renforce la peur de le perdre, ce qui crée l'effet inverse.

Étonnamment, on a le tableau suivant : même quand les gens obtiennent ce qu'ils veulent, la plupart ne sont pas aussi heureux qu'ils ne le pensaient. Arriver au sommet de sa carrière, remporter un titre sportif ou gagner un million d'euros sont des objectifs qui laissent pantois, mais ceux qui parviennent à leurs fins indiquent que le rêve était plus agréable que la réalité. La compétition peut devenir un processus sans fin dont les récompenses diminuent avec le temps (une étude portant sur des très grands champions de tennis a mis en évidence le fait qu'ils étaient motivés moins par la joie de gagner que par la peur et la déception de perdre). Qu'en est-il des gens qui rêvent de faire fortune et de ne jamais être obligé de travailler de toute leur vie ? Une étude portant cette fois-ci sur les vainqueurs du loto, dont le rêve s'est réalisé, a montré que la majorité affirmait que leur vie s'était dégradée à la suite de leur « bonne fortune ». Certains n'ont pas su gérer leur argent et ont tout perdu ; d'autres se sont retrouvés confrontés à des tensions relationnelles ou ont cédé, imprudemment, à la tentation des jeux de hasard et d'investissements véreux. Tous ont subi des demandes incessantes d'aide financière de la part d'inconnus et de membres de leur famille.

Si ces gens-là ont tant de mal à atteindre le bonheur, de quoi sommes-nous capables ?

Actuellement, la mode en psychologie consiste à dire que le bonheur ne peut être permanent. Des sondages ont révélé qu'environ 80 % des Américains – et souvent plus – indiquent être heureux. Mais en faisant des examens au cas par cas, les chercheurs se sont rendu compte que chacun d'entre eux ne vivait que des bonheurs éphémères, des états de bien-être temporaire tout à fait impermanents. Par conséquent, de nombreux psychologues soutiennent que nous tombons par hasard sur le bonheur sans savoir comment nous avons fait.

Mais nous ne sommes pas de cet avis. À notre sens, le problème se situe au niveau de la création de la réalité individuelle. Si vous êtes plus doué dans ce domaine, vous pourrez prétendre au bonheur permanent.

POUR PROGRESSER VERS UN BONHEUR DURABLE

À FAIRE :

- Donnez de vous-même. Occupez-vous d'autrui et soyez prévenant.
- Faites un travail que vous aimez.
- Définissez des objectifs à long terme qui en valent la peine et qui nécessiteront des années pour se réaliser.
- Ayez l'esprit ouvert.
- Faites preuve de résilience émotionnelle.
- Tirez les leçons du passé, puis laissez-le derrière vous. Vivez pour le présent.
- Faites des projets d'avenir sans angoisse ni peur.
- Développez des liens sociaux intimes et chaleureux.

À NE PAS FAIRE :

- Conditionner votre bonheur à des récompenses extérieures.
- Remettre votre bonheur à plus tard.
- S'attendre à ce que quelqu'un d'autre vous rende heureux.
- Assimiler bonheur et plaisir momentané.
- Chercher toujours plus de stimulation.
- Laisser la routine s'installer sur le plan émotionnel.
- Se fermer à de nouvelles expériences.
- Ignorer les signaux de tension et de conflit intérieurs.
- Ressasser le passé ou vivre dans la peur de l'avenir.

Dans nos sociétés consuméristes, il n'est que trop facile de tomber dans le piège et de faire tout ce qu'il ne faut pas faire, car chacun de ces éléments a un point commun : le bonheur est associé au plaisir temporaire et aux récompenses extérieures. Mais pour vous aider, voici l'histoire d'un homme du nom de Brendon Grimshaw qui doit avoir un sens très aiguisé du bonheur, lui qui a créé son propre paradis.

LE PARADIS EST PERSONNEL

Brendon Grimshaw, qui est né dans le Devonshire en Angleterre, travaillait en tant que journaliste en Afrique du Sud quand il a démissionné en 1973. Il avait fait quelque chose d'extraordinaire : il avait acheté une île tropicale – l'île Moyenne dans les Seychelles, entre l'Inde et l'Afrique – pour la bagatelle de 8 000 £, soit environ 9 500 €. Cela faisait neuf ans qu'il était propriétaire de l'île quand il a décidé d'y vivre seul avec son assistant natif des Seychelles. Mais la tâche qui attendait ce Robinson Crusoé des temps modernes était redoutable. Il ne s'est absolument pas contenté de se détendre sur la plage. Les broussailles étaient tellement denses sur l'île qu'à son arrivée, les noix de coco qui tombaient ne touchaient pas le sol.

Il a donc commencé à nettoyer ces broussailles, tout en laissant l'île lui parler – c'est ainsi qu'il décrit son approche des nouvelles plantations. Il a découvert que le mahogany était un arbre qui poussait bien sur l'île Moyenne et il en a donc importé quelques-uns au départ ; il en a aujourd'hui 700, qui font entre 20 et 25 m de hauteur. Mais ils ne constituent qu'une fraction des 16 000 arbres qu'il a plantés à la main. En outre, la tortue géante des Seychelles, une espèce rare, a trouvé refuge chez lui et il y en a aujourd'hui 120. Quant aux oiseaux, ils abondent dans ce sanctuaire protégé et il y en a 2 000 nouveaux sur l'île.

En 2007, l'assistant de Brendon Grimshaw est mort, ce dernier est donc resté, malgré ses 86 ans, le seul à s'occuper de l'île pour laquelle on dit qu'il a reçu une offre de 50 millions de dollars, qu'il a refusée. Il oppose un non aux visiteurs qui considèrent le mahogany uniquement comme du bois destiné à fabriquer du mobilier et les plages immaculées comme un havre de paix qui contenterait les riches vacanciers, de plus en plus présents dans les Seychelles. À sa mort, Moyenne restera une réserve. L'homme a le visage bronzé et buriné, et il se promène en short et en chapeau de cow-boy, mais il n'en reste pas moins quelqu'un de remarquablement vivant.

La satisfaction qu'il éprouve rejoint, presque trait pour trait, les différents éléments qui figurent sur notre liste. Il a fait don de lui-même tout en faisant un travail qu'il aimait. Il s'est fixé un objectif qu'il lui a fallu des années pour réaliser. Il ne dépendait de rien ni de personne en dehors de lui-même pour recevoir une approbation constante.

Le seul aspect, ou presque, du bonheur durable qui manque à son profil est le lien social. Mais pour certains, la solitude apporte plus que la compagnie de la société, comme c'est le cas de Brendon Grimshaw. Sa vie se conforme également au concept de cerveau pleinement intégré, c'est-à-dire qui opère une fusion de tous les besoins qu'il est conçu pour assouvir. Parmi ceux-ci, on trouve :

Le lien à la nature.
Être utile.
Faire de l'exercice physique.
Un travail satisfaisant.
Réaliser le but de sa vie.
Ne pas s'arrêter aux limites de l'ego et du moi.

Il n'y a aucune aire cérébrale particulière qui veille sur cette fusion des besoins en vue de créer un être pleinement accompli. Il faut pour cela que l'ensemble du cerveau fonctionne en un tout intégré. Alors, le bonheur est ancré dans le sentiment de complétude. La version la plus crédible du cerveau pleinement intégré est celle proposée par un psychiatre formé à Harvard, le Dr Daniel J. Siegel, qui travaille aujourd'hui pour l'université de Californie à Los Angeles (UCLA) et qui a tout au long de sa carrière examiné la neurobiologie des humeurs et états mentaux humains. Le Dr Siegel est un précurseur qui a conduit une étude fascinante sur la corrélation entre nos états subjectifs et le cerveau. Ce qui le sépare des chercheurs qui réalisent des milliers d'imageries cérébrales dans le but de découvrir quelle stimulation cérébrale certains états déclenchent est le fait que sa visée est thérapeutique. Il veut que ses patients aillent mieux. Pour lui, la voie de la guérison consiste à retrouver l'aire cérébrale exacte à l'origine de symptômes tels que la dépression, l'obsession, l'anxiété et ainsi de suite.

Puisque chaque pensée et chaque sentiment doivent être enregistrés dans le cerveau, il est logique que les symptômes psychologiques tels que la dépression et l'anxiété soient révélateurs d'une organisation défaillante, c'est-à-dire de la mise en place d'une voie neuronale qui continue de reproduire les symptômes ou comportements indésirables. Celle-ci fonctionne telle une puce électronique qui n'a pas d'autre choix que de réitérer le même signal. Mais les réseaux neuronaux peuvent être changés, par exemple grâce à la thérapie – le Dr Siegel emploie la psychothérapie en parallèle de sa théorie du cerveau.

Son but est de parvenir à un cerveau sain pouvant améliorer le bien-être de l'individu. Pour lui, le cerveau doit être nourri sainement chaque jour. Son approche est en accord avec la nôtre, dans la mesure où il prescrit en guise de nourriture quotidienne un « plateau-repas pour mental sain », dans l'idée qu'un esprit sain conduit à un cerveau sain. Sur ce fameux « plateau-repas », le Dr Siegel et son collègue David Rock disposent sept « plats » :

Un temps pour le sommeil.

Un temps pour l'exercice physique.

Un temps pour la concentration.
Un temps pour l'introspection.
Un temps de repos.
Un temps de jeu.
Un temps pour les relations.

Ces recommandations simples ont pourtant nécessité des années de recherches, mais à mesure que la science découvre toujours plus que tous les aspects de la vie ramènent au cerveau, le plateau nutritif proposé par le Dr Siegel pourrait s'avérer bien plus important pour le corps que n'importe quel conseil classique. Car notre cerveau a un prodigieux talent d'intégration, mais surtout, si vous vous en servez de manière holistique, il s'enrichit grâce au travail de synthèse.

AU TRAVAIL

Penchons-nous maintenant sur les bienfaits de ces sept nourritures, que nous diviserons en *travail intérieur* et *travail extérieur*.

Travail intérieur : temps de sommeil, temps de concentration, temps d'introspection, temps de repos.

Le travail intérieur est le domaine de l'expérience subjective. Une journée saine, si l'on se place du point de vue du cerveau, suit un cycle naturel. Vous avez suffisamment dormi et vous avez donc eu le repos nécessaire. Vous vous concentrez intensément, avec suffisamment de temps pour permettre au cerveau de se rééquilibrer et de récupérer. Vous avez aussi un temps de repos pendant lequel vous ne faites aucun effort mental : vous laissez le mental et le cerveau se détendre. Et puis, vous vous réservez un moment pour ce que beaucoup d'Occidentaux négligent : l'introspection, par la méditation ou la réflexion sur soi. C'est ce dernier qui est en vérité le temps le plus précieux, puisqu'il ouvre la voie à l'évolution et à la croissance.

Qu'en est-il de votre monde intérieur ? La plupart des gens, s'ils sont honnêtes, consacrent huit heures par jour à se concentrer au travail. Puis, ils rentrent chez eux, trouvent un moyen de se détendre et se distraient jusqu'au coucher. Si leur travail ne les satisfait pas, ils ne se concentrent dessus qu'à hauteur de leurs obligations et leur plaisir intérieur provient de distractions pures, la télévision, les jeux vidéo, le tabac et l'alcool, qui leur permettent de se détourner de leur frustration.

Mais comme le souligne le Dr Siegel, le cerveau est pris entre deux états dysfonctionnels : le chaos et la rigidité. Si votre monde intérieur est chaotique, vous éprouvez de la confusion. Les émotions conflictuelles sont difficiles à résoudre ; il est dur de résister aux envies. Si le chaos devient incontrôlable, la peur et l'hostilité peuvent s'emparer de votre mental à volonté et alors, il arrive que vous ne soyez pas conscient de votre propre comportement. On décrit les personnes chaotiques par des termes ordinaires vagues tels qu'inconstants, « dans un état pas possible », hystériques, incontrôlables, « dans la lune », qui visent tous à désigner un état de confusion et de désordre intérieur.

Il y a ensuite la rigidité, qui va à l'encontre du chaos, mais dans le mauvais sens. Les personnes rigides se sont endurcies. Leur comportement suit des schémas figés. Elles se refusent tout droit à la spontanéité et détestent (tout en craignant en secret) toute personne spontanément heureuse. La rigidité conduit à une attitude ritualiste, tels les couples mariés depuis longtemps qui reproduisent chaque année les mêmes disputes. Dans les cas extrêmes, la rigidité provoque des jugements graves contre autrui et la mise en place de règles et de sanctions sévères. Dans la vie de tous les jours, on dit des personnes rigides qu'elles sont maniaques, coincées, intransigeantes, que ce sont des durs à cuire, voire des « fascistes ». Ces termes ont en commun une approche restreinte et contractée de la vie. Mais si l'on s'abstient de tout jugement, la souffrance qui résulte d'un monde intérieur figé est réelle. La rigidité, qui semble offrir plus de sécurité que le chaos, peut néanmoins remporter l'approbation sociale. Car toute société sait faire régner l'ordre ; mais nulle ne sait respecter le dicton *carpe diem* (vivez dans l'instant présent).

Le Dr Siegel place le cerveau intégré entre le chaos et la rigidité ; c'est la véritable solution aux deux, raison pour laquelle le travail intérieur est nécessaire. Nous reviendrons plus en détail sur l'aspect spirituel du travail intérieur plus tard. L'élément clé à assimiler ici est le cycle naturel que devrait suivre chaque journée. Par exemple, les recherches sur le sommeil indiquent que tous les adultes, à l'exception d'une infime fraction, ont besoin de huit à neuf heures de sommeil reposant par nuit. Après une bonne nuit de sommeil, le cerveau doit se réveiller par lui-même et prendre le temps nécessaire pour passer du sommeil à la veille, qui sont deux états chimiques entièrement différents.

L'idée que l'on peut tricher sur son sommeil est un mythe. Du point de vue du cerveau, six heures de sommeil par nuit au cours de la semaine occasionnent une perte permanente. On ne peut la compenser en faisant la grasse matinée le week-end. Il est également préjudiciable d'être réveillé par un réveil matin. Car le cerveau effectue sa transition depuis le sommeil profond d'onde en onde, chacune le rapprochant de l'état de réveil complet. Le sommeil s'allège, puis s'approfondit à nouveau, et ceci plusieurs fois pendant ce processus de réveil, et ce faisant, votre cerveau sécrète toujours un peu plus les substances chimiques nécessaires pour se réveiller. Si vous interrompez ce processus, vous vous direz peut-être que vous êtes réveillé, alors qu'en fait, vous ne l'êtes pas. Les écoliers qui restent debout tard pour jouer aux jeux vidéo rattraperont leur manque de sommeil en début de matinée à l'école le lendemain. Quant aux adultes qui ont dormi six heures, ils seront dans un état correct durant les quatre à six premières heures de leur journée de travail, mais celles-ci seront suivies d'un fort déclin. De plus, une heure de sommeil en moins réduit l'attention au volant, presque autant que deux verres d'alcool.

La plupart des gens sont conscients de l'importance du sommeil, mais sur le plan sociétal, nous ne faisons pas le nécessaire dans ce domaine. Nous sommes en manque chronique de sommeil et nous en sommes même fiers, puisque cela est révélateur d'une vie dynamique et de notre dévouement total envers notre travail. Mais le plateau-repas du mental indique que le véritable dévouement consiste à équilibrer le cerveau afin d'optimiser ses performances, ce qui signifie qu'il faut absolument prendre un temps pour l'introspection, pour le repos et pour le sommeil. Notre société surmenée et surstimulée ignore toutefois ces trois aspects.

Travail extérieur : temps pour l'exercice physique, pour le jeu et pour les relations.

Nous sommes là dans la dimension de l'activité extérieure. Le travail intérieur et le travail extérieur ne peuvent être séparés à strictement parler, dans la mesure où tous les processus cérébraux sont intérieurs et tous les comportements extérieurs. Toutefois, d'une manière générale, quand vous interagissez avec quelqu'un, vous accomplissez un travail extérieur. Vous bavardez, vous racontez les derniers potins et vous tissez des liens. Vous allez dans les restaurants et vous faites la tournée des bars. Vous construisez une famille et vous trouvez des choses à faire ensemble. Comme de nombreux sociologues l'ont souligné, cet aspect de la vie était autrefois prédominant au quotidien, à une époque où les familles s'asseyaient le soir autour du feu et prenaient tous leurs repas ensemble.

Aujourd'hui, les choses ont changé. Les familles sont souvent éclatées. Le contact est intermittent et précipité. Chacun vit dans sa bulle. Les activités sont éparpillées un peu partout en ville et ne sont plus confinées au chez-soi. Les voitures ont permis à chacun d'être mobile, mais c'est peut-être le chauffage central qui est le moteur le plus puissant de la progression de la société moderne. Par le passé, les chambres étaient des espaces froids dans lesquels on se retirait pour dormir. On passait la soirée dans l'une des rares pièces de la maison où il y avait du feu. La cuisine, aujourd'hui considérée comme le lieu principal au sein du foyer, était le domaine réservé des domestiques dans toutes les demeures à l'exception des plus pauvres.

Mais la séparation physique rend plus dur le travail extérieur. On observe de nouveaux changements cérébraux au sein de la génération du numérique, qui s'est adaptée comme jamais à cette séparation. En passant des heures à se concentrer sur les jeux vidéo et les réseaux sociaux, les jeunes développent un ensemble de facultés – la coordination entre l'œil et la main qui est nécessaire pour les jeux vidéo et pour la connaissance technique des ordinateurs – tout en négligeant les voies neuronales d'interaction en face à face. Facebook, qui est en essence un album photo constamment mis à jour et enrichi de commentaires, est considéré comme une « relation ». Le contact individuel véritable n'est plus nécessaire.

Cependant, si l'on sort du jugement, les réseaux sociaux représentent une nouvelle forme d'esprit partagé, un cerveau mondial permettant à des centaines de millions de personnes d'être actives. Le sentiment de lien qui découle du partage instantané des idées sur Twitter est réel, ainsi que le sentiment d'appartenance à quelque chose qui vous dépasse, comme on a pu le voir en 2011, lors du printemps arabe, au cours duquel les informations sur ces événements tumultueux ont fait le tour du monde en temps réel. Ainsi, la possibilité que les réseaux sociaux transforment positivement le monde déclenche une vague d'optimisme. D'ailleurs, dans la société répressive du Moyen-Orient, certains ont le sentiment que l'avenir dépend de la course qui oppose les mullahs et l'iPad, en d'autres termes, les forces oppressives traditionnelles et la technologie qui libère l'esprit des gens.

Si le temps de vie sociale explose à l'ère du numérique et le temps de jeu dépend du temps passé sur sa Wii, l'ingrédient négligé est généralement le temps consacré à l'exercice physique. Car le cerveau a bel et bien besoin d'activité physique, même si l'on considère que cet organe est naturellement mental. Mais dans la mesure où il surveille et contrôle le corps, il participe à la stimulation physique. Précisons que les choses qui diminuent le temps consacré à l'exercice physique sont tout autour de nous et malheureusement, elles nuisent toutes au cerveau. À cause de la dépression, les gens se ferment et sont inactifs. Le fait de remplacer l'exercice en extérieur par une activité informatique compulsive sédentarise le corps, ce qui est malsain. En effet, la sédentarité augmente le risque de développer pratiquement n'importe quelle maladie liée au mode de vie, y compris les crises cardiaques et les AVC.

Mais ce message qui exhorte les gens à sortir et à faire de l'exercice tombe de plus en plus souvent dans l'oreille de sourds qui en plus culpabilisent : les Américains et les Européens deviennent de plus en plus sédentaires et prennent de plus en plus de poids. D'après un rapport de 2011 publié par les Centers for Control Disease, un quart des adultes américains affirme ne consacrer aucun temps à l'activité physique. Ce chiffre passe à 30 % dans le sud et dans les Appalaches, tandis que seulement 20 % des sondés suivent les recommandations en matière de temps consacré à l'exercice physique. À titre indicatif, le gouvernement américain recommande que les adultes âgés de 18 à 64 ans passent au total deux heures et demie par semaine à faire des activités modérées ou une heure et quart à faire de l'exercice intensif. Quant aux enfants et aux adolescents (âgés de 6 à 17 ans), il leur est conseillé de faire au moins une heure d'activité intensive par jour, ce que permet généralement le cours d'éducation physique et sportive à l'école. Toutefois, la participation à ce cours est en déclin constant.

Par ailleurs, ce sont les habitants de diverses parties du Nord-Est, de la côte Ouest, du Colorado et du Minnesota qui ont le plus de chances d'être actifs sur le plan physique (l'une des raisons des variations régionales étant peut-être l'influence des congénères : si un membre du groupe auquel vous appartenez va courir, vous avez plus de chances d'en faire de même). Mais comme ces données n'ont pas été vérifiées, il est possible que les gens aient exagéré leur temps d'activité physique, ce qui signifie que toutes ces statistiques sont très optimistes.

Une conséquence de cette tendance était pratiquement prédestinée. Un tiers des adultes américains sont en surpoids et un autre tiers est devenu obèse. L'exercice physique a un lien direct avec le cerveau, quand on considère ses effets réels. Ses bienfaits en matière d'amélioration de la santé cardio-vasculaire sont bien connus et manifestement, cela vous permet de vous muscler. Mais on a tendance à oublier les boucles de rétroaction qui relient le cerveau à chaque cellule du corps : quand vous lancez un ballon, courez sur un tapis roulant ou faites votre jogging le long de la plage, des milliards de cellules « voient » le monde extérieur. Les substances chimiques transmises par le cerveau agissent de la même manière que les organes sensoriels en établissant un contact stimulant avec le monde extérieur.

C'est pour cela que commencer à faire un minimum d'exercice physique, par exemple marcher, faire un peu de jardinage et prendre les escaliers à défaut de l'ascenseur, est tellement sain (à chaque fois que vous faites de l'exercice, cela profite à votre santé, mais le plus grand bienfait vient du fait qu'à l'origine, cela vous permet de quitter votre canapé). Vos cellules veulent participer au monde. Par le passé, ce genre d'affirmation aurait paru fantaisiste. En effet, à l'époque, les médecins classiques considéraient, quand on leur parlait de rapport entre le corps et l'esprit, que cela était suspect. Par voie de conséquence, la médecine a adopté une attitude hostile envers les explications psychologiques « douces », elle qui ne jurait que par les médicaments et la chirurgie. Ces deux éléments nécessitent une simple relation de cause à effet entre une maladie X et une cause Y. Le rhinovirus est la cause du rhume, le pneumocoque est la cause de la tuberculose. Toutefois, pour nous, il est primordial de décortiquer cette simple relation de cause à effet. C'est cela qui permet de concevoir que le cerveau pleinement intégré – le supercerveau – est essentiel pour la santé.

Examinons maintenant de plus près le chemin traversé par l'intégration du corps et du mental en ce qui concerne un trouble qui afflige la société à grande échelle : les maladies cardiaques.

LE CHAÎNON MANQUANT

Il a fallu longtemps avant de faire le lien avec le cerveau. Dans les années 1950, l'Amérique a soudain connu une augmentation alarmante des crises cardiaques prématurées, c'est-à-dire se produisant généralement chez les hommes âgés de 40 à 60 ans. Face à la montée en flèche des décès dus aux maladies cardiaques et aux AVC, les médecins ont commencé à voir de plus en plus d'hommes se plaindre de douleurs thoraciques, qui s'avéraient trop souvent être des angines de poitrine, symptôme principal d'une obstruction des artères coronaires. Au tournant du siècle, le célèbre William Osler, l'un des fondateurs de l'école de médecine Johns Hopkins, a remarqué, de manière officielle, qu'un médecin voyait à peine un cas d'angine de poitrine par mois. Soudain, il est devenu courant d'en voir une demi-douzaine par jour.

Se bousculant pour trouver une explication à cette épidémie, les cardiologues ont concentré leurs recherches sur une cause physique, l'augmentation drastique des graisses dans l'alimentation américaine en comparaison avec les grands-parents des gens de l'époque qui mangeaient beaucoup plus de céréales complètes et de légumes que leurs descendants. C'est ainsi qu'on a pointé du doigt un facteur qui paraissait éminemment scientifique : le cholestérol. Une grande campagne a été lancée pour inciter le public à consommer moins de viande rouge, d'œufs et d'autres sources de cholestérol. Cette campagne n'a probablement pas rencontré le succès escompté dans la mesure où l'alimentation américaine est toujours riche en graisses, toutefois, le mot cholestérol a commencé à faire peur (alors qu'on sait que le corps produit 80 % du cholestérol dans la circulation sanguine et que ce stéroïde est indispensable à la fabrication des membranes cellulaires) ; une industrie pesant des milliards de dollars s'est alors constituée autour de la réduction des « mauvaises » graisses sanguines et de l'augmentation des « bonnes ». Au départ, personne ne prenait au sérieux l'éventualité que le cerveau soit une cause de crise cardiaque. Cette explication a été écartée, car il n'existait aucun modèle décrivant comment le cerveau pouvait transmettre des messages aux cellules du cœur ; de plus, le terme stress était à peine évoqué.

Il s'est avéré que certains experts avaient depuis le début émis des réticences concernant la mise en cause du cholestérol. Ils mentionnaient le fait que les soldats morts pendant la guerre de Corée avaient été autopsiés et qu'on avait découvert qu'alors même qu'ils avaient la vingtaine toute fraîche, leurs artères coronaires contenaient déjà suffisamment de plaques pour provoquer une crise cardiaque. Pourquoi tant d'années s'écoulaient-elles avant le déclenchement de la maladie ? Nul ne le savait. On a suggéré, en analysant les nombreuses données fournies par l'étude cardiaque de Framingham, que les hommes de 20 à 30 ans qui avaient affronté leurs problématiques psychologiques de l'enfance étaient mieux protégés contre les crises cardiaques précoces que les autres. Mais l'heure n'était pas encore venue d'entendre les explications « douces ».

Personne ne croyait qu'il pouvait y avoir un lien entre la pensée et les crises cardiaques. On a donc décidé de tout mettre sur le dos du cholestérol (nous n'évoquerons pas les problèmes liés à l'hypothèse du cholestérol, mais nous souhaitons quand même mentionner que celui que vous ingérez n'entraîne pas forcément une présence élevée de cholestérol dans le sang – sur le plan physiologique, les choses sont complexes et le sont de plus en plus de décennie en décennie). On ne prenait pas le cerveau en compte, même à l'époque où le grand public a enfin eu vent de la controverse portant sur les personnalités de type A et de type B en psychologie. Les personnes de type A étaient tendues, exigeantes, perfectionnistes, colériques, impatientes et adoraient contrôler la situation. Par conséquent, toujours selon cette théorie, les types A étaient plus vulnérables aux crises cardiaques que les types B, qui étaient détendus, tolérants, d'humeur égale, patients et indulgents. Il semble qu'effectivement, les types A risquaient bien plus d'être atteints par le stress (il y avait à l'époque une boutade concernant les patrons de type A : ce n'était pas eux qui étaient victimes de crises cardiaques, mais leurs employés). Mais il s'est avéré qu'il était difficile d'identifier et de tester les types A et B. Par conséquent, aujourd'hui, au lieu d'employer le terme « personnalité », la médecine parle de « comportement » de type A ou de type B.

Une fois que le stress et le comportement ont été pris en considération, on pourrait penser que le cerveau a occupé le devant de la scène, mais cela n'a pas été le cas. Il n'existait toujours pas de modèle expliquant comment un stress externe pouvait rentrer dans le corps et parvenir aux cellules par l'intermédiaire d'une voie physique.

À la fin des années 1970, le mystère a commencé à être résolu : on a découvert les *molécules messagères*, une catégorie de substances chimiques qui matérialisent les humeurs, le stress et les troubles tels que la dépression. Le grand public a alors commencé à entendre parler en détail des neurones, les biologistes se mettant à baptiser les neuropeptides et les neurotransmetteurs qui franchissaient les synapses, qui font la jointure entre les neurones. Les mots *sérotonine* et *dopamine* sont alors devenus monnaie courante, mettant en lumière d'éventuels déséquilibres chimiques dans le cerveau (on disait par exemple qu'il y avait trop de sérotonine ou pas assez de dopamine). Une époque de grandes découvertes s'ouvrait alors et on a franchi un cap décisif quand on a découvert que non seulement ces substances chimiques traversaient les synapses, mais aussi qu'elles circulaient dans le sang. Chaque cellule du corps contient des récepteurs similaires à des trous de serrure ; les messagers chimiques du cerveau sont les clés qui rentrent exactement dedans. Pour simplifier un modèle complexe, on pourrait dire que le cerveau informait tout le corps de ses pensées, sensations, humeurs et de sa santé générale. Le lien entre psyché et soma, l'esprit et le corps, venait d'être fait.

Aujourd'hui, le fait que des facteurs psychologiques contribuent au risque de développement d'une maladie cardiaque est communément accepté. Parmi ces facteurs, on trouve :

La dépression
L'anxiété
Des traits de caractère
Les comportements de type A
L'hostilité
L'isolement social
Le stress chronique
Le stress aigu

Le cœur prend part au désarroi mental et il peut réagir par une obstruction artérielle – découverte tout à fait étonnante en comparaison de ce que l'on acceptait sur le plan médical il y a plusieurs décennies de cela. Au lieu de se concentrer purement et simplement sur la prévention des maladies, les experts de la santé ont commencé à évoquer un élément plus positif, retentissant et holistique : le bien-être. Le cerveau est devenu la pièce maîtresse d'un orchestre symphonique composé de centaines de millions de cellules qui, quand elles étaient en symbiose, entraînaient un plus grand bien-être ; à l'inverse, la dysharmonie chimique provoquait une augmentation du risque de contracter une maladie, de vieillir prématurément, de déprimer, de subir un déclin immunitaire et d'avoir des troubles liés au mode de vie – la liste, qui comprenait les crises cardiaques et les AVC, continue de grandir : elle inclut maintenant l'obésité, le diabète de type 2 et probablement beaucoup, voire la plupart des cancers.

Notre souhait est d'aller jusqu'au bout des implications de cette nouvelle tendance. Nous approuvons totalement le concept de Siegel qui veut qu'un esprit sain engendre un cerveau sain. Un esprit en contact avec une conscience supérieure crée encore plus de bienfaits, particulièrement en matière de bonheur. Quand vous vous servez des recommandations données pour faire le travail intérieur et le travail extérieur, vous donnez à votre cerveau les bons nutriments.

Néanmoins, le bonheur continuera d'être insaisissable. Car les nutriments ne donnent pas de sens à la vie. Ils ne définissent ni de vision ni d'objectif à long terme. En tant que créateur de votre réalité, c'est à vous qu'il appartient de le faire. Il vous reste un seuil à franchir avant d'atteindre l'eldorado, votre paradis personnel que nul ne pourra vous retirer.

LES SOLUTIONS DU SUPERCERVEAU
L'AUTOGUÉRISON

Aujourd'hui, le rapport entre le mental et le corps a été prouvé maintes et maintes fois, ce qui n'était pas le cas il y a une vingtaine d'années. C'est un fait établi et pourtant, le seuil suivant – l'utilisation du mental pour guérir le corps – est encore hors de portée et controversé. Aucune pratique alliant le mental et le corps ne garantit de résultat, ne constitue une panacée. Bien que l'on ait observé des rémissions spontanées dans pratiquement toutes les formes de cancer et que certaines des tumeurs les plus mortelles telles que le mélanome connaissent le taux le plus élevé de guérison spontanée, ce phénomène est rare (certaines études estiment qu'il y a moins de vingt-cinq cas par an aux États-Unis, bien que beaucoup émettent des doutes à ce sujet).

L'autoguérison n'a rien à voir avec la recherche d'un remède miracle ; on n'aspire pas non plus à être le patient sur dix mille qui guérira et qui stupéfiera les médecins. En effet, guérir est aussi naturel que respirer et par conséquent, pour se remettre, la clé consiste à avoir un mode de vie permettant d'optimiser les capacités existantes du corps.

UN MODE DE VIE CURATIF

- Suivez les recommandations en ce qui concerne l'exercice physique modéré.
- Ne prenez pas de poids.
- Réduisez votre stress.
- Occupez-vous de vos problématiques psychologiques, par exemple la dépression et l'anxiété.
- Dormez autant que nécessaire.
- Ne prenez pas de vitamines et de compléments minéraux si votre alimentation est saine et équilibrée (à moins que vous ayez une pathologie telle que l'anémie ou l'ostéoporose, pour laquelle un médecin pourra vous conseiller un complément spécifique).
- Évitez les substances toxiques telles que l'alcool et la nicotine.
- Réduisez les graisses animales dans votre alimentation.
- Renforcez le lien qui existe entre le mental et le corps.

Ces recommandations vous paraîtront toutes familières, mais elles n'en sont pas pour autant moins efficaces. La meilleure guérison est la prévention ; c'est incontournable. Mais c'est le dernier élément sur la liste, le renforcement du lien entre le mental et le corps, qui est probablement le plus puissant et qui fait entrer la plupart des gens en territoire inconnu. Nous avons étudié le plateau-repas réservé au mental, c'est-à-dire les activités quotidiennes qui bénéficient au cerveau. Nous voudrions maintenant entrer dans un domaine de guérison plus insaisissable : le rapport entre le mental et le corps.

SOYEZ VOTRE PROPRE EFFET PLACEBO

La technique de guérison psychosomatique la plus étudiée est l'effet placebo. *Placebo* signifie en latin « je plairai ». C'est un bon moyen de décrire son fonctionnement. Un médecin donne à un patient un médicament puissant, en l'assurant que celui-ci soulagera ses symptômes et comme promis, le patient va mieux. Mais en réalité, le médecin a prescrit une pilule sucrée inoffensive et inerte (cet effet ne se limite pas aux médicaments, chose importante à se rappeler : tout ce en quoi vous croyez peut avoir un effet placebo). Alors d'où provient l'apaisement ressenti par le patient ? Du mental qui informe le corps qu'il va aller mieux. Pour ce faire, le mental doit d'abord être convaincu que la guérison est sur le point de se faire.

Le grand problème de l'effet placebo, dont on sait qu'il fonctionne en moyenne dans 30 % des cas, est que la première étape consiste en une tromperie. Le médecin induit son patient en erreur, ce qui s'est avéré un gros obstacle sur le plan déontologique. Aucun docteur respectant l'éthique médicale ne refuserait régulièrement les meilleurs soins à un patient et ne les remplacerait par des substituts neutres, bien que dans certains cas (tels que la dépression légère ou modérée), des études aient montré que les médicaments risquent d'être moins efficaces qu'un placebo. Ce qui signifie, au passage, que de nombreux médicaments sont aussi imprévisibles que l'effet placebo. La notion selon laquelle les produits pharmaceutiques agissent de la même manière pour tous les patients est donc un mythe. Alors que l'effet placebo, contrairement à ce que beaucoup pensent, est un « vrai » remède : la douleur diminue ; les symptômes sont soulagés.

Maintenant, posons la question la plus importante : pouvez-vous être votre propre effet placebo sans avoir recours à la tromperie ? Si vous vous donnez une pilule sucrée, vous savez par avance qu'elle ne vous apportera aucun soulagement. Les choses s'arrêtent-elles là ? Absolument pas. L'autoguérison par l'effet placebo nécessite de libérer votre mental du doute, sans vous leurrer. On doit en savoir plus sur le rapport qui existe entre le corps et le mental, et non pas moins.

Appliquer l'effet placebo sur vous-même revient à stimuler votre système de guérison par le biais de messages provenant du cerveau. Car au final, toute guérison est avant tout une autoguérison. Les médecins apportent une aide au système complexe de guérison du corps (qui coordonne les cellules immunitaires, l'inflammation, les hormones, les gènes et beaucoup d'autres choses), mais on ne sait pas comment se fait la guérison véritable.

En ce qui concerne le lien entre le corps et le mental, la guérison est fonction des conditions fondamentales suivantes :

Le mental contribue au rétablissement.

Le mental ne contribue pas à la maladie.

Le corps est en constante communication avec le mental.

Cette communication profite au bien-être physique comme au bien-être mental.

> Une fois que la personne reçoit un traitement en lequel elle a confiance, elle lâche prise et laisse la guérison se faire naturellement.

Quand l'effet placebo fonctionne, on retrouve ces cinq aspects. L'esprit du patient coopère avec le traitement et a confiance en lui. Le corps est lui conscient de cette confiance. Il y a donc une communication ouverte et par conséquent, les cellules de tout le corps participent au rétablissement. Le système de guérison dans son ensemble est incroyablement complexe et pratiquement impossible à expliquer de manière globale. Nous ne connaissons effectivement que le fonctionnement de certaines de ses parties, par exemple la réaction des anticorps et du système immunitaire à l'infection.

Comment mettre en place consciemment ces cinq conditions ? La toute première chose est qu'il ne faut pas lutter contre elles par le truchement de la peur, du doute, du scepticisme et du désespoir. Ces états transmettent au corps des messages chimiques qui leur sont propres. Mais quand vous croirez qu'une pilule sucrée vous guérira, ce message de guérison commencera à porter ses fruits. Toutefois, on ne peut pas dire que les 30 % de personnes qui bénéficient de l'effet placebo font ce qu'il faut, tandis que les 70 % restants sont dans l'erreur. Nous avons tous des antécédents médicaux différents ; de plus, le système de guérison demeure trop obscur pour être précisément mesuré. Les sentiments négatifs profonds, dans l'éventualité où ils bloquent l'effet placebo (ce qui n'est nullement une certitude), sont complexes et fréquemment inconscients, cette différence n'est donc pas simple à évaluer.

Mais il y a une grande promesse : on sait que l'intention mentale « je plairai » fonctionne. Pour appliquer l'effet placebo à vous-même, il faut les mêmes conditions qu'en cas d'effet placebo classique :

1. Vous avez confiance en ce qui se passe.
2. Vous faites face au doute et à la peur.
3. Vous n'envoyez pas de messages conflictuels qui se contredisent.
4. Vous avez ouvert les voies de la communication psychosomatique.
5. Vous lâchez prise sur votre intention et laissez le système de guérison œuvrer.

En cas de symptôme mineur, par exemple une coupure au doigt ou un bleu, il est pour tout le monde facile de lâcher prise et de cesser d'interférer. Le mental ne s'en mêle pas, il s'abstient de tout doute et de toute peur. Mais en cas de maladie grave, le doute et la peur jouent un rôle important, raison pour laquelle une pratique comme la méditation ou les séances de thérapie de groupe sont utiles, comme cela a été montré. Partager votre angoisse avec les gens qui traversent les mêmes épreuves est une manière de commencer à s'en sortir.

C'est également une bonne chose de suivre votre instinct le plus sain. Parmi nous, nombreux sont ceux qui font face à la maladie en ayant recours à des processus inappropriés tels que l'idéalisme ou le déni. Nos peurs nous rendent aveugles et nous font entretenir de faux espoirs. Dans de tels cas, le mental n'est pas vraiment alerte à ce que le corps dit, et réciproquement. Les choses sont floues. Car pour faire confiance aux messages de votre corps, il vous faut de l'expérience. Vous devez avoir une certaine maîtrise du lien qui unit votre corps et votre mental, ce qui demande du temps. Par exemple, il est avéré qu'un mode de vie positif, fait d'exercice physique, d'une bonne alimentation et de méditation, réduit les risques de maladies cardiaques. En effet, cette combinaison permet au corps de réduire les plaques qui bouchent les artères coronaires. Mais l'amélioration ne se fait pas du jour au lendemain. Il faut de la patience, de la diligence et du temps.

Il s'agit là d'éviter le comportement classique : on nous diagnostique un cancer, on panique et désespéré, on se précipite vers n'importe quel remède disponible. En fait, il est presque toujours futile de se convertir instantanément à la prière ou à la méditation sous la contrainte de la maladie. Car la peur empire quand on est gravement malade, tandis qu'il est beaucoup plus efficace de gérer son angoisse des années avant de tomber malade. Il faut donc renforcer en amont le lien entre le corps et le mental.

Prendre conscience de votre corps, ce qui est une chose primordiale, ne doit pas obligatoirement être ennuyeux. En essence, il faut que votre mental et votre corps soient à nouveau amis, qu'ils retrouvent leur alliance naturelle. Un moyen d'y parvenir est de vous asseoir tranquillement, de fermer les yeux et de ressentir simplement le corps. Laissez toute sensation remonter à la surface. N'ayez aucune réaction à cette sensation, qu'elle soit plaisante ou non. Détendez-vous et prenez-en conscience. Remarquez d'où elle provient. Vous n'aurez pas qu'une seule sensation ou émotion. Vous vous apercevrez aussi que votre conscience change d'endroit : à un moment donné, elle se porte sur votre pied ou sur votre estomac, et à un autre, sur votre poitrine ou votre cou.

Cet exercice simple vise à reconnecter le corps et le mental. Trop de personnes ont pour habitude de n'être attentives qu'aux signaux les plus grossiers de leur corps, par exemple les douleurs aiguës, les raideurs, et autres sensations de mal-être difficiles à ignorer. Aussi, il vous faut augmenter votre sensibilité et votre confiance de manière simultanée. Votre corps sait, à un niveau subtil, où sont la maladie et le mal-être. Il vous envoie à chaque instant des signaux, qui ne doivent pas être craints.

Même si vous ignorez consciemment ce qui se passe dans vos cellules, sachez que juste en dessous de votre conscience, les informations sont échangées sur le plan inconscient. Quand le gouvernement fédéral américain a décidé, récemment, qu'il n'était pas nécessaire que les jeunes femmes fassent une mammographie par an, l'un des facteurs pris en compte était que 22 % des petites tumeurs du sein se résolvaient d'elles-mêmes, qu'elles disparaissaient spontanément. Par conséquent, il n'est pas réaliste, au niveau du système de guérison, d'avoir une réaction automatique de peur, même face à l'éventualité d'un cancer. Car notre système immunitaire élimine des milliers de cellules anormales chaque jour. Nous avons tous des gènes suppresseurs de tumeurs, même si l'on ne sait pas encore comment les activer.

Il a été prouvé que chaque cellule du corps sait, grâce aux messagers chimiques, ce que fait chaque autre cellule. L'autoguérison a donc un avenir radieux devant elle. En effet, si votre conscience s'en mêle, cette communication est renforcée. Des yogis avancés peuvent modifier à volonté leurs réactions involontaires, par exemple amener leur rythme cardiaque et leur respiration à un niveau très bas ou augmenter la température de leur peau de manière très précise. Vous et moi avons les mêmes aptitudes, bien que nous n'en fassions pas un usage conscient. Vous pouvez par exemple faire un exercice qui consiste à avoir l'intention de réchauffer un endroit précis de la paume de votre main, et c'est ce qui se passera, même si vous n'avez jamais fait usage de cette faculté.

On peut s'aventurer à dire que l'effet placebo entre dans la même catégorie. C'est une réaction volontaire dont nous pourrions nous servir pour peu que nous apprenions à le faire. Certes, le système de guérison paraît involontaire : vous n'êtes pas obligé de penser pour qu'une coupure ou un bleu guérisse. Mais le fait que certains patients puissent faire disparaître leur douleur à l'aide d'une pilule sucrée implique que l'intention fait toute la différence dans la guérison. Nous ne parlons pas ici de la pensée positive, souvent trop superficielle et masquant une négativité sous-jacente. Mais nous vous encourageons à avoir un mode de vie qui renforce le lien entre votre corps et votre mental.

Note : La corrélation entre l'effet placebo et le cerveau est cruciale, mais n'a été que récemment étudiée en profondeur. Un livre étant un exposé public lu par quantité de personnes ayant quantité de problèmes de santé, soyons clairs : nous ne conseillons à personne de mettre fin à son traitement médical classique ou de rejeter l'aide médicale. L'effet placebo reste mystérieux et cette partie ne fait qu'explorer ce mystère, elle n'est pas un guide d'autoguérison miraculeuse.

TROISIÈME PARTIE

MYSTÈRES ET PROMESSES

LE CERVEAU ANTIVIEILLISSEMENT

Pour accéder aux promesses du supercerveau, il nous faut d'abord résoudre un mystère antédiluvien. Il n'y a pas de mystère plus ancien, ni plus grand que le vieillissement. Jusqu'à très récemment, seuls les élixirs et autres potions magiques, ou encore la fontaine de Jouvence, permettaient éventuellement d'échapper à ses ravages. Ce recours à la magie montre d'ailleurs à quel point le mental était décontenancé. Le vieillissement est universel, il ne laisse de répit à quiconque, pourtant, sur le plan médical, personne n'en meurt. Le décès de l'individu est le résultat de la rupture d'un système clé du corps, à la suite de quoi le reste de l'organisme cesse également de fonctionner. En l'occurrence, le système respiratoire est presque toujours impliqué ; la cause immédiate de la mort, pour la plupart d'entre nous, sera le fait que nous aurons cessé de respirer. Mais une personne peut tout aussi bien mourir d'une défaillance cardiaque ou rénale. Ce qui n'empêche pas que virtuellement tout le patrimoine génétique du corps puisse être viable au moment où ce système clé cesse de fonctionner.

Comment faire en sorte qu'un système prépondérant n'entraîne pas les autres dans sa roue ? Il faudrait être attentif à l'ensemble du corps durant toute sa vie. Il est donc extrêmement difficile de faire des prédictions. Car plusieurs facteurs empêchent toute personne de prévoir où la conduira le vieillissement de son corps.

INCERTITUDE 1 : LE VIEILLISSEMENT EST TRÈS LENT.

Il commence environ à l'âge de 30 ans et progresse à peu près d'1 % par année. Cette lenteur nous empêche d'observer précisément la dégradation progressive de la cellule. Ce n'est que plusieurs années plus tard que l'on peut en voir les effets. D'ailleurs, ces derniers ne sont pas uniformes. Malgré la détérioration qui se produit au niveau physique et mental, certaines personnes vont mieux avec l'âge. En faisant suffisamment d'exercice, elles deviennent plus fortes que pendant leur jeunesse. En outre, pour quelques rares chanceux, à l'âge de 90 ans, la mémoire peut s'améliorer, à défaut de décliner. En vérité, le vieillissement est telle une armée étalée : certaines cellules sont en avance par rapport à d'autres, toutefois, toute l'armée avance à l'allure d'un escargot et avec grande discrétion.

INCERTITUDE 2 : LE VIEILLISSEMENT EST UNIQUE.

La sénescence varie selon chacun. Même de vrais jumeaux nés avec le même ADN auront des profils génétiques totalement différents à l'âge de 70 ans. Leurs chromosomes n'auront pas changé, mais du fait des décennies d'expériences de vie, l'activité de leurs gènes aura été stimulée ou réduite à néant selon un schéma unique. L'adaptation de chaque cellule, minute après minute pendant des milliers de jours, fera vieillir leur corps de manière imprévisible : en général, au moment de la naissance, nous sommes tous des copies conformes, mais au moment de la mort, nous sommes tous uniques.

INCERTITUDE 3 : LE VIEILLISSEMENT EST INVISIBLE.

Les effets du vieillissement que vous voyez dans le miroir – cheveux gris, rides, visage fatigué, etc. – indiquent que quelque chose se passe au niveau cellulaire. Mais les cellules sont immensément compliquées, elles subissent des milliers de réactions chimiques à chaque seconde. Ces réactions sont figées et automatiques. L'interaction se fait au sein de différentes molécules, en fonction des propriétés atomiques des six grands éléments qui constituent principalement le corps : le carbone, l'hydrogène, le nitrogène, l'oxygène, le phosphore et le soufre. Secoués dans un bécher, ces atomes subissent des réactions automatiques en quelques millièmes de seconde. Ainsi, à lui seul, le phosphore est si volatil qu'en entrant en violente collision avec l'oxygène, il explose. Mais sur des milliards d'années, les organismes vivants ont développé des mélanges incroyablement complexes qui empêchent des interactions aussi grossières. En effet, dans vos cellules, le phosphore n'est pas explosif. Il fait partie d'une substance chimique organique appelée ATP, pour adénosine triphosphate, composante clé qui permet de mêler les enzymes et transférer l'énergie.

Un biologiste pourrait passer toute sa vie à étudier la manière dont cette seule molécule complexe opère à l'intérieur de la cellule ; pourtant, le principe qui contrôle chaque réaction reste invisible et inconnu. Tant qu'une cellule fonctionne harmonieusement, il n'y a nulle nécessité de savoir d'où part la réaction. Il est clair qu'une forme d'intelligence chimique est à l'œuvre et cela suffit pour dire que l'ADN, dans la mesure où il contient le code de la vie, est le commencement et la fin de tout ce qui se passe à l'intérieur d'une cellule. Mais du fait du vieillissement, les cellules cessent de fonctionner avec une efficacité complète et c'est alors que l'invisible entre en jeu. Les atomes ne peuvent mal tourner, mais les cellules, oui. Mais on ne peut prédire le pourquoi et le comment de la chose : ce n'est que quand on est dans une mauvaise passe que c'est identifiable.

Toutes ces incertitudes mènent à une conclusion simple. Il n'y a pas d'autre choix que de prêter attention à l'ensemble du corps durant toute sa vie. Pourtant, c'est exactement cela que les gens trouvent presque impossible à faire. Nos vies sont remplies de contrastes et nous sommes dépendants de ses hauts et de ses bas. Il paraît ennuyeux de suivre le droit chemin ; cela implique une sorte de puritanisme, dans lequel le déni de soi est la règle et le plaisir l'exception. À notre sens, le vrai défi consiste à rendre tellement désirable le bien-être sur toute une vie qu'il en cesse d'être une pénitence.

Par où commencer ? Peu importe l'approche antivieillissement que vous choisissez, votre cerveau est impliqué. Aucune cellule du corps n'est isolée : toutes reçoivent un flot continu de messages depuis le système nerveux central. Certains sont bons pour les cellules, d'autres mauvais. Le fait de manger un cheeseburger tous les jours envoie un certain type de message ; le fait de manger du brocoli cuit à la vapeur en envoie un autre. De même, être heureux en amour n'a pas le même effet qu'être solitaire et isolé. Une chose est claire : il faut que vous envoyiez à chaque cellule des messages qui leur indiquent de ne pas vieillir. C'est ainsi que la promesse antivieillissement pourra être tenue. Si vous pouvez maximiser les messages positifs et minimiser les informations négatives, alors il deviendra tout à fait possible de ralentir le déclin de votre corps.

Il s'avère que le rajeunissement est une gigantesque boucle de rétroaction qui s'étend sur toute une vie. Ce terme apparaît régulièrement dans cet ouvrage, car la science en apprend de plus en plus sur le fonctionnement de ces boucles. En 2010, une étude palpitante réalisée conjointement par l'université de Californie à Davis et celle de San Francisco a révélé que la méditation provoque une augmentation d'une enzyme cruciale appelée télomérase. Au bout de chaque chromosome se trouve une structure chimique répétitive appelée télomère qui agit à la manière d'un point à la fin d'une phrase : il ferme l'ADN du chromosome et contribue à le maintenir intact. Ces dernières années, l'effilochage des télomères a été associé à la dégradation du corps liée au vieillissement. En raison d'une division cellulaire imparfaite, les télomères se raccourcissent et l'individu court alors le risque que le stress nuise à son code génétique cellulaire. Il paraît donc important d'avoir des télomères sains ; par conséquent, le fait que la méditation augmente la télomérase, l'enzyme qui régénère les télomères, est une bonne nouvelle.

Ces recherches paraissent hautement techniques et intéressent principalement les biologistes cellulaires. Mais l'étude de l'université de Californie est allée encore plus loin et a montré que les bienfaits psychologiques de la méditation sont liés à la télomérase. En effet, un haut niveau de cette enzyme, également favorisé par l'exercice physique et une alimentation saine, fait partie d'une boucle de rétroaction qui engendre, étonnamment, un sentiment de bien-être personnel et la capacité à gérer le stress. Cette découverte étaye l'hypothèse fondamentale de la médecine psychosomatique : chaque cellule écoute discrètement le cerveau. Une cellule rénale n'a pas de pensée verbale ; elle ne se dit pas : « J'ai passé une journée terrible au travail. Le stress me tue. » En revanche, elle participe sans mot dire à cette pensée. Pour y remédier, la méditation éveille un sentiment de bien-être dans le mental, tout en répandant silencieusement le même sentiment dans l'ADN par l'intermédiaire d'une substance chimique telle que la télomérase. Rien n'est exclu de la boucle de rétroaction.

Le lien entre le corps et le mental est réel et nos choix font la différence ; de ce fait, le cerveau antivieillissement est porteur de très nombreuses promesses.

LA PRÉVENTION ET LES RISQUES

Sans savoir pourquoi nous vieillissons, la médecine a opté pour l'approche selon laquelle le vieillissement serait pareil à une maladie. Les germes causent des dommages dans les cellules, ainsi que le fait de prendre de l'âge. Il est donc raisonnable de faire en sorte que le corps reste en bonne santé et qu'il fonctionne bien. L'aspect physique du rajeunissement est similaire au programme de prévention de tout trouble du mode de vie. Passons donc en revue les points principaux de ces programmes. Ils vous paraîtront familiers après des dizaines d'années de campagne de santé publique, pourtant, ils demeurent vitaux pour votre bien-être physique.

COMMENT RÉDUIRE LES RISQUES DU VIEILLISSEMENT

- Mangez équilibré en réduisant les graisses, le sucre et la nourriture industrielle. Privilégiez une alimentation méditerranéenne : préférez l'huile d'olive au beurre, le poisson (ou les sources de protéines à base de soja) à la viande rouge, les céréales complètes, les légumineuses, les fruits à coque, les fruits frais et les légumes entiers pour faire le plein de fibres.
- Évitez de trop manger.
- Faites modérément de l'exercice pendant au moins une heure, trois fois par semaine.
- Ne fumez pas.
- Buvez modérément de l'alcool, de préférence du vin rouge ; idéalement, abstenez-vous.
- Portez une ceinture de sécurité.
- Faites en sorte d'éviter les accidents domestiques (sols glissants, escaliers raides, risques d'incendie, trottoirs verglacés, etc.).
- Dormez bien la nuit. Avec l'âge, il pourrait être également bon de faire une sieste l'après-midi.
- Conservez des habitudes régulières.

En matière de prévention, l'aspect physique du rajeunissement continue d'être peaufiné. Prenons par exemple le problème de l'obésité, qui a atteint des proportions épidémiques aux États-Unis et en Europe de l'Ouest. Le surpoids est depuis longtemps reconnu comme un facteur de risque concernant de nombreux troubles, notamment les maladies cardiaques, l'hypertension et le diabète de type 2. Mais de nos jours, on pointe du doigt un type spécifique de graisse, la graisse abdominale, considérée comme la plus nocive. La graisse n'est pas inerte à l'instar de celle d'une plaquette de beurre. Elle est constamment active et la graisse abdominale envoie des signaux hormonaux nuisibles pour le corps ainsi que pour l'équilibre métabolique. Malheureusement, l'exercice seul ne suffit pas à se débarrasser de la graisse abdominale. Un programme global de perte de poids et d'exercice physique est nécessaire ; de plus, il semble que le fait de manger suffisamment de fibres aide également à combattre ce type de graisse.

Étant donné la richesse de nos connaissances, le vrai problème est ailleurs : c'est la mise en pratique. Savoir ce qui est bon pour vous et le faire sont deux choses différentes. L'exercice physique est une constante dans les recommandations pour la prévention, néanmoins, nous devenons une société de plus en plus sédentaire. Aux Etats-Unis, moins de 20 % des adultes font la dose d'exercice recommandée pour rester en bonne santé et un repas sur 10 est pris chez McDonald's, alors que ce type de nourriture est riche en graisses et en sucre et qu'elle ne contient pratiquement pas de fibres et de légumes entiers.

La mise en pratique des recommandations est difficile quand le cerveau est habitué à faire les mauvais choix. Par exemple, certaines saveurs, notamment le salé, le sucré et l'aigre, sont tellement attirantes dans l'immédiat que nous nous précipitons dessus. En raison du phénomène de répétition, elles deviennent celles que nous préférons. Quand la répétition est suffisante, elles deviennent même celles que nous choisissons automatiquement, faisant de nous les victimes de nos habitudes inconscientes. (L'industrie des en-cas est d'ailleurs bien consciente du phénomène par lequel une personne met continuellement et automatiquement du pop-corn, des frites ou des cacahouètes dans sa bouche jusqu'à ce que l'emballage soit vide. C'est le comportement inconscient ultime, considéré comme extrêmement désirable par les industriels, mais désastreux pour la santé de l'individu.)

Il est vain que les experts de la santé attendent du public qu'il mette en pratique leurs recommandations après lui avoir répété, année après année, qu'il doit changer ses habitudes alimentaires. Il est encore moins efficace que vous vous répétiez les mêmes choses. Car moins vous vous sentez en accord avec vous-même, plus vous avez de chances de succomber au découragement. Et alors, deux choses se passent : premièrement, vous devenez insensible : vous êtes las de lutter contre vous-même. Deuxièmement, vous cherchez un palliatif à votre mal-être, en général par le biais des distractions. Vous regardez la télévision ou vous cherchez un plaisir immédiat en mangeant des en-cas salés et des bonbons comme solution de fortune. C'est ainsi que vos efforts pour vous améliorer finissent par faire empirer la situation. Si le fait de toujours répéter la même chose était utile, nous serions une nation de joggers et nous jouerions des coudes au rayon bio des supermarchés.

Le vieillissement est un processus très long. Suivre un cours de gestion du stress, faire quelques mois de yoga, opter quelque temps pour le végétarisme, ce sont là de bonnes intentions qui ne pèsent pas lourd face à la lente progression du vieillissement. Une chose est claire : pour rajeunir, il faut sortir des vieux schémas et passer à l'acte.

CHOISIR CONSCIEMMENT SON MODE DE VIE

Changer sans forcer est tout à fait possible. Pour y arriver, vous devez créer une matrice vous permettant de faire de meilleurs choix. Par le terme matrice, nous entendons simplement votre organisation au quotidien. Tout le monde en a déjà une. Les matrices de certaines personnes favorisent les choix positifs contrairement à d'autres. Un placard ne contenant aucun en-cas s'inscrirait dans le cadre de ce genre de matrice. Une maison sans télévision ni jeu vidéo aussi ; toutefois, si vous faites du jogging tous les jours parce que vous n'avez aucun divertissement chez vous, cela indique que vous ne prenez pas soin de vous. Au final, l'aspect matériel est secondaire. Une matrice est plus substantielle et durable. C'est pourquoi nous nous entourons de personnes et de choses qui soutiennent notre comportement préféré.

Le vrai secret consiste à vivre au sein d'une matrice dans laquelle le mental se sent libre de choisir ce qui est bon pour lui et non pas obligé de choisir ce qui est mauvais.

LA MATRICE QUI SOUS-TEND UN MODE DE VIE POSITIF

- Ayez de bons amis.
- Ne vous isolez pas.
- Mettez-vous en couple avec une personne avec laquelle vous sentez que vous pourrez rester toute votre vie.
- Sur le plan social, engagez-vous dans des projets qui en valent la peine.
- Rapprochez-vous des personnes qui ont un mode de vie sain : les habitudes sont contagieuses.
- Suivez un objectif dans votre vie.
- Laissez-vous du temps pour vous amuser et vous détendre.
- Gardez une sexualité épanouie.
- Traitez les problèmes de colère.
- Pratiquez la gestion du stress.
- Faites face aux effets nuisibles du mental : quand vous avez une réaction négative, arrêtez-vous, prenez du recul, prenez quelques respirations et observez ce que vous ressentez.

Nombre de ces éléments ont déjà été abordés dans notre exploration du mode de vie idéal pour le cerveau ; mais il existe même une corrélation entre eux et la longévité. Ils ont un point commun tout à fait basique : le succès vient quand les gens agissent ensemble ; l'échec tend à être le fruit de l'isolement. Il vaut mieux avoir un compagnon ou une compagne qui tient votre alimentation à l'œil (« Tu n'aurais pas déjà mangé un petit gâteau aujourd'hui ? Prends plutôt une carotte ! ») que d'errer seul dans les rayons des supermarchés et de saisir impulsivement l'équivalent d'une semaine de repas surgelés. Un ami qui vous accompagne à votre salle de sports trois fois par semaine vous motive davantage que toutes les promesses que vous vous ferez en regardant un match de foot à la télévision. Par ailleurs, il est important de créer votre matrice dès que possible et de l'alimenter régulièrement. En effet, des études ont montré que la perte du conjoint conduit soudainement à l'isolement, à la dépression, à une augmentation des risques de maladie et à un raccourcissement de la durée de vie. Néanmoins, si vous avez un réseau social en marge de votre conjoint, cela constitue un matelas de protection contre ces conséquences funestes.

Les aspects les plus handicapants du vieillissement ont tendance à avoir pour point commun l'inertie. C'est-à-dire que nous continuons de faire ce que nous avons toujours fait. À partir de la cinquantaine, on commence à délaisser la nouveauté. La passivité prend le dessus ; nous perdons notre motivation. D'innombrables personnes âgées se retrouvent bloquées à cause de l'inertie.

Deepak se rappelle un couple qui s'est écroulé quand la femme a atteint la cinquantaine. Pour elle, cet anniversaire était un point de repère, un nouveau point de départ. Ses enfants s'apprêtant à entrer à l'université et ayant la sûreté de l'emploi, elle voulait ouvrir dans sa vie de nouveaux horizons qu'elle n'avait pas encore pu explorer, les contraintes familiales l'empêchant de réaliser certains de ses rêves les plus chers.

« Mon mari et moi-même avions un rituel annuel, a-t-elle dit à Deepak. Nous passions un long week-end ensemble pour faire un bilan de notre mariage. C'était systématique. Nous dressions une liste de chaque élément de notre vie conjugale : sexualité, travail, non-dits et rancœurs. Nous sommes tous les deux des gens très organisés et juste avant que j'aie 50 ans, nous avons donné une note à chaque aspect de notre mariage pour finalement découvrir que nous avons obtenu au moins 8 sur 10 dans chaque catégorie. Je me sentais heureuse et en sécurité. »

Aussi, son mari a été sous le choc quand un soir, elle a révélé son plan pour préserver le succès de leur couple sur les vingt années à venir. Cet homme, qui connaissait une grande réussite dans le monde des affaires, s'est tourné vers elle et lui a rétorqué : « Je ne veux pas changer. Pourquoi s'en faire ? Nous allons vieillir. Je me vois bien assis dans un fauteuil à attendre que les enfants nous appellent. »

Elle ne s'en était pas rendu compte, mais son mari était en train de lentement succomber à l'inertie. Toute sa vie était centrée autour de son travail ; pour lui, pendant sa retraite, il n'y aurait plus rien à accomplir. « Ce que je vais faire, je l'ai déjà fait. Pourquoi tenter de répéter le passé ? Il est déjà suffisamment difficile de toujours faire la même chose. »

Ce couple a donc suivi une thérapie, mais leurs opinions étaient trop divergentes. À la veille de leur divorce, tous deux étaient déçus, quoique satisfaits de leur choix. La femme se sentait libre de se construire une nouvelle vie en fonction de ses nouvelles aspirations. Quant au mari, il était content de se reposer sur ses lauriers et d'observer son passé avec nostalgie. Chacun d'entre eux était une personne intelligente dotée d'une grande estime de soi et d'une bonne confiance en soi.

Mais au fur et à mesure que les années passeront, qu'ils auront 60, puis 70, puis 80 ans, qui parmi eux aura fait le meilleur choix ? La femme s'appuie sur la matrice qui l'a fait vivre pendant ses cinquante premières années ; quant au mari, il a confiance dans le fait que l'avenir suivra son cours. Il n'y a aucune garantie dans la vie, mais la plupart des psychologues prédiraient que c'est la femme qui a le plus de chances de vivre longtemps et qui plus est d'être épanouie pendant sa retraite.

LE LIEN AVEC L'IMMORTALITÉ

Jusqu'à présent, nous avons abordé les éléments clés de la « nouvelle vieillesse », la catégorie reflétant un mouvement social qui prône le vieillissement positif. Depuis vingt ans, l'image de la vieillesse change de manière spectaculaire. Personne ne s'attend plus à être mis au placard à 65 ans. Une grande proportion des baby-boomers ne se voit pas à la retraite. Plus que jamais, le vieillissement est repoussé. En un sens, c'est la résultante positive de notre culture si portée sur la jeunesse. Nul ne veut être confronté à la disparition de celle-ci. La dernière vague de seniors réalise des changements positifs au niveau de leur mode de vie, et ceci rapidement (mais de manière inégale. L'augmentation de la durée de vie dont a profité la moitié supérieure des salariés américains ne s'est pas étendue à la moitié inférieure, pour laquelle l'espérance de vie reste plus proche de 70 que de 80 ans, à l'inverse des premiers).

Quelle est donc l'étape suivante ? À notre sens, le rajeunissement doit regarder au-delà de l'aspect physique et même psychologique. La meilleure des existences s'appuie sur une vision épanouissante donnant envie à l'individu de continuer à vivre. Concédons toutefois qu'il est difficile d'avoir une vision qui remette en question le vieillissement, car depuis des générations et des générations, les êtres humains regardent autour d'eux et que voient-ils ? Que toutes les créatures vieillissent et meurent. Mais cette observation universelle n'est pas vraie. Il est tout à fait réel que les cellules sont immortelles, ou tout du moins aussi proches de l'immortalité que les organismes vivants peuvent l'être. Cela est-il révélateur d'une vision nouvelle et supérieure de la vie ?

Les algues bleu-vert originelles, qui se sont développées il y a des milliards d'années, existent toujours. Elles ne meurent jamais : elles se divisent simplement, encore et encore. Il en va de même des organismes unicellulaires tels que les amibes et les paramécies, que l'on trouve dans l'eau des étangs. Certes, les circonstances défavorables tuent des formes de vie primitives par milliards, mais les accidents de la nature ne sont pas la même chose que l'espérance de vie naturelle. Cette dernière, chez de nombreuses cellules, est en effet illimitée. Ce n'est que quand elles se rassemblent pour constituer des plantes et des animaux complexes que les cellules doivent affronter la perspective de la mort. Le globule rouge qui meurt à trois mois, le globule blanc qui disparaît dès qu'il consomme un germe étranger, la cellule cutanée qui s'envole au vent respectent tous leur espérance de vie naturelle. Mais le corps intègre des centaines d'espérances de vie différentes – autant qu'il y a de types de tissus. Mais il y a quand même une grande marge de manœuvre et beaucoup de souplesse possible. Les cellules souches existent quant à elles même chez l'être humain le plus âgé et leur potentiel leur permet de créer de nouvelles cellules fraîches.

Les cellules de votre corps ont conservé tous les mécanismes des formes de vie primitives, y compris la division cellulaire, mais tout en continuant leur évolution. Les créatures complexes telles que les mammifères ont ajouté des inventions salvatrices, par exemple le système immunitaire. Un corps humain fait effectivement face à de nombreuses menaces qui ne troublent pas l'algue bleu-vert, pourtant, chacune a été contrée, au fil de l'évolution, à l'aide de moyens de défense et de survie hautement créatifs. L'esprit humain a ainsi pris le contrôle de l'évolution cellulaire il y a bien longtemps. L'un des plus grands bienfaits pour la longévité est peut-être l'assainissement : le traitement des eaux usées et l'eau potable ont constitué des avancées majeures pour l'humanité (même si leur absence dans de nombreux pays du monde constitue un grave danger pour des centaines de millions de personnes). Et bien sûr, la médecine est un moyen important pour prolonger la vie.

Chacun d'entre nous est pris entre deux forces qui se disputent notre avenir : la force de l'évolution, qui prolonge toujours plus la vie, et la force de l'entropie, qui provoque le déclin de la matière au fil du temps. Le vieillissement est une forme d'entropie particulièrement compliquée ; il n'est pas aussi simple que le processus par lequel une étoile épuise son combustible, s'effondre sur elle-même et vit les affres de la mort lors d'une explosion dramatique pour devenir une nova ou une supernova.

La situation est en fait si complexe que chaque personne peut choisir son camp, la création ou la destruction. Notre destin n'est pas l'entropie. Il n'y a aucune raison que vous ne puissiez décider de favoriser l'évolution chaque jour. Au final, notre lien véritable avec l'immortalité se fait donc par le biais de l'évolution, qui a été le moteur de la création depuis le big bang il y a 13,8 milliards d'années. Au début du printemps, quand les arbres trouvent le courage de croire que l'hiver est terminé, sortez et cueillez la tige d'une repousse provenant d'un arbre en fleur ou d'un rosier qui germe. Examinez-la et vous remarquerez que chaque pousse fragile a une extrémité qui s'étend vers l'inconnu. Si vulnérable cette pousse semble-t-elle, elle reproduit l'éternel acte de création. C'est le signe physique que la vie a foi en elle-même.

On peut dire à juste titre que vous-même êtes une extrémité de l'univers en train de croître. Il a fallu une éternité, un temps plus long que la durée de vie de la plus ancienne des galaxies, pour parvenir à cet instant même de votre vie. Quelle direction suivra maintenant l'univers ? Seul vous pouvez en décider. Vous êtes responsable de votre évolution, pourtant, ce choix est plus que personnel. L'atemporel a été confié à vos bons soins. Il attend votre décision et quelle qu'elle soit, la réalité suivra. Si vous pensez que nous exagérons, voire que nos idées sont fantasques, songez à ce que vos cellules sont en train de faire. Sans le lien qu'elles entretiennent avec l'immortalité, la vie ne pourrait exister.

LES SOLUTIONS DU SUPERCERVEAU
UNE LONGÉVITÉ MAXIMALE

Dès lors qu'une cellule vieillit, vous vieillissez. Tel est le principe biologique de base. Pourtant, les cellules ont été conçues, au fil de l'évolution, pour survivre. Elles sont associées à des processus chimiques qui relèvent littéralement de l'immortalité, ou qui remontent tout du moins aux origines de l'univers. L'ironie du sort veut que même si vous faites tout ce qu'il ne faut pas sur le plan du mode de vie, c'est-à-dire que vous fumez, vous remplissez votre corps de graisse et de sucre, vous ne faites jamais d'exercice, et tout cela de manière chronique, le même cerveau qui est impliqué dans vos choix terribles s'efforce de rester immortel. Les cellules cérébrales sont comme toutes les autres cellules : elles mènent une campagne fructueuse pour triompher du temps, campagne qui se déroule de seconde en seconde, depuis le moment même de la conception dans l'utérus.

Nous nous sommes lancés dans une explication quelque peu philosophique, mais cela n'empêche pas qu'il existe des moyens spécifiques de vivre en accord avec une vision prenant en compte une longévité maximale. Il est rare de gagner à la loterie génétique. Différents projets de recherche ont examiné les mutations spécifiques qui permettent à certaines lignées familiales de juifs ashkénazes de vivre au-delà de 100 ans – les pères, mères, frères et sœurs deviennent tous centenaires (auparavant, il n'existait pas de documents historiques évoquant une famille dans laquelle plus d'une personne par génération passait la barre des 100 ans). La clé semble être le fait que les gènes les protègent de l'accumulation de plaque dans leurs artères, cause principale des infarctus et des AVC. Cependant, nous n'en sommes pas encore à envisager de transférer cet avantage génétique à d'autres.

Au sein de la population, la durée de vie continue de grandir dans les pays développés. Ce sont les Japonaises qui vivent le plus longtemps sur terre. L'augmentation de la durée de vie des Américains au cours de chaque décennie est quant à elle bien comprise : l'amélioration de l'assainissement et des soins médicaux sont des éléments primordiaux. Les maladies infectieuses de l'enfance ont chuté et, très récemment, il y a eu des améliorations majeures au niveau des soins d'urgence en cas d'infarctus et des programmes visant à se remettre d'un AVC. Par ailleurs, le déclin du tabagisme a également profité à l'espérance de vie. Les deux derniers obstacles sont probablement le manque d'exercice et l'obésité. En d'autres termes, tant que les gens prennent la prévention au sérieux et qu'ils changent positivement leur mode de vie, ils assurent leurs arrières. Mais seuls de très rares individus deviendront centenaires (environ 1 sur 30 000), tandis que de plus en plus d'entre nous vivrons en bonne santé jusqu'à 80 ou 90 ans.

On pense généralement que pour faire progresser significativement la situation actuelle, il faut trouver un remède au cancer et à la maladie d'Alzheimer, deux fléaux certainement liés à l'âge. Mais les pathologies cardiaques restent la première cause de décès aux États-Unis : en dépit des avancées au niveau du traitement, la médecine n'a toujours pas découvert quelle en est la cause. La plaque qui s'accumule dans les artères coronaires ressemble aux débris qui bouchent une canalisation. Toutefois, il faut des lésions microscopiques au niveau de la paroi lisse d'un vaisseau sanguin pour que de minuscules particules de dépôts graisseux puissent se fixer. Ce processus commence quand nous sommes très jeunes et bien que l'on connaisse les facteurs de risque, par exemple un taux élevé de cholestérol, le tabagisme, un mode de vie sédentaire, les comportements de type A et un niveau élevé de stress, les risques et les causes ne sont pas la même chose.

À l'heure actuelle, on dresse un tableau confus de la longévité, qui dépend des gènes, des facteurs de risques et des médicaments, sachant que ce sont ces derniers qui sont mis en avant par les laboratoires pharmaceutiques. En moyenne, les personnes âgées prennent sept médicaments sur ordonnance qui ont tous des effets secondaires. Les pilules sont faciles à avaler pour le patient, et à prescrire pour le médecin, mais depuis une dizaine d'années, les grands traitements médicamenteux contre la dépression, les maladies cardiaques et l'arthrite sont pointés du doigt, car considérées comme moins efficaces, ou plus dangereux, que ce qui est annoncé. En réalité, en se focalisant sur les médicaments, on a diminué la motivation du grand public à pratiquer la prévention, qui n'a elle aucun effet secondaire et qui a prouvé qu'elle était bénéfique.

Nous souhaiterions maintenant explorer l'approche la plus personnalisée qui soit de la longévité, c'est-à-dire celle qui concerne votre corps. Il faut pour cela faire preuve de conscience de soi. D'une part, toute votre vie, vous avez eu des goûts et des préférences, des habitudes, des croyances et des conditionnements. D'autre part, une sagesse a émergé au sein de chaque cellule. Le rajeunissement dépend du rapprochement de ces deux données complémentaires. Ce qui illustre parfaitement le principe de la survie du plus sage.

LA SAGESSE DES CELLULES

SEPT LEÇONS DE LONGÉVITÉ

1. Les cellules partagent et coopèrent.
2. Les cellules pratiquent l'autoguérison.
3. Pour vivre, la cellule doit être constamment nourrie.
4. Les cellules sont toujours dynamiques : elles meurent dès lors qu'elles fonctionnent mal.
5. L'équilibre entre les mondes intérieur et extérieur est toujours maintenu.
6. Les toxines et les organismes porteurs de maladies sont immédiatement repérés et combattus.
7. La mort est acceptée, elle fait partie du cycle de vie de la cellule.

Les cellules sont devenues sages au fur et à mesure de leur évolution, qui s'est faite sur des milliards d'années ; vous aussi pouvez développer la même sagesse en prenant conscience de vous-même et en étant attentif à la manière dont la biologie a résolu certaines des plus grandes problématiques auxquelles vous êtes confronté au quotidien.

1. Les cellules partagent et coopèrent. Aucune ne vit isolée.

Vous appartenez à la communauté humaine et la coexistence est la manière la plus naturelle et la plus saine de vivre. Les cellules ne vont pas à l'encontre de ce truisme. Elles se rassemblent pour former des tissus et des organes et en profitent énormément – votre cerveau en est la preuve la plus spectaculaire. Mais nous avons tous la tentation de faire cavalier seul, mus par l'ego et l'envie d'amasser de plus en plus de choses pour nous-mêmes, ainsi que pour nos proches, mais à l'exclusion de pratiquement tous les autres êtres humains (un livre mémorable sur le sujet, *Comment devenir riche ?*, a analysé la vie de millionnaires ayant réussi seuls et est parvenu à une conclusion déprimante : la plupart étaient des « radins doublés de salauds »). Les cellules ne sont pas malavisées au point de se croire seules au monde.

Notre but n'est pas de faire la morale. Des recherches fascinantes ont montré que les rapports sociaux sont mystérieusement contagieux. En triant les gigantesques banques de données de l'étude cardiaque de Framingham, qui a examiné les facteurs de risque liés aux infarctus pendant trente-deux ans, les sociologues ont fait une découverte étonnante. L'obésité, qui est l'une des causes majeures des maladies cardiaques, se répand tel un virus. Au sein de notre réseau social, constitué de notre famille, nos collègues et nos amis, le simple fait de communiquer avec une personne ayant un problème de poids nous donne plus de probabilités d'être atteint du même problème. « D'après les données, quand une personne devenait obèse, la probabilité que son ami lui emboîte le pas augmentait de 57 % (ce qui signifie que le réseau social est bien plus annonciateur de l'obésité que la présence de gènes associés à cette maladie). Quand une personne devenait obèse, les chances que son frère ou sa sœur ait le même problème augmentaient de 40 %, tandis que celles de son conjoint croissaient de 37 %. »

À l'aide de méthodes statistiques établissant des liens entre les 12 067 habitants de Framingham, dans le Massachusetts, les chercheurs ont découvert que la transmissibilité de l'obésité pouvait également s'appliquer à d'autres risques tels que le tabagisme et la dépression. Ainsi, si vous avez un ami qui fume, la probabilité que vous fumiez croît, tandis que si vous avez un ami qui arrête de fumer, cela augmente vos chances d'en faire de même. Mais dans tout cela, l'aspect le plus énigmatique est le fait que vous n'êtes pas obligé de communiquer directement avec quelqu'un d'autre. En effet, si votre ami a un ami, que vous ne connaissez pas et qui est obèse, déprimé ou qui fume, la probabilité que vous-même développiez ces habitudes augmente, ne serait-ce que de manière infime.

D'autres sociologues ont jugé que ces corrélations étaient inacceptables, mais jusqu'à présent, nul n'a trouvé de meilleur modèle pour expliquer comment ces comportements se transmettaient. L'idée étant que le fait de vous positionner dans un contexte social positif est bénéfique sur le plan physique comme sur le plan mental. Sans que nous comprenions vraiment pourquoi, nos cellules savent ce que bien faire signifie. Dans le cadre d'une étude psychologique d'Harvard, dans les années 1980, on a demandé à des sujets de regarder un film mettant en scène le travail de mère Teresa auprès des malades et des orphelins de Calcutta. Pendant le visionnage, leur tension artérielle et leur rythme cardiaque ont diminué.

Pour aller un peu plus loin, en 2008, une étude de la psychologue sociale Sara Konrath, de l'université du Michigan, a examiné la durée de vie de 10 000 habitants de cet État qui avaient participé à une étude sur leur santé depuis qu'ils avaient eu le baccalauréat en 1957. Sara Konrath s'est concentrée sur ceux qui avaient fait du bénévolat au cours des dix dernières années. Ses découvertes sont fascinantes. Les individus qui avaient œuvré en tant que bénévoles vivaient plus longtemps que les autres. Sur les 2 384 non-bénévoles, 4,3 % sont morts entre 2004 et 2008, tandis que seul 1,5 % des bénévoles altruistes sont décédés durant la même période.

En l'occurrence, le mot-clé est *altruiste*. On a demandé à ces personnes pourquoi elles faisaient du bénévolat et dans leurs réponses, elles n'évoquaient pas forcément le désintéressement. Les motivations de certains participants étaient davantage orientées vers les autres, par exemple « pour moi, il est important d'aider mon prochain » ou « le bénévolat est une activité importante pour les personnes que je connais le mieux ». À l'inverse, d'autres sondés avaient des raisons plus égocentriques de faire du bénévolat, par exemple : « ça me permet de fuir mes problèmes » ou « grâce au bénévolat, j'ai une meilleure image de moi-même ». Ainsi, les personnes ayant affirmé que l'aide qu'elles apportaient à autrui était destinée à leur apporter une satisfaction personnelle avaient presque le même taux de mortalité (4 %) que les personnes qui n'avaient jamais fait de bénévolat. Il s'agit simplement d'un exemple parmi de nombreux qui étayent le fait que des traits de caractère invisibles liés au système mental-corps ont des conséquences physiques. Vos cellules savent qui vous êtes et ce qui vous motive. Cette recherche de l'université du Michigan a été la première à montrer que les motivations des bénévoles peuvent avoir un impact sur leur espérance de vie.

Délaisser l'égocentrisme et embrasser le partage social est un processus. Pour y parvenir, voici en quelque sorte les caps à franchir :

> Je veux être aimé et accepté.
> Quand je garde tout pour moi, les autres me rejettent.
> Nous pouvons réussir ensemble ou échouer séparément.
> J'ai les moyens de partager. Ça ne me fait pas de tort.
> Au contraire, ça me fait du bien.
> Quand je donne, je m'aperçois que je reçois.
> Plus je possède, plus je peux me permettre de donner.
> Étrangement, donner toujours plus apporte une certaine richesse.
> Et quand je donne, ce qui m'épanouit le plus, c'est le don de moi-même.
> Pour moi, le lien le plus profond qui soit naît quand on a l'esprit généreux.

Comme pour chaque chose dans la vie, entre le premier et le dernier pas, le chemin n'est pas une ligne droite, mais un zigzag qui diffère selon chacun. Un enfant de trois ans qui apprend à partager ses jouets ne peut appréhender la générosité. Mais certaines personnes n'y arrivent jamais, quel que soit le nombre d'années qui s'écoulent. Pourtant, il faut en passer par là pour se construire une identité et être en accord avec la nature cellulaire, qui exige le partage et la coopération pour survivre. Toutefois, au niveau de la personnalité, la survie n'est généralement pas le problème. Il s'agit plutôt des bienfaits que l'on reçoit au travers des liens que l'on noue, processus à l'origine de la paix sociale.

2. Les cellules pratiquent l'autoguérison.

Quand vous êtes conscient de vous-même, vous apprenez à réparer les torts que vous avez vous-même créés. C'est une fonction naturelle des cellules, bien que la guérison demeure l'un des processus corporels les plus complexes et déconcertants qui soit. Nous savons seulement que cela existe et que la vie en dépend. Les cellules ont donc de la chance de ne pas avoir à réfléchir à leur guérison. Elles repèrent un quelconque dommage et instantanément, leur mécanisme de réparation se met au travail. Concernant le lien entre le mental et le corps, on peut d'ailleurs établir un parallèle basique. Quand on dit que le temps guérit toutes les blessures, on parle d'un processus automatique, aussi douloureux soit-il. Par exemple, le deuil suit son cours sans que nul ne sache comment les émotions lourdes sont vraiment guéries.

Mais le plus souvent, la guérison ne se fait pas de manière machinale, comme nous l'apprennent les personnes qui ne se remettent jamais de leur deuil. En effet, la plupart du temps, la guérison est une activité consciente. Vous regardez à l'intérieur de vous et vous vous demandez constamment : « Comment est-ce que je vais ? » Il n'y a aucune garantie que vous trouviez la clé, et le simple fait d'examiner votre douleur intérieure peut être accablant. L'autoguérison signifie que l'on vainc la douleur et que l'on trouve un moyen de redevenir complet. Pour y parvenir, voici quelques indications :

J'ai mal. Au secours !
J'ai encore mal. Au secours !

> Pourquoi la douleur ne s'en va-t-elle pas ? Si je l'ignore, peut-être partira-t-elle.
> J'ai essayé de me distraire, mais il faut vraiment que je m'occupe de ma douleur intérieure.
> Je suis capable de regarder ce qui ne va pas.
> Peut-être y a-t-il quelque chose que je peux faire pour moi-même.
> Peut-être cette douleur me dit-elle quelque chose ; mais quoi ?
> Je pense que je comprends et soudain, la douleur commence à s'atténuer.
> Je me sens incroyablement soulagé. La guérison est possible.
> J'ai confiance en ma faculté de guérison.

Un petit enfant qui appelle sa maman au secours n'a pas d'autres ressources. Il ne peut comprendre l'ultime étape : *j'ai confiance en ma faculté de guérison*. Mais la guérison fait partie de l'immense boucle de rétroaction qui réunit le mental et le corps. Plus vous vivez de moments durant lesquels vous faites ne serait-ce que tenter de vous guérir, plus cette attitude se développe en vous. Ainsi, triompher de ses blessures les plus profondes est une victoire spirituelle. Sans cela, la vie serait cruelle, dans la mesure où les plaies seraient inéluctables. Ce n'est qu'en vous bâtissant une identité et que tant que la victoire sur la douleur est possible que vous pouvez vous prouver que la vie n'est pas cruelle. Par la conscience de nous-mêmes, nous réalisons que la guérison est l'une des plus grandes forces qui nous soutiennent dans la vie.

3. Pour vivre, la cellule doit être constamment nourrie.

Les cellules survivent en ayant parfaitement foi dans le fait que l'univers les soutient. Cette confiance est si forte qu'une cellule typique ne conserve pas plus de trois ou quatre secondes de réserves de nourriture et d'oxygène. Car elle est en permanence alimentée. S'appuyant sur cette certitude, elle peut consacrer tout son temps et toute son énergie à ce qui fait avancer la vie : le développement, la reproduction, la guérison et le bon fonctionnement de ses rouages internes. En même temps, les cellules ne choisissent pas ce qui est bénéfique pour elles. Toute nourriture est bonne. Elles n'ont pas le temps de faire d'erreur ou de s'essayer à un mode de vie risqué.

Voici une leçon de sagesse plus souvent ignorée qu'écoutée. Dans notre culture, l'excitation, le risque et le danger sont des termes positifs, tandis que l'équilibre, la juste mesure et la modération semblent irrémédiablement ternes. Nous considérons que la rébellion est notre droit de naissance. Aussi, nous sommes constamment tentés de passer outre les bienfaits d'une vie équilibrée, mais pendant que nous faisons nos expériences, nos cellules souffrent. Toutefois, l'histoire ne s'arrête pas là. Chacun d'entre nous chérit son droit à faire des erreurs et de plus, l'évolution est très indulgente. Vous pouvez toujours recommencer à zéro et mener une vie plus épanouissante. L'important est de savoir ce qui vous nourrit le plus et de concentrer votre énergie dessus.

C'est ainsi que la passion rejoint l'équilibre. On présume d'ailleurs que les cellules se passionnent déjà pour la vie : après tout, elles font tout leur possible pour se porter bien et se multiplier. Aussi, nourrissez-vous des trois aspects pouvant développer votre passion de la vie. Pour cela, il serait bon que vous preniez le temps de mettre ces trois choses par écrit, de glisser votre liste dans votre portefeuille et de vous la rappeler dès lors que c'est nécessaire. Si l'on met de côté les détails, ce sont votre mental et votre corps qui doivent s'épanouir. Par conséquent, votre liste devra inclure :

1. Votre vision la plus élevée.
2. Votre amour le plus profond.
3. Votre plus grand talent.

Une vision vous donne un but et du sens. L'amour vous apporte des émotions vibrantes et une passion durable. Un grand talent vous permet de concevoir un défi qu'il vous faudra des années pour relever. Ensemble, ces trois éléments primordiaux conduisent au véritable bonheur. Comme pour chaque aspect de la sagesse, il vous faut suivre une voie pour connaître l'épanouissement dans votre vie. Voici à quoi elle pourrait ressembler.

> J'imagine que je suis plutôt heureux. Ma vie est aussi intéressante que celle de la personne assise à côté de moi.
> J'aimerais tant que mes journées ne soient pas aussi routinières et prévisibles.
> Juste en dessous de la surface, j'ai des rêves secrets.
> Peut-être ne suis-je pas obligé d'avoir peur de voir loin.
> Je mérite davantage de qualité et de bonheur dans ma vie.
> Je vais risquer de faire ce qui me rend heureux.
> Mes aspirations commencent à se réaliser.
> C'est incroyable, mais l'univers est de mon côté.

C'est ainsi que la confiance grandit, cette confiance si naturelle chez les cellules, mais si compromise dans nos vies. Car pour la plupart des gens, la confiance se heurte tôt à des obstacles. Ils perdent cette qualité simple qu'a un enfant qui dépend de ses parents, dont le rôle est de subvenir à ses vêtements, sa nourriture, ses besoins. Plus tard, une transition se fait quand une nouvelle forme de confiance – l'autonomie, la confiance en soi – se met en place. Au cours de cette transition, l'être humain apprend à cesser d'extérioriser sa confiance (j'ai confiance en maman et papa) et à commencer à l'intérioriser (j'ai confiance en moi). Il est clair que pour franchir ce cap difficile, il faut auparavant essuyer de nombreux revers. Par conséquent, il faut constamment être conscient pour continuer d'évoluer. La seule véritable nourriture qui dure toute une vie vient de l'intérieur. Si vous continuez de placer votre confiance entre les mains d'autrui, elle pourra vous être enlevée. Mais en ayant confiance en vous-même, la menace s'efface. Sur ce chemin, les différentes étapes à franchir sont : « je peux y arriver moi-même », puis « je suis à la hauteur » et enfin « je suis soutenu par l'univers ». Aucune voie n'est plus gratifiante, sublime.

4. Les cellules sont toujours dynamiques : elles meurent dès lors qu'elles fonctionnent mal.

Les cellules savent résister à de nombreux fléaux qui pèsent sur notre quotidien – sinon, elles ne pourraient survivre – et l'un de leurs avantages est qu'elles ne sont jamais bloquées. L'univers de la cellule est le sang, sorte de superautoroute sur laquelle il y a une circulation dense de substances chimiques. À l'œil nu, il paraît uniforme : il ressemble à un liquide légèrement visqueux, chaud et cramoisi. Mais au niveau moléculaire, on observe de multiples changements. Une cellule ne sait jamais exactement ce qui va se présenter sur cette superautoroute. Ainsi, les compositions sanguines d'un soldat en guerre, d'un patient auquel on vient de diagnostiquer un cancer, d'un yogi assis dans une grotte himalayenne et d'un nouveau-né sont entièrement différentes.

Les cellules, en réaction à un monde en transformation constante, s'adaptent instantanément. C'est le cerveau qui est obligé d'avoir le plus de souplesse, puisqu'il est informé de toutes les opérations au sein du corps, aussi infimes soient-elles. Par conséquent, si vous êtes dans l'impasse à cause d'un comportement, d'une habitude ou d'une croyance qui refuse d'évoluer, vous ralentissez votre cerveau. Il a fallu longtemps à la science médicale pour accepter la gravité de ce genre de blocage. Il y a vingt ans, certaines études pionnières sur le lien entre le corps et le mental ont cherché des corrélations entre la psychologie et la maladie. Un bon nombre de médecins soupçonnait, sans preuve scientifique à l'appui, que certains patients avaient des personnalités qui les rendaient plus vulnérables au cancer en particulier. Ils ont bien obtenu des résultats : une « personnalité maladive » a été repérée, qui était marquée par le refoulement émotionnel et une tension générale. Mais ils n'ont pas détecté de « personnalité à cancer ». Il n'était donc pas très utile de découvrir que la psychologie de l'individu pouvait lui faire courir un risque vague et général de contracter pratiquement n'importe quelle maladie, depuis le banal rhume jusqu'à l'infarctus, en passant par la polyarthrite rhumatoïde.

Mais nous pouvons nous servir de cette découverte en prenant les choses à l'envers. Au lieu d'essayer de déterminer avec précision le type de comportement qui rend le cancer plus probable, nous pouvons nous concentrer de sorte à éviter d'arriver dans l'impasse, puisque nous savons que les cellules cérébrales, et toutes les autres au demeurant, sont conçues pour être dynamiques, flexibles et continuellement alertes face au changement. Tout le monde n'apprend pas naturellement que le changement est un ami et avec l'âge, la résistance à l'inconnu croît. Le plus souvent, voici à quoi ressemble le chemin à emprunter :

> Je suis ce que je suis. Nul n'a le droit de me changer.
>
> Je suis à l'aise avec ce qui m'est familier.
>
> Ma routine quotidienne commence à me sembler vieillotte.
>
> Je vois des gens qui font davantage de choses que moi.
>
> Peut-être ai-je refoulé ma curiosité.
>
> Je ne peux pas m'attendre à ce que la vie m'apporte de nouvelles choses. Il faut que je me motive.
>
> La nouveauté commence à être appréciable.
>
> Il est possible de se sentir à l'aise au beau milieu du changement.
>
> J'adore le dynamisme de mon existence : c'est grâce à cela que je me sens perpétuellement en vie.

Les cellules ne sont pas obligées de suivre cette voie ; l'évolution s'est assurée que le dynamisme fasse tout simplement partie de leur vie. C'est au niveau personnel que vous devez affronter vos blocages. Au bout du compte, la raison en est naturelle et basique : vous êtes fait pour évoluer, parce que c'est ainsi que fonctionne votre corps. Au départ, peut-être résisterez-vous à la notion de coopération avec la nature, mais si vous persévérez, vous vous apercevrez que c'est le moyen le plus simple de vivre et de vous épanouir.

5. L'équilibre entre les mondes intérieur et extérieur est toujours maintenu.

Les cellules ne font pas une fixation sur leur monde intérieur. Elles ne sont ni névrosées ni angoissées au sujet de l'avenir. Elles n'ont pas non plus de regrets (bien qu'elles portent certainement les cicatrices du passé ; il suffit de le demander au foie d'un alcoolique ou à la paroi stomacale d'une personne qui doute constamment). Comme elles ne se plaignent pas, il est facile de supposer qu'elles n'ont pas de vie intérieure, mais c'est faux. La frontière entre l'intérieur et l'extérieur est leur membrane externe. À plusieurs titres, celle-ci s'avère être le cerveau miniature de la cellule, car cette dernière reçoit tous les messages au niveau des sites récepteurs présents par milliers sur la membrane cellulaire. Ces récepteurs laissent certains messages entrer et en évincent d'autres. Tels des nénuphars flottants, ils s'ouvrent au monde, mais ont des racines enfouies sous la surface.

À l'intérieur, ses racines permettent à différents messages de suivre leur chemin. S'il y a en vous du déni, du refoulement, la censure de certains sentiments et l'émergence d'autres, ou encore si vous êtes pris dans l'étau de la dépendance et dans la rigidité des habitudes, tout cela se retrouve au niveau de la membrane cellulaire. Les récepteurs changent constamment dans le but de répondre au besoin d'équilibre des mondes intérieur et extérieur. Toutefois, cette formidable adaptabilité a une autre facette. Deepak aime à dire que nous ne faisons pas seulement des expériences, mais que nous les métabolisons. Chaque expérience devient un signal chimique codé qui modifie la vie de vos cellules, à petite ou à grande échelle, pour quelques minutes ou pour quelques années.

Un problème émerge quand une personne se coupe de son monde intérieur et ne parvient pas à l'aligner sur son monde extérieur. Il y a dans ce cas deux extrêmes. D'un côté, les psychotiques, dont la seule réalité est leurs pensées et hallucinations déformées. De l'autre côté, on trouve les sociopathes, qui n'ont aucune conscience et pratiquement aucun monde intérieur ; ils sont obnubilés par l'exploitation d'autrui. Entre ces deux extrémités, on trouve une grande palette de comportements. Car les mondes intérieur et extérieur se déséquilibrent sous l'effet de tout type de mécanisme de défense. En d'autres termes, nous créons un écran qui sépare le monde extérieur de notre réaction à celui-ci. Voici les différentes sortes d'écrans que nous pouvons mettre en place :

Le déni : Refus de faire face à ses sentiments réels quand les choses vont mal.

Le refoulement : Insensibilité permettant de ne pas être touché par les événements « extérieurs ».

L'inhibition : Étouffement des sentiments, la logique étant que des émotions atténuées sont plus sécurisantes et acceptables pour la société.

La manie : L'opposé de l'inhibition ; laisser ses sentiments s'exprimer sans aucun contrôle et sans penser aux répercussions que l'on subira de la part de la société.

La victimisation : Refus de se faire plaisir, parce que d'autres nous refusent ce même plaisir ; ou alors,

acceptation du fardeau qu'est la souffrance, par sentiment de le mériter.
Le contrôle : Tentative de cloisonner le monde intérieur comme le monde extérieur pour éviter de devoir repousser ses limites.
La domination : Usage de la force pour maintenir autrui en position d'infériorité tout en exprimant son fantasme de puissance.

À quoi ressemblerait votre vie sans ces écrans ? En un mot, vous connaîtriez la résilience émotionnelle. Des études portant sur des personnes ayant réussi à conserver leur santé jusqu'à l'âge de 100 ans indiquent que leur plus grand secret est leur aptitude à rester résilientes. Les centenaires ont connu les mêmes revers et les mêmes déceptions que tout un chacun, mais ils semblent rebondir plus aisément et ne pas se laisser envahir par les fardeaux du passé. La résilience émotionnelle implique de faibles mécanismes de défense, car sinon, la personne s'accrochera à ses blessures anciennes, gardera des rancœurs secrètes et intériorisera son stress à défaut de l'évacuer. Votre corps paye donc le prix des défenses que vous mettez en place.

Les cellules n'agissent nullement avec autant de fausseté. Au lieu de cela, il y a un mouvement de va-et-vient, qui correspond au rythme naturel de la vie. La réponse intérieure de la cellule est en phase avec les événements extérieurs. Rétablir ce rythme en vous-même requiert une prise de conscience. Nous portons tous des valises psychologiques et nous avons tendance soit à nous protéger d'éventuelles blessures supplémentaires, soit à ignorer notre vie intérieure, trop chaotique. Voici un aperçu de la voie qui conduit à un équilibre entre l'intérieur et l'extérieur :

Je me sens mal. Je n'ai pas envie d'affronter ça.
Il est dangereux de montrer mes sentiments.
Le monde est un endroit effrayant. Chacun a le droit de se protéger.
Je ferai face à mes problèmes demain.
La situation ne semble pas s'améliorer quand on l'ignore.
Peut-être faut-il que je me confronte à mes comportements intérieurs et à mes sentiments refoulés.
J'ai regardé en moi et il y a beaucoup de travail. Mais ce n'est pas aussi effrayant que ce que j'imaginais.
Je me sens soulagé quand j'évacue mes problématiques anciennes.
Je commence à me sentir plus à l'aise dans le monde et beaucoup plus en sécurité.

6. Les toxines et les organismes porteurs de maladies sont immédiatement repérés et combattus.

Si les cellules avaient une opinion sur la manière dont nous menons notre avis, elles seraient sans nul doute surprises de constater combien nous tolérons les toxines. En effet, par nature, les cellules expulsent instantanément les substances toxiques ou alors, elles les neutralisent. La fonction principale du système immunitaire est de faire le tri entre les envahisseurs nuisibles et ceux qui ne le sont pas. Les reins ont quant à eux pour objectif de filtrer les toxines contenues dans le sang. Toute une flore bactérienne se trouve dans vos intestins, et heureusement (la prise d'antibiotiques éradique la plupart des bactéries du corps, et ce sans distinction, ce qui crée un déséquilibre digestif provisoire, qui pourrait toutefois s'avérer dramatique), et tout autant de substances biochimiques circulent dans le sang. Le système immunitaire et les reins ont appris, grâce à l'évolution, à séparer le bon grain de l'ivraie. L'intelligence de votre corps est ainsi hautement sensible à la toxicité et elle veille. Toutefois, les êtres humains ont plus de mal à tirer les leçons du passé.

Quand la médecine classique a ignoré la campagne visant à instaurer une alimentation plus naturelle et à combattre les additifs alimentaires, elle a desservi le bien-être public. Depuis que les industries de la viande et des produits laitiers ont commencé à ajouter massivement des hormones pour accélérer la production de viande et à augmenter de manière spectaculaire la quantité de lait produite par les vaches, il y a eu des changements suspects au niveau de la santé publique, par exemple l'apparition précoce des règles chez les jeunes filles et une augmentation des cas de cancer du sein (les tissus du sein sont hautement sensibles aux substances étrangères et les confondent volontiers avec des signaux hormonaux). Aujourd'hui encore, le commun des médecins reçoit une éducation minimale en matière de nutrition et d'alimentation. Cela n'empêche pas qu'ils auraient dû rejoindre la campagne s'opposant à la contamination potentiellement toxique de notre air, de notre eau et de notre nourriture.

Les populations dont l'eau est contaminée et le traitement des eaux usées inadéquat sont sujettes à quantité d'épidémie et à un raccourcissement de leur durée de vie. Mais nous n'avons pas encore étudié la corrélation entre l'espérance de vie et la présence d'additifs dans l'alimentation « normale ». Le gouvernement américain surveille l'usage des pesticides et des insecticides par le truchement de la loi, pourtant, il poursuit rarement les violations en justice. Des acteurs très puissants sur le marché promeuvent les fast-foods, le bœuf rapidement commercialisable, des teneurs en sucre élevées et une grande palette de conservateurs. Mais nul n'est forcé d'attendre que des études soient faites pour montrer du doigt les additifs toxiques et ceux qui ne le sont pas. Il est déjà risqué d'avoir une alimentation riche en graisses et en sucre. La prudence est donc de rigueur et le plus logique est de manger naturel. Aussi, pourquoi ne pas tendre vers la toxicité la plus faible que vous puissiez raisonnablement atteindre dans votre alimentation ?

Il ne s'agit pas là de justifier les comportements extrêmes. À ce jour, aucune étude n'a montré que les personnes qui prennent de manière obsessive de grandes quantités de compléments alimentaires ou qui consomment une alimentation strictement biologique vivent plus longtemps que les personnes qui ont une alimentation normale équilibrée. Le terme « toxine » est effrayant, mais il vaut mieux une approche équilibrée qu'une pureté totale motivée par la peur. Les pesticides et les insecticides doivent légalement se dégrader avant que l'aliment ne soit commercialisé et ils sont retirés pendant la préparation en vue de la vente ; de toute façon, il devrait être intégré qu'il faut nettoyer ses fruits et légumes chez soi. Il est toutefois raisonnable de ne pas avoir entièrement confiance dans l'industrie alimentaire, qui nous assure que nous n'ingérons pas suffisamment de conservateurs, d'additifs et de pesticides pour que cela nous nuise. Mais sur l'ensemble d'une vie, vous êtes ce que vous mangez. Cet avertissement se suffit à lui-même.

La campagne en faveur d'une alimentation meilleure participe de la tendance globale à une plus grande conformité (si seulement les choses pouvaient aller plus vite), le problème majeur étant les toxines invisibles qui affectent le bien-être. Elles aussi sont médiatisées : il s'agit du stress, de l'anxiété, de la dépression, de la violence familiale et de la maltraitance physique et émotionnelle. Vous ne pouvez ni voir ces toxines ni y goûter, et vous faites face à la même difficulté : la non-conformité. Les gens tolèrent beaucoup trop la toxicité de leur mode de vie. Leurs comportements nuisent particulièrement à leur corps, ou alors, ils subissent une attitude similaire de la part de leur famille, de leurs amis ou de leurs collègues. La solution est la prise de conscience, par laquelle vous vous regardez avec honnêteté dans le miroir et vous trouvez un moyen de chasser les toxines invisibles de votre vie. Voici à peu près la marche à suivre :

> Je suis fort et en bonne santé. Je peux manger tout ce que je veux.
> Rien ne semble aller de travers.
> Tout ce qui est naturel est bon pour les anciens hippies et pour les personnes qui s'inquiètent de trop.
> En y regardant de plus près, je me suis aperçu qu'il y avait plus de toxines que ce que je pensais.
> Mieux vaut prévenir que guérir.
> Il faut que je change aujourd'hui si je veux être en bonne santé demain.
> Je suis capable d'arrêter la nourriture industrielle si je m'y emploie.
> Je mérite le bien-être. Il me faudra faire des efforts, mais cela en vaut la peine.

Pour vous débarrasser des toxines invisibles dans votre vie, il vous faut emprunter un chemin différent, mais pas inverse. Après « je peux tolérer ce mode de vie », vous pensez « cela nuit à ma vie » et enfin « je mérite le bien-être ». Les concessions et l'inertie sont de puissantes forces. Nous pouvons passer des années à accepter des toxines, notre mental trouvant toujours des raisons à l'immobilisme. Aussi, reconnaissez leur puissance et respectez-les. Il n'est pas nécessaire de procéder à une attaque frontale pour tenter de purifier votre vie. Il est bien suffisant d'avancer dans la bonne direction. La sagesse qu'il a fallu des milliards d'années aux cellules pour développer mérite bien quelques années d'attention rigoureuse de votre part.

7. La mort est acceptée, elle fait partie du cycle de vie de la cellule.

Les cellules parviennent à faire quelque chose que nous ne pouvons qu'envier et à peine comprendre : elles mettent toute leur énergie dans leur survie et pourtant, n'ont pas peur de mourir. Nous avons déjà abordé l'apoptose, c'est-à-dire la mort programmée informant génétiquement la cellule que son heure est venue. Mais la plupart du temps, les cellules se divisent à défaut de mourir comme nous l'entendons et le craignions : elles défient la mortalité en donnant naissance à une nouvelle génération de cellules. La réincarnation a ainsi lieu sous nos yeux, quand nous observons la mitose cellulaire à l'aide d'un microscope. Les êtres humains ont pourtant une attitude plus incertaine sur le processus de la mort, mais au fil des dernières décennies, notamment à la suite du livre avant-gardiste d'Elisabeth Kübler-Ross paru aux États-Unis en 1969, *Les Derniers Instants de la vie*, notre attitude sociale est devenue moins craintive.

La sagesse cellulaire est en corrélation parfaite avec les grands enseignements de sagesse du monde. La mort n'est ni le pendant ni l'opposé de la vie. Au contraire, elle fait partie de la vie et transcende ainsi toutes ces notions. Tout ce qui naît doit mourir ; malgré tout, dans l'ordre cosmique des choses, mourir n'est qu'une transition vers une autre forme de vie. Le renouveau est une constante dans la nature. Ces sujets sont controversés quand les gens comparent leurs croyances religieuses et qu'ils se font la guerre en raison d'une vérité dogmatique. Mais les cellules ne sont pas théologiques, ni Dame Nature.

Face à une conception de la vie faisant la part belle à la foi, un sceptique rétorquera que l'univers est froid et impersonnel, qu'il est le produit d'événements aléatoires et qu'au bout du compte, l'existence humaine le laisse indifférent. Étrangement, le conflit qui oppose la foi et le scepticisme ne semble pas avoir d'impact sur la manière dont une personne aborde sa mortalité. Assumer la mort est si personnel que cela transcende la croyance. Il existe des dévots qui tremblent de peur face à la mort et des sceptiques qui y font face avec équanimité. Comme Elisabeth Kübler-Ross l'a indiqué pour la première fois à grande échelle, l'essentiel est que la mort est un processus qui passe par différents stades. Ceux-ci sont aujourd'hui bien connus : le chagrin, le déni, la colère, le marchandage, la dépression et l'acceptation. (À ce sujet, Deepak connaît deux sœurs qui étaient au chevet de leur mère âgée de 89 ans dans un centre de soins palliatifs. Elles étaient assises de part et d'autre du lit et, tour à tour, lisaient à voix haute *Les Derniers Instants de la vie* en espérant apporter un soulagement à leur mère, qui les écoutait en silence et les yeux fermés. Soudain, elles ont réalisé qu'elle s'était éteinte. Spontanément, l'une des sœurs s'est exclamée : « Mais tu n'en es qu'au quatrième stade ! »)

Entre-temps, des désaccords sont intervenus sur la description faite par Elisabeth Kübler-Ross des différents stades de la mort et de leur ordre. Mais la véritable leçon à retenir est que le processus de la mort devrait être aussi dynamique que celui de la vie, expérience qui évolue en fonction de vous. Certaines cultures, tel le bouddhisme tibétain, proposent une préparation intense à la mort et une théologie hautement détaillée des différents cieux et enfers (bien qu'en réalité, ces *bardos* soient plutôt des états de conscience après que l'individu a quitté son corps physique). L'Occident n'a pas de tradition similaire, à l'exception des Amérindiens, et chaque personne doit par conséquent envisager la mort seule. D'ailleurs, la peur de trépasser est nuisible à votre corps, non pas parce que la mort est une épée de Damoclès, mais parce que toute forme de peur est toxique.

Le concept de boucle de rétroaction envoyant constamment des messages aux cellules est inéluctable. La bonne nouvelle est que l'aiguillon de la mort est pour une grande part psychologique et que vous pouvez donc le retirer. La nature est de votre côté. La grande majorité des patients en fin de vie a accepté son sort ; souvent, le personnel spécialisé dans les soins palliatifs remarque que c'est la famille du mourant qui éprouve la plus grande angoisse et le plus grand stress. En outre, il est superficiel et erroné de relier vieillissement et mort. Car le vieillissement touche le corps, tandis que la mort touche l'individu. Par conséquent, la personne qui a une très grande perception d'elle-même et qui a beaucoup réfléchi à la fameuse question : « qui suis-je ? » sera probablement la plus calme face à la mort.

Il y aura bien d'autres choses à évoquer sur la manière d'atteindre votre soi véritable ou profond. C'est une problématique vitale, puisque les traditions de sagesse du monde déclarent que la mort ne peut toucher le soi véritable – vérité à laquelle fait référence saint Paul quand il parle de « mourir à la mort ». Notre objectif est de souligner le fait que mourir fait partie de la vie, comme chaque cellule de notre corps en fait déjà l'expérience. Voici comment vous pourriez faire la paix avec la mort :

Je ne pense pas à la mort. C'est inutile.
L'important, c'est de vivre ce qui se passe en cet instant.
De toute façon, au fond de moi, je ne crois pas qu'un jour, je vieillirai et je mourrai.
Pour être honnête, je ne pense pas à la mort, car c'est trop effrayant.
J'ai assisté à la mort d'un ami, d'un membre de ma famille ou d'un animal de compagnie. Je sais qu'un jour, j'y serai confronté.
Je commence à ressentir plus de calme à ce sujet.
Je peux maintenant regarder la mort sans la fuir.
La mort touche tout le monde. Mieux vaut l'aborder calmement, les yeux ouverts.
J'ai ressenti les premiers véritables soubresauts de la mortalité.
Il est temps de lui faire face.
En fait, j'ai envie de savoir ce qu'il y a derrière la mort.
Il est possible d'accepter la mort et de considérer que c'est une phase naturelle de la vie : c'est ce que j'ai fait.

Devenir sage est le projet d'une vie. Nous sommes encouragés par la « nouvelle vieillesse » et par des études qui révèlent l'aspect positif du vieillissement, tout ceci pouvant être regroupé dans la catégorie « maturité ». Si les personnes âgées ont tendance à obtenir de moins bons résultats aux tests de mémoire et de QI que les jeunes, en matière d'expérience, elles sont devant. Cela est particulièrement visible dans les tests dans lesquels il est demandé de prendre une décision concernant une situation délicate, par exemple renvoyer un employé, annoncer à un ami que sa femme le trompe ou faire face à l'annonce d'une maladie grave au sein de la famille. Ce qui est nécessaire dans ce genre de situation est la maturité, et bien que l'intelligence émotionnelle ait un rôle à jouer, pas un seul aspect du QI n'est aussi important que la maturité. Il vous faut traverser toute une vie d'épreuves pour l'acquérir. Aussi, pourquoi ne pas mener une vie en accord avec l'évolution telle qu'elle est incarnée par vos cellules ?

LE CERVEAU ÉVEILLÉ

À quoi ressemble l'illumination ? L'âme est-elle accessible ? Peut-on incarner Dieu personnellement ? Pour beaucoup, la réponse à ces questions revient à avoir envie de capturer une licorne : c'est une chimère qui ne se réalise jamais. Mais au Moyen Âge, cet animal représentait la grâce parfaite. Ce cheval d'un blanc pur, orné d'une corne tressée sortant de son front, était un symbole christique et sa capture représentait la quête intérieure du Divin. Le mythe peut devenir réalité si vous trouvez le chemin à suivre.

L'illumination nécessite également d'accomplir un voyage intérieur, avec Dieu comme destination, ce qui est faisable. Toutefois, Dieu n'est pas la seule destination possible. Le terme qui est à l'origine du mot illumination, *moksha*, est sanskrit et on le traduit par « libération ». Mais la libération de quoi ? De la souffrance, de la mortalité, de la douleur, du cycle des renaissances, de l'illusion, du karma – au fil des siècles, la spiritualité orientale a proposé de nombreux buts chers au cœur de beaucoup. Bien que *moksha* soit considéré comme un objectif réaliste, ce vers quoi toute personne devrait tendre, la vérité, si frustrante soit-elle, est qu'il n'y a que de très rares exemples d'êtres ayant atteint l'illumination. Les parallèles que l'on fait avec la licorne sont plutôt malvenus.

Nous voudrions envisager la recherche de l'éveil comme le chemin naturel que doit suivre le cerveau. Pendant des siècles, avant qu'on ne fasse le lien entre le corps et l'esprit, on ne savait pas, à l'inverse d'aujourd'hui, que toute expérience doit passer par le cerveau. Vous ne pouvez voir un grille-pain ou une tortue d'eau douce sans activer votre cortex visuel. Il en va de même quand vous voyez un ange, ne serait-ce que dans votre imaginaire. En ce qui concerne les neurones du cortex visuel, une image peut être aussi bien réelle que rêvée : elle peut exister à l'intérieur comme à l'extérieur. Aucun phénomène visuel n'est possible sans la stimulation de cette aire cérébrale. Cela ne concerne pas que les anges. Pour que Dieu, Satan, l'âme, les esprits des ancêtres ou toute expérience spirituelle puisse exister, votre cerveau doit être capable de l'enregistrer, de s'y accrocher et de lui donner un sens. Il ne s'agit pas seulement du cortex visuel. Tout le cerveau est un pan inexploré de la spiritualité.

LE CERVEAU S'ÉVEILLE

Un indice qui nous montre que l'illumination est réelle, et accessible, consiste à examiner ce que nous sommes déjà. Nous utilisons tout le temps des expressions courantes qui y font référence : « Réveille-toi ! », « voir la lumière », « faire face à la réalité ». Elles sont toutes révélatrices d'une conscience supérieure. Un être éveillé est simplement une personne qui a été plus loin que les autres. L'illumination permet un éveil complet : vous percevez les choses avec une clarté totale et vous faites face à la réalité ultime. Par conséquent, le cerveau n'est plus terne ni endormi ; bien au contraire, lui aussi connaît l'illumination, et devient alerte, vibrant et créatif.

Un renversement spectaculaire s'est produit et il n'est pas étonnant qu'à une époque pieuse, l'expression « s'éveiller » fasse partie du vocabulaire religieux. Dans le Nouveau Testament, « voir la lumière » signifiait « voir la lumière de Dieu ». Quand Jésus a dit : « Je suis la lumière du monde » (Jean 8:12), il voulait dire que les gens verraient la divinité s'ils le regardaient non pas comme un être de chair et de sang, mais comme un représentant de l'Être divin. Dieu est la lumière suprême et il faut un regard nouveau, celui de l'âme, pour le percevoir. Néanmoins, toute forme de perception, aussi sacrée ou poétique soit la terminologie employée, nécessite un changement au niveau du fonctionnement cérébral.

Quand une telle transformation avait lieu, vous pouviez tout voir sous un nouveau jour, y compris vous-même. Jésus disait à ses disciples de ne pas cacher leur lumière sous un boisseau, car eux aussi faisaient partie de Dieu. Il fallait qu'ils se voient avec le regard de l'âme avant de permettre au monde de constater leur transformation. Les religions tentent de breveter la transformation personnelle et de la rendre exclusive, mais il s'agit bien d'un processus universel ancré dans le lien corps-mental. Quand on parle de « faire face à la réalité », on désigne par là le fait de regarder les choses telles qu'elles sont vraiment et non pas sous leur visage illusoire. Ainsi, un être éveillé a libéré son esprit de toute illusion et il voit la réalité avec une clarté parfaite. Ce qui paraît ordinaire devient soudain divin.

Une fois que le mental s'éveille, voit la lumière et fait face à la réalité, le cerveau connaît des changements physiques. La neuroscience ne peut en établir une cartographie précise, parce que les sujets pouvant être testés et subir une imagerie cérébrale sont très rares. Dans l'ensemble, les recherches sur la conscience supérieure avancent à petits pas, les progrès sont très lents. Il est presque impossible de savoir si les gens voient vraiment des anges, les scientifiques ne sachant expliquer comment le cerveau voit. Comme nous l'avons déjà dit, quand vous regardez l'objet le plus ordinaire qui soit, une table, une chaise ou un livre, il n'y a pas d'images de cet objet dans votre cerveau. Par conséquent, les théories portant sur la vue, ainsi que sur les quatre autres sens, demeurent rudimentaires et font la part belle aux devinettes.

Mais il y a bien des preuves de l'illumination, bien qu'elles nous soient parvenues de manière fragmentée. Depuis des décennies, de grands yogis indiens accomplissent de remarquables prouesses physiques soumises au regard de la science. Une catégorie de saints hommes, appelés *sadhus*, soumettent leur corps à des situations extrêmes dans le cadre d'une pratique dévotionnelle, mais aussi pour développer leur self-control. Certains ont été enterrés dans une boîte scellée et ont survécu des jours durant, ayant la capacité d'amener leurs battements cardiaques et leur respiration à pratiquement zéro. D'autres survivent en n'ingérant que très peu de calories par jour ou accomplissent des tours de force exceptionnels. Par le biais de pratiques spirituelles spécifiques, les yogis et les sadhus ont appris à contrôler leur système nerveux autonome, c'est-à-dire qu'ils peuvent consciemment modifier des fonctions corporelles généralement involontaires.

Un contrôle de soi aussi extrême est étonnant ; mais ce n'est rien comparé à l'illumination. Car le cerveau a alors une représentation totalement nouvelle du monde et quand les modifications cérébrales sont là, la personne est remplie d'émerveillement et de félicité. Elle vit une série de déclics et au fur et à mesure que le cerveau analyse ces différents points de repère, sa perception du monde change. À chaque déclic correspond le renversement d'une perception archaïque.

LE DÉCLIC DE L'ILLUMINATION

UNE SÉRIE DE PRISES DE CONSCIENCE

J'appartiens à tout ce qui est.

Renverse la croyance selon laquelle vous êtes seul et isolé.

On tient à moi.

Renverse la croyance selon laquelle l'univers est vide et impersonnel.

Je suis comblé.

Renverse la croyance selon laquelle la vie est un combat.

Ma vie a du sens pour Dieu.

Renverse la croyance selon laquelle Dieu est indifférent (n'existe pas).

Je suis illimité, je suis un enfant de l'univers.

Renverse la croyance selon laquelle les êtres humains sont une parcelle insignifiante dans l'immensité de la création.

Ces déclics ne se font pas tous en une fois. Ils s'inscrivent dans le cadre d'un processus. Ce dernier étant naturel et se faisant sans effort, tout le monde a des moments d'éveil. Il n'est donc pas difficile de changer de perception. Au cinéma (et parfois dans la vie réelle), une femme crie à un homme : « Attends une minute ! Nous ne sommes pas simplement amis. Tu es amoureux de moi ! Comment ai-je pu ne pas le voir ? » Ce déclic, qu'il se passe dans la fiction ou dans la réalité, peut bouleverser la vie d'une personne. Et même si ce n'est pas le cas, la personne connaît un basculement intérieur. L'esprit, ainsi que le cerveau, cesse soudain de se représenter un monde d'amitié, au profit d'un monde d'amour. Une réalité A (le monde profane) est modifiée par une prise de conscience, qui fait naître dans votre vie différentes règles qui s'appliquent à une réalité B (celle dans laquelle Dieu est réel).

Dans leur aspiration à plus de sens et d'épanouissement, les gens désirent connaître de tout leur cœur la réalité B. Si quelqu'un avait à 100 % la garantie de l'existence de Dieu, renoncer à la réalité A serait une joie et un soulagement. La personne n'aurait plus de souffrance, de doutes, de peur de la mort, ni même d'inquiétude à propos du péché, de l'enfer et de la damnation. Les religions prospèrent en nourrissant notre désir d'échapper aux pièges du monde ordinaire, si confortable la réalité A puisse être.

La seule garantie que Dieu existe provient de l'expérience directe. Vous devez ressentir une présence divine ou percevoir Dieu à la manœuvre, quoi que cela signifie pour vous. Étonnamment, Dieu joue un rôle relativement restreint dans le processus d'illumination. L'essentiel se joue dans le basculement de la perception : se réveiller, voir la lumière et faire face à la réalité. C'est une erreur de croire qu'un être illuminé est une sorte de roi de l'évasion, un Houdini spirituel qui se libère comme par magie de l'illusion qu'est la vie terrestre. Le but véritable de l'illumination est de rendre le monde plus réel. Et l'irréalité est le fruit des pensées de solitude et d'isolement. Quand vous constatez que vous êtes relié à chaque chose dans la matrice de la vie, qu'y a-t-il de plus réel ?

Il existe des degrés d'illumination et on ne sait jamais quelle sera la prochaine prise de conscience. Chaque situation contient un déclic potentiel, si vous apprenez une nouvelle manière de la percevoir. Voici un exemple tiré de nos vies. Lors d'une conférence, Deepak a rencontré une éminente neuroscientifique qui a indiqué qu'elle était plus à l'aise dans le monde des oiseaux que dans le monde des gens. Que pouvait bien vouloir dire une telle affirmation ? Elle ne semblait pas se faire d'illusions. Cette femme connaissait très bien sa discipline ; elle était intelligente et s'exprimait bien.

Il s'est avéré que son expérience ressemblait à « l'homme qui murmure à l'oreille des chevaux » : elle était capable de se brancher sur le système nerveux des autres créatures. Il y a dix ans de cela, cette affirmation aurait paru douteuse. Comment une personne peut-elle penser comme un chien, à l'instar de César Millan, ou comme un cheval, comme le fait Monty Roberts, le véritable homme qui murmure à l'oreille des chevaux ? La réponse est la sensibilité et l'empathie. En étant conscient de soi, on peut déjà étendre sa conscience au ressenti de l'autre. Il n'y a aucun mystère à percevoir la joie ou la douleur de quelqu'un d'autre.

Il semble que nous puissions faire la même chose avec les animaux ; la preuve en est que l'on peut entraîner les chevaux et les chiens presque sans effort en murmurant dans leur langage, sans avoir recours aux fouets, muselières ou autres mauvais traitements. Quand on sait comment le système nerveux d'un animal perçoit le monde, il n'est pas nécessaire de « briser » cet animal. Vous pouvez changer son comportement bien plus facilement en vous adaptant au fonctionnement naturel de son cerveau.

Dans le cas de la dame aux oiseaux, la preuve de sa faculté est que différents types d'oiseaux sauvages sont confortablement assis sur son épaule et mangent dans sa main. Cela fait-il d'elle une héritière de saint François d'Assise, qui est décrit de la même manière ? Oui, en un sens. L'aptitude d'un saint à percevoir la divinité de l'ensemble de la création fait émerger une empathie envers tout ce qui vit. Une transformation se produit dans son système nerveux, qui exprime ce que son mental accepte désormais : « Je suis en paix avec le monde et avec tout ce qui vit. Je ne suis pas ici pour nuire à qui que ce soit. »

Est-il si surprenant que d'autres créatures sachent si nous venons en paix ? Nos animaux savent contre qui grogner et qui approcher pour recevoir une caresse sur la tête. Le système nerveux humain a des points communs avec celui d'autres créatures. Il paraît très cru de formuler les choses de manière aussi analytique, mais la vérité est qu'il est très beau de voir un oiseau se poser dans le creux de votre main.

Deepak a fait le récit de sa rencontre avec la dame aux oiseaux, mais il ne s'agissait pas encore d'un déclic. Rudy a connu ce déclic quand Deepak a posé une question excentrique : dans la mesure où l'ADN humain est à 65 % similaire à celui de la banane, peut-on s'identifier à ce fruit ou communiquer avec lui ? (Il avait en tête des expériences célèbres faites par Cleve Backster, qui a relié des plantes d'intérieur à des capteurs électriques sensibles et a constaté des changements au niveau du champ électrique des plantes, mesurés par une sorte de polygraphe, ou détecteur de mensonges, quand leurs propriétaires se disputaient ou avaient beaucoup de stress. La découverte la plus surprenante a été que les plantes affichaient la plus grande excitation électrique quand leurs propriétaires envisageaient de les arracher.)

Rudy a répondu que quand on goûte la saveur sucrée d'une banane, les récepteurs de la langue sont reliés au sucre du fruit, et donc, que dans un sens, nous participons à sa réalité au niveau chimique. La banane nous fournit également des protéines établissant un contact entre des récepteurs similaires aux nôtres. Par conséquent, il y a bien une forme de communication « moléculaire ». De même, quand vous digérez une banane, son énergie devient vôtre, lien encore plus intime que la communication. Quand vous analysez l'intégralité de l'ADN humain, il s'avère que plus de 90 % provient des bactéries habitant dans notre corps de manière mutuellement dépendante (symbiotique). L'ADN humain est donc en grande partie similaire à l'ADN bactérien. Et les grandes organelles qui nous donnent de l'énergie, ce qu'on appelle la mitochondrie, sont en réalité des cellules bactériennes intégrées à nos propres cellules à cette fin. Par conséquent, nous sommes génétiquement entrecroisés dans la trame de la vie. On obtient donc une unique matrice d'énergie, de gènes et d'informations chimiques codées. Aucune partie n'est séparée ou isolée. Eurêka ! De plus en plus de gens ont ce même déclic, ce qui est mis en évidence par la montée du mouvement écologique moderne. Les êtres humains commencent à cesser de croire à l'illusion que la terre leur appartient et que nous pouvons la manipuler et l'endommager à souhait, sans aucune conséquence néfaste pour nous. Mais même sans disposer de données sur la disparition de l'ozone et l'augmentation des températures océaniques, les sages et prophètes indiens de jadis, dans leur quête d'éveil, parvenaient à la même prise de conscience quand ils déclaraient : « Le monde est en vous. » L'écologie associe toutes les activités qui soutiennent la vie, que ce soit dans nos cellules ou dans celles d'une banane.

QUELLES PREUVES ?

Les sceptiques ont pour point de vue que quand une personne croit en Dieu, le cerveau, capable de créer des illusions, se leurre et tombe dans tous les pièges de la spiritualité. Pour l'incrédule, il n'y a que la réalité matérielle (ce rocher est solide ; c'est ce qui le rend réel). Par conséquent, toute expérience spirituelle est forcément irréelle, sans même laisser le bénéfice du doute à Jésus, au Bouddha, à Lao-Tseu et aux innombrables saints et sages révérés depuis des milliers d'années. Pour le sceptique confirmé, c'est un tissu d'âneries. Richard Dawkins, un ethnologue et écrivain scientifique britannique qui se présente comme athée professionnel, a écrit un livre destiné aux jeunes, *The Magic of Reality*, qui aborde toute la question de la réalité. Il informe le lecteur que quand nous voulons savoir ce qui est réel, nous nous servons de nos cinq sens et quand les choses sont trop grandes et trop éloignées (par exemple, les galaxies distantes), ou trop petites (par exemple, les neurones et les bactéries), nous amplifions nos sens à l'aide d'appareils tels que les télescopes et les microscopes. On pourrait penser que l'ethnologue aurait ajouté une mise en garde en rappelant que les cinq sens ne sont pas toujours fiables, comme lorsque nos yeux nous disent que le soleil se lève dans le ciel le matin et qu'il se couche au crépuscule, mais il s'est abstenu.

D'après Richard Dawkins, rien de ce que nous connaissons sur le plan émotionnel ou intuitif n'est valable et la croyance la plus frauduleuse de toutes est « la divine illusion » (mais il ne représente en rien les scientifiques ; d'après certains sondages, ces derniers croient en Dieu et même participent aux messes plus fréquemment que le grand public).

Le fossé qui sépare le matérialisme et la spiritualité, c'est-à-dire les faits contre la foi, remonte à plusieurs siècles ; pourtant, le cerveau pourrait y remédier. Des recherches sérieuses sur la méditation ont confirmé que le cerveau peut s'adapter aux expériences spirituelles. Chez les moines bouddhistes tibétains qui consacrent leur vie à la pratique spirituelle, le cortex préfrontal révèle une activité accrue : les ondes gamma sont deux fois plus fréquentes chez eux que chez les personnes normales. Dans le néocortex de ces moines se produisent des choses remarquables que les chercheurs en neurologie n'ont jamais vues auparavant. En conséquence, le mépris de la spiritualité, qualifiée de pure illusion ou superstition, est contredit par la science elle-même.

Le scepticisme n'est pas le problème ; c'est même une fausse piste. Le véritable problème est le décalage entre la vie moderne et la quête spirituelle. D'innombrables personnes aspirent à connaître Dieu. Il peut être profondément gratifiant de passer toute sa vie en introspection, mais rares sont les chercheurs de tous les instants au sens traditionnel du terme. Les besoins spirituels ont changé depuis l'ère de la foi. Dieu a été relégué au placard. Quant à l'illumination, elle est trop difficile, trop éloignée et trop improbable. Mais le cerveau peut nous aider là encore. Remettons au goût du jour l'illumination. Appelons-la l'état le plus élevé de plénitude. À quoi ressemblerait pareil état ?

La vie ne serait pas tant un combat.
Les désirs seraient comblés plus facilement.
Il y aurait moins de douleur et de souffrance.
Les prises de conscience et l'intuition auraient plus de place.
Le monde numineux de Dieu et de l'âme serait une expérience réelle.
Votre existence aurait pour vous un sens profond.

Ces objectifs mettent en lumière un processus réaliste qui peut se mettre en place progressivement. Si l'illumination est une question de transformation totale, ce n'est toutefois pas une question de transformation instantanée.

Le cerveau connaît des changements physiques à mesure que vous-même, qui l'utilisez ou le dirigez, parvenez à de nouveaux stades dans votre évolution. Voici quoi chercher. Loin d'être exotiques, ces aspects renvoient à votre conscience du moment ; il vous suffit de voir plus loin.

LES SEPT DEGRÉS DE L'ILLUMINATION

Le calme intérieur et **le détachement** augmentent : vous pouvez être centré au beau milieu d'une activité extérieure.

Le sentiment de reliance augmente : vous vous sentez moins seul et plus proche des autres.

Votre empathie s'approfondit : vous pouvez percevoir ce que les autres ressentent et leur situation vous importe.

Une clarté se fait jour : la confusion et le conflit vous touchent moins.

Votre conscience se fait **plus pointue** : vous parvenez mieux à déterminer ce qui est réel et qui est sincère.

La vérité vous est révélée : vous ne vous en tenez plus aux croyances et aux préjugés conventionnels. Vous êtes moins influencé par les opinions extérieures.

Votre bonheur augmente : vous aimez plus profondément.

N'essayez pas d'atteindre ces différents aspects de l'expansion de conscience par une attaque frontale. En réalité, chacun apparaît en son temps et suivant son rythme.

Il n'y a en rien besoin de forcer. Une personne remarquera une augmentation de son bonheur avant une amélioration de sa clarté, tandis que chez une autre, c'est l'inverse qui sera vrai. À mesure que l'illumination se met en place, elle suit votre nature, qui est différente de n'importe qui.

La clé consiste à *vouloir* dès le départ cette forme d'éveil, d'où découle toute la question de la transformation.

Si vous voulez changer, et c'est bien de quoi il s'agit quand on parle d'illumination, que doit faire votre cerveau ? S'il peut évoluer aussi facilement qu'il ne le fait en cet instant, il n'y a pas d'obstacle sérieux. Les millions de personnes qui aspirent à la transformation personnelle l'ont en réalité déjà entre leurs mains. Car leur cerveau se modifie constamment. De même qu'il est impossible d'entrer deux fois dans la rivière par le même endroit, vous ne pouvez pénétrer le cerveau au même endroit par deux fois. Car tous deux sont fluides. Le cerveau est un processus, et pas une chose, il est un verbe, et pas un nom.

Notre plus grande erreur consiste à croire que la transformation est incroyablement dure. Imaginez une expérience de votre passé qui vous est tombée dessus et vous a donné le sentiment d'être différent. Cette expérience peut être positive, par exemple tomber amoureux ou obtenir une promotion importante, ou négative, par exemple être licencié ou divorcer. Quoi qu'il en soit, il y a des effets à court terme et à long terme dans votre cerveau, non seulement sur votre mémoire, puisqu'il existe des aires cérébrales spécifiques associées à la mémoire à court terme et à la mémoire à long terme, mais aussi sur d'autres niveaux plus profonds. Les expériences bouleversantes changent votre image de vous-même, vos attentes, vos peurs et vos souhaits concernant l'avenir, votre métabolisme, votre tension artérielle, votre sensibilité au stress et tout ce qui est surveillé par le système nerveux central. Les expériences bouleversantes vous transforment.

Un bon film suffit à créer des changements importants dans le système nerveux. Les superproductions hollywoodiennes se font concurrence pour faire voler en éclats la manière dont le public perçoit la réalité et pour proposer de nouvelles sensations par procuration. Spiderman se balance sur des fils collants dans les canyons taillés de la main de l'homme à New York, tandis que Luke Skywalker pilote son vaisseau pour entrer sur l'étoile de la mort, et que des dizaines d'autres effets spéciaux plus stupéfiants les uns que les autres sont là pour influencer le cerveau.

Quand vous ressortez d'un film, l'effet qu'il a eu sur vous perdure ; son éclat est plus que simplement temporaire. La fille que vous embrassez dans votre tête, le méchant que vous mettez en échec et les héros à côté desquels vous marchez n'ont rien d'irréel, du point de vue neuronal. Tout cela est réel, car votre cerveau a été modifié. Un film vise à transformer, la vie aussi. Une fois que vous acceptez que le changement est un processus naturel auquel participe chaque cellule, l'illumination n'est plus hors de portée.

Bien sûr, la fille qui a été séduite dans le film ne l'est pas dans la vie réelle. Votre cerveau a été trompé un certain temps, mais pas vous. Vous revenez à la réalité (dans laquelle l'amour et l'idylle amoureuse conduisent aux épineux problèmes relationnels que l'on connaît). Telle est la clé. Car le fait de ramener votre attention à la réalité peut devenir une pratique spirituelle, connue sous le nom de *pleine conscience*. Cette dernière peut devenir un mode de vie et alors, la transformation aussi devient un mode de vie aussi naturel qu'on pourrait le souhaiter.

LA VOIE DE LA PLEINE CONSCIENCE

À l'instant même, de quoi êtes-vous conscient ? Peut-être votre attention n'est-elle portée sur rien d'autre que sur les mots que vous êtes en train de lire. Mais dès qu'on vous pose la question : « De quoi êtes-vous conscient ? », vous devenez vigilant. Vous remarquez quantité de choses : votre humeur, le sentiment de bien-être ou de mal-être dans votre corps, la température ambiante et la lumière dans la pièce où vous vous trouvez. Ce changement, par lequel vous ramenez votre attention dans la réalité, caractérise la pleine conscience.

Vous pouvez rediriger votre conscience vers la réalité à n'importe quel moment. Vous n'êtes pas obligé de forcer quoi que ce soit ; une volonté surhumaine n'est pas nécessaire. Mais la pleine conscience est différente de la conscience ordinaire. En effet, notre conscience se porte normalement sur un objet ou sur une tâche spécifique. C'est ainsi que nous entraînons notre cerveau à voir ce qui est sous nos yeux, mais pas ce qui est en arrière-plan, c'est-à-dire la conscience elle-même. Cet arrière-plan est pour nous un acquis, jusqu'à ce qu'un choc nous en fasse prendre conscience. Imaginez que vous ayez un rendez-vous galant avec une personne qui semble très attentive. Elle n'a d'yeux que pour vous. Elle boit vos paroles. Naturellement, vous vous perdez dans le plaisir que cela éveille en vous. Mais ensuite, cette personne vous dit : « Je suis désolé, mais est-ce que tu sais que tu as un morceau d'épinards entre les dents ? »

À ce moment-là, votre conscience change. Le choc vous a tiré de votre belle illusion. Mais le fait de revenir à la réalité n'est pas nécessairement désagréable. Imaginez que vous soyez sur le point de rencontrer un VIP et que vous vous sentiez nerveux, anxieux. Mais juste avant que vous lui serriez la main, quelqu'un se penche vers vous et vous murmure à l'oreille : « Mme Gros-Bonnet a entendu parler de vous en grand bien. Elle veut déjà vous attribuer le contrat. » Un autre changement intervient : vous passez d'un état d'anxiété à un état de plus grande confiance. La pleine conscience vise au même objectif.

Cette aptitude vient naturellement. Quelques mots murmurés à votre oreille peuvent provoquer une transformation spectaculaire et instantanée. Au niveau hormonal, nous savons en partie comment les choses se font, mais nous sommes bien loin de savoir comment le cerveau modifie sa réalité en un clin d'œil. Toutefois, il existe clairement une différence entre le fait d'avoir cette faculté et le fait de laisser le cerveau décider. Toute la différence réside dans la pleine conscience. Au lieu que ce soit les autres qui créent un choc qui vous ramène à la réalité, que celui-ci soit agréable ou non, c'est vous-même qui le faites. Dire de cette pratique qu'elle est « la conscience de la conscience » est véridique, mais pour nous, cette définition semble bien obscure ; une explication plus simple revient à dire que l'on peut réintégrer la réalité au moment où on le souhaite.

Malheureusement, nous avons tous abandonné en partie cette faculté. Nous nous sentons en sécurité quand nous sommes attentifs à certains domaines de notre vie, mais pour d'autres, cela dépasse nos limites. Par exemple, il est fréquent que les femmes aiment discuter de leurs sentiments et qu'elles se plaignent que les hommes ne fassent/puissent pas. Effectivement, les hommes se sentent généralement plus à l'aise avec ce qui concerne le travail, le sport et différents projets, c'est-à-dire pratiquement tout ce qui ne met pas le doigt sur un tracas émotionnel. Mais au sein des traditions spirituelles orientales, il existe une discipline prépondérante à laquelle songent à peine la plupart des Occidentaux : la conscience de la conscience. En bouddhisme, on parle de pleine conscience.

À chaque fois que vous portez votre attention sur ce qui se passe en vous, vous pratiquez la pleine conscience. Par exemple, avant un rendez-vous amoureux ou un entretien professionnel, peut-être porterez-vous votre attention sur votre état de nervosité. Autre exemple, pendant l'accouchement, quand le médecin demande : « Comment allez-vous ? », une femme surveille sa douleur pour vérifier qu'elle ne soit pas trop aiguë. Dans cette forme tout à fait basique de pleine conscience, vous observez l'humeur, les émotions et les sensations physiques, c'est-à-dire tout ce qui vous vient en tête. Et si vous supprimiez tout le contenu de votre mental ? Vous retrouveriez-vous face à un vide aussi froid qu'effrayant ? Non. Il pourrait arriver à un grand peintre de se réveiller un jour et de découvrir que toutes ses toiles lui ont été volées ; toutefois, il lui resterait quelque chose d'invisible et de bien plus précieux que n'importe quel chef-d'œuvre : la capacité à en créer de nouveaux.

Il en va de même pour la pleine conscience : c'est un état représentant un potentiel créatif. Une fois que vous videz votre mental de tout ce qu'il contient, il vous reste votre potentiel le plus élevé, car vous êtes alors dans un état de conscience totale de vous-même (un jour, un passionné de musique s'est présenté devant le célèbre enseignant spirituel J. Krishnamurti et lui a raconté avec ravissement la beauté d'un concert. Krishnamurti a habilement répondu : « Certes, c'était beau. Mais utilisez-vous la musique pour vous détourner de vous-même ? »). La pleine conscience véritable est un moyen de vérifier à quel point vous êtes conscient de vous-même. Comme vous le savez maintenant, de l'expansion de la conscience de soi dépend le supercerveau ; il est donc crucial de faire cette pratique. C'est un mode de vie.

Les personnes qui n'ont pas conscience d'elles-mêmes peuvent paraître au départ oublieuses et égocentriques. Elles sont trop portées sur elles-mêmes pour entrer en contact avec autrui ; elles manquent de sensibilité dans de nombreuses situations sociales. Le contraste entre l'égocentrisme et la pleine conscience est très marquant ; aussi, penchons-nous sur la différence entre ces deux états. Tous deux proviennent du néocortex, mais le ressenti n'est pas le même. L'égocentrisme vous dresse un tableau rempli d'illusions dans la mesure où tout tourne autour de l'image de la personne. Nous ne portons pas de jugement à l'encontre de cette attitude. C'est la perspective que la société de consommation nous habitue à avoir ; c'est ce qui nous pousse à acheter des choses qui nous permettront de paraître plus beaux, plus jeunes, plus branchés, qui nous divertiront et nous distrairont momentanément.

L'égocentrisme : Vos pensées et vos actes sont dominés par votre nombrilisme.

Vous vous concentrez sur des choses spécifiques que vous voulez atteindre ou posséder. Vous définissez des objectifs et les réalisez. L'ego a le sentiment de contrôler la situation. Vos choix conduisent à des résultats prévisibles. Le monde extérieur est organisé selon des règles et des lois. Les forces extérieures sont puissantes, mais peuvent être contenues et gérées.

PENSÉES TYPIQUES

Je sais ce que je fais.

Je prends moi-même mes décisions. Je contrôle la situation.

J'ai confiance en moi.

Si j'ai besoin d'aide, je sais vers qui me tourner. Je suis doué pour ce que je fais.

J'aime les défis.

Les gens peuvent dépendre de moi.

Je suis en train de me construire une belle vie.

La pleine conscience : votre esprit est réfléchi. Il se tourne vers l'intérieur pour observer votre sentiment de bien-être. La connaissance de soi est l'objectif le plus important. Vous ne vous identifiez pas à vos possessions. Vous accordez de la valeur et vous fiez souvent aux prises de conscience et à l'intuition plus qu'à la logique et à la raison. Chez vous, l'empathie est naturelle. Vous avez de la sagesse.

PENSÉES TYPIQUES

Tel choix me paraît juste, tel autre non. Je me cale sur la situation.

Je sais ce que ressentent les autres.

Je vois la problématique sous tous ses angles. Les réponses me viennent tout simplement.

Parfois je me sens inspirée ; c'est dans ce moment que je me sens le mieux.

J'ai le sentiment d'appartenir à l'humanité. Je ne rejette personne.

Je me sens libérée.

L'état de pleine conscience est tout aussi naturel qu'un autre. En l'ignorant, nous nous créons des problèmes inutiles.

Il y a des années, par exemple, Rudy était pressé de terminer certaines expériences, car il devait prendre un avion à Boston à 19 heures : il devait faire la conférence d'ouverture d'un grand congrès international. Mais pris dans les embouteillages notoires de la ville, il a malheureusement manqué son vol. Il ne savait pas ce qui allait lui arriver, mais ce qui était sûr, c'est que s'il ne prenait pas le dernier vol, il lui aurait fallu renoncer, à son grand désarroi. Rudy était anxieux et en colère. Le fait de crier après l'employé derrière le comptoir ne servirait à rien, mais la tentation était grande. Sans s'en rendre compte, il s'identifiait aux sentiments intensément négatifs produits par son cerveau.

Bien sûr, la plupart des gens considéreraient cette réaction comme naturelle au vu de la situation. Mais il y avait une alternative plus saine : Rudy aurait pu éprouver sa frustration durant un temps limité avant de redevenir conscient. S'il avait pris du recul, il aurait pu observer la réaction instinctive/émotionnelle que cela avait déclenchée dans son cerveau, ainsi que tout le stress qui allait avec. Sans la pratique de la pleine conscience, le stress suit son cours plus longtemps et malheureusement, au fur et à mesure des années qui passent, le corps est plus sensible au stress et il se remet plus lentement des incidents mineurs. Par conséquent, il n'est pas sain de laisser le stress se déployer à sa guise : le stress engendre le stress.

En devenant l'observateur actif des sentiments négatifs ayant émergé dans son cerveau, Rudy aurait pu gérer la situation de manière plus proactive et en tirer les leçons. Mais le plus important est qu'il n'aurait pas été la victime de son mental réactif. Cet incident isolé résume les avantages de la pleine conscience :

Vous pouvez mieux gérer votre stress. Vous vous libérez des réactions négatives.

Il devient plus facile de contrôler vos pulsions.

Vous ouvrez un espace grâce auquel vous pouvez faire de meilleurs choix.

Vous pouvez assumer vos émotions au lieu d'en vouloir à autrui.

Vous pouvez agir avec plus de centrage et de sérénité.

Comment cultiver la pleine conscience ? En bref, méditez. Quand vous fermez les yeux et allez à l'intérieur de vous-même, ne serait-ce que quelques minutes, votre cerveau a la possibilité de « se réinitialiser ». Il n'est pas nécessaire que vous essayiez de vous centrer. Car le cerveau est conçu pour retourner à un état d'équilibre et de tranquillité dès lors qu'on lui en laisse l'opportunité. En même temps, quand vous méditez, un changement se produit dans votre perception de vous-même. Au lieu de vous identifier à votre humeur, à vos sentiments et à vos sensations, votre attention se porte sur la quiétude ; alors, le stress qui vous perturbait commence à s'alléger. Quand vous cessez de vous identifier à lui, il lui est beaucoup plus difficile d'étendre son emprise sur vous.

La pratique de la méditation n'est pas aussi inconnue de la plupart des gens qu'elle ne l'était il y a trente ou quarante ans, et il en existe de nombreuses formes avancées. Mais le fait de commencer par les techniques les plus basiques produit souvent un contraste étonnant. Asseyez-vous au calme et fermez les yeux. Assurez-vous qu'il n'y a aucune distraction autour de vous ; mettez une lumière tamisée.

Puis, prenez quelques respirations profondes et laissez votre corps se détendre autant qu'il le veut. Maintenant, prenez calmement note de votre inspiration et de votre expiration. Laissez votre attention suivre naturellement la respiration, comme vous le feriez si vous étiez assis sur un fauteuil à écouter une douce brise estivale. Ne vous forcez pas à être attentif. Si vos pensées errent, comme c'est toujours le cas, reprenez tranquillement conscience de votre souffle. Si vous le souhaitez, au bout de cinq minutes, placez votre attention sur votre cœur et laissez-la là durant cinq autres minutes. Vous êtes en train d'apprendre quelque chose de nouveau : vous découvrez ce que cela fait d'être conscient de vous-même.

Pour aller encore plus loin, vous pourriez utiliser un mantra simple. Les mantras ont l'avantage d'amener le mental à un niveau plus subtil. Restez assis calmement et poussez quelques soupirs profonds. Quand vous le sentez, pensez le mantra *Om shanti*. Répétez-le comme vous le souhaitez, mais ne vous imposez pas de rythme : il ne s'agit pas d'une récitation mentale. Ne suivez pas votre respiration. Répétez simplement le mantra à chaque fois que vous remarquez que votre attention dévie. Vous n'êtes pas forcé de le penser doucement – cela viendra tout seul –, mais en tout cas, ne le pensez pas fortement. Faites cela pendant 10 à 20 minutes.

Les néophytes, et c'est bien naturel, se demanderont comment savoir si cette méditation est efficace. Si vous menez une vie active et que vous dépensez trop d'énergie, votre corps aura un tel besoin de repos que durant de nombreuses méditations, vous vous endormirez. Il ne s'agit pas d'un échec ; en fait, votre cerveau absorbe ce dont il a le plus besoin. Mais notamment si vous méditez le matin, avant de commencer votre journée, vous ressentirez la quiétude de la conscience qui se regarde. Au bout de 10 à 20 minutes, vous remarquerez à quel point il est aisé, relaxant et agréable d'être centré.

Nous avons dit que la méditation était « en bref » la réponse à vos problèmes, car après cela, il y a tout le reste de la journée à prendre en considération. Comment être conscient en dehors de la méditation ? Là encore, le principe vous paraîtra familier : changer sans forcer. Rester centré et conscient toute la journée ne peut pas se faire sous la contrainte. En revanche, vous pouvez faire tranquillement le nécessaire pour favoriser l'attitude consciente :

Ne projetez pas vos sentiments sur autrui.

Ne prenez pas part à la négativité.

Quand vous sentez que l'ambiance est stressante, éloignez-vous.

Ne placez votre attention ni sur la colère ni sur la peur.

Si vous avez une action négative, laissez-la s'exprimer un peu ; puis, dès que possible, prenez du recul, respirez profondément et observez votre réaction sans vous identifier à elle.

Quand vous êtes réactif, ne prenez pas de décision avant d'être à nouveau centré.

Sur le plan relationnel, ne vous servez pas des disputes pour exprimer votre rancœur. Discutez de vos problématiques quand vous-même et l'autre personne vous sentez calmes et raisonnables. C'est un moyen simple d'éviter de blesser inutilement quelqu'un dans l'agitation du moment.

Sur le plan pratique, la pleine conscience revient à être attentif à soi-même sans faire de reproche ni de jugement. En effet, si vous n'êtes pas vigilant à ce qui se passe en vous, vous serez la proie de tout un ensemble de difficultés. « Je ne sais pas pourquoi j'ai fait ça » est le commentaire le plus fréquent que font les gens qui agissent inconsciemment, ainsi que « ça m'a échappé ». Car à la suite d'une réaction impulsive, ils éprouvent du remords et des regrets.

Au niveau cérébral, quand vous examinez ce qui se passe en vous, vous créez un état supérieur d'équilibre. Les réactions primitives du cerveau sont rarement appropriées dans la vie moderne. Elles persistent, comme si les êtres humains avaient encore besoin de se battre contre des prédateurs, de repousser l'assaut de tribus et de fuir les menaces. Au fil de l'évolution, le cerveau supérieur a mis en place une autre réponse, plus adaptée au véritable niveau de menace de la situation. Mais pour la plupart des gens, la plupart du temps, il n'y a absolument aucune menace. Les réactions primales du cerveau inférieur sont inutiles, mais cela ne les empêche pas de continuer de se manifester : elles sont biologiquement programmées pour cela.

Quand le cerveau inférieur agit de manière inappropriée, vous pouvez désamorcer la situation en vous rappelant la réalité : vous n'êtes pas menacé. Cette prise de conscience seule suffit à réduire de nombreuses réactions de stress. Toutefois, la pleine conscience ne s'arrête pas là. Après avoir passé un certain temps en méditation, vous atteindrez un équilibre supérieur et vous commencerez à vous identifier à un état de vigilance paisible. Cela ouvrira la porte aux expériences spirituelles qui seraient autrement hors de portée. Un beau passage du *Mandukya Upanishad*, un texte de l'Inde ancienne, décrit à quel point l'état de pleine conscience est nécessaire :

> Tels deux oiseaux perchés sur le même arbre, en amis intimes, l'ego et le soi demeurent dans le même corps. Le premier oiseau mange les fruits sucrés et aigres de la vie, tandis que l'autre l'observe en silence.

Au fur et à mesure que vous serez plus conscient, vous reconnaîtrez ces deux aspects de votre conscience, puis ils deviendront les amis intimes décrits dans ce passage. L'ego, dans sa frénésie, n'aura plus besoin d'agir en fonction de ses pulsions et ses désirs. Vous apprendrez que le soi, l'autre moitié de votre nature, se satisfait tout simplement d'être. On éprouve une immense plénitude quand on découvre que l'on se suffit à soi-même et qu'il n'y a nul besoin de stimulation externe pour être heureux. Cette fusion, nous l'appelons le soi véritable.

LES SOLUTIONS DU SUPERCERVEAU
DIEU : DU CONCEPT À LA RÉALITÉ

Nous voudrions faire la lumière sur un dilemme vieux comme le monde : Dieu existe-t-il ? La pleine conscience peut nous y aider, parce qu'en matière de foi et d'espoir, la conscience est cruciale. Il existe un fossé énorme entre : « j'espère », « je crois » et « je sais ». Cela est valable pour tout ce qui se passe dans votre conscience, et pas seulement pour Dieu. Votre mari vous trompe-t-il ? À votre travail, on vous nomme responsable : saurez-vous gérer la situation ? Vos enfants vont-ils se droguer ? D'une manière ou d'une autre, les réponses tiennent plus ou moins en trois choix : vous espérez, vous croyez ou vous savez que vous avez la bonne réponse. Mais puisque Dieu est le plus dur de tous les choix, nous allons nous focaliser sur lui (ou elle).

Dans la spiritualité, la foi est censée être la réponse, mais sa force semble limitée. Presque tout le monde a pris une décision sur Dieu. Nous affirmons qu'il existe ou qu'il n'existe pas. Mais généralement, cette décision est variable et toujours personnelle. « Dieu n'existe pas, en tout cas, c'est ce que je pense » serait plus exact. Comment savoir si des questions spirituelles profondes ont une réponse en laquelle vous pouvez avoir confiance ? Avons-nous tous le même Dieu ?

Enfants, nous nous posions tous les questions spirituelles les plus fondamentales. Elles venaient naturellement : « Dieu veille-t-il sur nous ? Où grand-mère est-elle allée après sa mort ? » Les enfants sont trop jeunes pour comprendre que leurs parents sont tout aussi confus qu'eux sur ces questions. Ils obtiennent des réponses rassurantes et pour un temps, cela suffit. Si on lui dit que grand-mère a été au paradis pour rejoindre grand-père, un enfant dormira mieux et il se sentira moins triste. Toutefois, en grandissant, les questions reviennent. Vous découvrez alors que vos parents, malgré toutes leurs bonnes intentions, ne vous ont jamais montré comment trouver des réponses, non seulement sur Dieu, mais également sur l'amour, la confiance, le but de votre vie et le sens profond de l'existence.

Dans tous ces cas, vous espérez, vous croyez ou vous savez quelle est la réponse : « j'espère qu'il m'aime », « je crois que mon mari est fidèle », « je sais que notre mariage est solide ». Ces affirmations sont très différentes et elles portent à confusion, car nous ne savons pas faire la différence entre « j'espère », « je crois » et « je sais », comme si tout cela était la même chose. Tel est notre souhait. Nous répugnons à voir les choses telles qu'elles sont.

La réalité est un but spirituel tout autant que psychologique. Le chemin spirituel vous conduit d'un état d'incertitude (j'espère) à un état un peu plus ferme de sécurité (je crois) et enfin à une compréhension véritable (je sais). Qu'importe si la problématique spécifique porte sur les relations, Dieu, l'âme, le moi supérieur, le paradis ou le monde des esprits. Le chemin commence par l'espoir, il se raffermit grâce à la foi et devient solide par la certitude.

En ces temps de scepticisme, nombre de critiques tentent de saper cette progression. On prétend que l'on ne peut connaître Dieu, l'âme, l'amour inconditionnel, la vie après la mort et un ensemble d'autres questions profondes. Mais le sceptique méprise la voie sans même l'avoir empruntée. Si vous vous tournez vers votre passé, vous remarquerez que vous avez déjà accompli ce périple, et même à de multiples reprises. Enfant, vous espérez être adulte. Vers 17 ans, vous croyez que c'est possible. Un an plus tard, vous savez que vous l'êtes. Vous avez espéré que quelqu'un vous aime ; vous avez cru à un moment donné que c'était bien le cas ; et maintenant, vous savez que c'est la réalité.

Si cette progression naturelle ne s'est pas faite, cela signifie que quelque chose s'est mal passé, parce que la vie est faite de telle sorte à vous conduire du désir à la plénitude au fil du temps. Bien sûr, nous connaissons tous les pièges. Vous pouvez vous dire : « je sais que je vais y arriver », alors qu'en fait, vous ne faites que l'espérer. Un divorce peut indiquer que vous ne saviez pas si la personne vous aimait vraiment. Quant aux enfants qui se mettent à détester leurs parents en grandissant, généralement, ils ne savent en qui avoir confiance. On pourrait évoquer une centaine d'autres exemples de rêves brisés et de promesses non tenues. Mais le plus souvent, cette progression se fait. Ce sont les désirs qui propulsent la vie vers la plénitude. Un jour, vous connaissez ce que par le passé, vous espériez.

C'est ici qu'entrent en jeu certains aspects de la pleine conscience, qui semblent universels. Ils sont importants pour quiconque ne veut pas se laisser piéger dans un idéalisme futile et dans une foi inappropriée. Vous ne pouvez avoir confiance qu'en ce que vous savez vraiment.

COMMENT SAVOIR ?

Quand vous savez vraiment quelque chose, les principes suivants s'appliquent :

Vous n'avez pas accepté les opinions d'autrui. Vous avez trouvé la solution par vous-même.

Vous n'avez pas baissé les bras trop tôt. Vous avez continué d'explorer malgré les impasses et les faux départs.

Vous aviez confiance dans le fait que vous aviez la détermination et la curiosité nécessaires pour découvrir la vérité. Les demi-vérités ne vous satisfaisaient pas.

Ce que vous savez vraiment est le produit d'un travail intérieur. Cela fait de vous une personne différente, à la manière de deux individus dont l'un est tombé profondément amoureux et l'autre non.

Vous avez eu confiance dans le processus en cours et vous n'avez pas laissé la peur ou le découragement s'en mêler.

Vous avez été attentif à vos émotions. Il émane du bon chemin un certain ressenti, satisfaisant et clair ; l'incertitude quant à elle est écœurante et dégage une odeur désagréable.

Vous ne vous êtes pas arrêté à la logique et vous vous êtes aventuré dans des domaines où l'intuition,

> les prises de conscience et la sagesse comptent vraiment. Tout cela est devenu une réalité pour vous.

L'universalité de ce scénario est liée au fait que le même processus s'applique au Bouddha dans sa recherche de l'illumination comme à tout jeune qui apprend les relations sentimentales ou le but de sa vie. En décomposant le processus, les grandes questions sur la vie, l'amour, Dieu et l'âme deviennent gérables.

Vous pouvez vous pencher sur un ingrédient après l'autre. Avez-vous tendance à accepter les opinions prémâchées ? Vous méfiez-vous de vos propres décisions ? L'amour est-il un sentiment trop douloureux et gênant pour que vous l'exploriez en profondeur ? Ces obstacles ne sont pas insurmontables. Ils font partie de vous et par conséquent, rien ne saurait être plus proche de vous ou plus intime. Mais soyons encore plus spécifiques. Pensez à un problème que vous voulez résoudre, quelque chose de particulièrement important pour vous. Il pourrait s'agir d'une question philosophique, telle que : « Quel est le but de ma vie ? » ou spirituelle, tels que : « Dieu m'aime-t-il ? ». Il peut porter sur une relation ou même sur un problème professionnel. Choisissez un domaine difficile à résoudre, qui éveille en vous le doute, la résistance et le blocage. Vous espérez constamment trouver la réponse, mais jusqu'à présent, vous n'y êtes pas parvenu.

Quoi que vous choisissiez, pour trouver une réponse dans laquelle vous pouvez avoir confiance, il faut en passer par certaines étapes.

**PASSER DE L'ESPOIR À LA FOI,
PUIS DE LA FOI À LA CERTITUDE**

Étape 1 : Prenez conscience du fait que votre vie est faite pour progresser.

Étape 2 : Réfléchissez au fait qu'il vaut mieux vraiment savoir quelque chose que simplement l'espérer ou y croire. Ne transigez pas.

Étape 3 : Mettez par écrit votre dilemme. Dressez trois listes différentes, la première concernant ce que vous espérez, la deuxième ce que vous croyez et la troisième ce que vous savez.

Étape 4 : Demandez-vous pourquoi vous savez ce que vous savez.

Étape 5 : Appliquez vos acquis aux domaines dans lesquels vous avez des doutes, dans lesquels il n'y a aujourd'hui que l'espoir et la croyance.

En choisissant Dieu ou l'âme, nous avons mis le doigt sur une problématique que la plupart des gens considèrent comme mystique et nécessitant un acte de foi, et nous l'avons décomposée. Car le cerveau aime bien travailler de manière cohérente et méthodique, même quand il s'agit de spiritualité. Les deux premières étapes correspondent à la préparation psychologie ; les trois dernières vous proposent de faire le vide mentalement et d'ouvrir la voie à la connaissance. Maintenant, appliquons ces différentes phases à Dieu.

Étape 1 : Prenez conscience du fait que votre vie est faite pour progresser.

Sur le plan spirituel, progresser signifie vouloir se réconcilier avec Dieu ; vous avez le sentiment d'être méritant et vous savez qu'une déité aimante serait bénéfique à votre vie. C'est l'opposé du fameux pari pascalien, d'après lequel autant croire à l'existence de Dieu, car dans le cas inverse, s'il s'avérait que Dieu existât, vous pourriez bien finir en enfer. Le problème est que le pari pascalien s'appuie sur la peur et le doute et que ni l'un ni l'autre ne constitue une bonne motivation pour l'évolution spirituelle. Ainsi, pensez qu'il sera merveilleux de savoir si Dieu existe plutôt que d'imaginer ce qui pourrait vous arriver de fâcheux si vous perdez votre pari.

Étape 2 : Réfléchissez au fait qu'il vaut mieux vraiment savoir quelque chose.

Ici, l'idée est que trouver Dieu vous permettra d'avoir une expérience valable et non de mettre votre foi à l'épreuve. Quand vous êtes la proie du doute et de l'hésitation, et nous en sommes tous passés par là au sujet de Dieu, ne les ignorez pas. En vous, créez un espace dans lequel vous envisagez que toutes les accusations portées contre Dieu ne représentent pas toute la vérité et rien que la vérité. En dépit de toutes les infortunes dont la vie humaine a hérité, et notamment des pires malheurs dont on accuse un dieu aimant (les génocides, les guerres, les armes atomiques, les despotes, les crimes, la maladie et la mort), le problème n'est en aucun cas réglé. Il se pourrait qu'il existât un dieu bienveillant qui permette aux êtres humains de commettre des erreurs et d'apprendre à leur rythme. Mais ne tirez pas de conclusions hâtives. Votre attitude doit être la suivante : vous pouvez résoudre, dans votre vie, les problèmes que sont la violence, la culpabilité, la honte, l'angoisse et les préjugés – qui sont à la racine des maux mondiaux. Il vaut bien mieux entreprendre un cheminement personnel que se lamenter sur la sempiternelle souffrance humaine.

Étape 3 : Mettez par écrit votre dilemme. Dressez trois listes différentes, la première concernant ce que vous espérez, la deuxième ce que vous croyez et la troisième ce que vous savez.

Il s'agit ici d'éviter les généralisations et les idées reçues. La plupart des gens émettent un jugement global pour ou contre Dieu, avant de se couvrir en fonction de la situation (un dicton anglophone affirme qu'on trouve la foi quand on est au fond du trou ; de même, il y a probablement peu de dévots qui prient dans les bars pour célibataires après minuit). En faisant la liste de vos espoirs, croyances et certitudes véritables, vous vous surprendrez. Les problématiques spirituelles sont fascinantes une fois que l'on décide de se plonger dedans. Cela aura également pour effet d'approfondir et de clarifier votre réflexion, ce qui aidera votre cerveau supérieur. En effet, la réflexion, y compris sur Dieu, est une faculté qui s'organise dans le néocortex.

Soyez donc franc. Croyez-vous en secret que Dieu punit les pécheurs ou espérez-vous qu'il ne le fait pas ?

Si ces deux modes de pensée vous correspondent, marquez-les dans deux listes séparées, celle qui concerne l'espoir et celle qui concerne les croyances. Pensez-vous avoir été témoin d'un acte résultant de la grâce ou du pardon ? Si oui, indiquez-le dans la liste des certitudes. Cet exercice est très révélateur quand vous commencez votre exploration spirituelle. Passez du temps à établir vos listes et quand vous aurez fini, mettez-les de côté de sorte à pouvoir les retrouver et les consulter plus tard : c'est un bon moyen de jauger de manière réaliste vos progrès.

Étape 4 : Demandez-vous pourquoi vous savez ce que vous savez.

L'affirmation directe « je sais ce que je sais » masque une grande complexité. La plupart des gens laissent leurs croyances s'installer sans réfléchir à leur provenance. Croyez-vous en Dieu (si c'est votre cas) parce que vos parents vous y ont forcé ou parce que vous avez suivi des cours de catéchisme ? Peut-être votre croyance repose-t-elle sur l'espoir désespéré que le vieil homme barbu qui est au ciel veille sur vous ; mais pour être réaliste, on ne sait pas vraiment si Dieu est un homme et de plus, le ciel pourrait être n'importe où, nulle part ou partout dans la création.

Pour avoir la certitude de l'existence de Dieu, l'idéal est d'avoir des expériences personnelles, qui sont plus nombreuses que ce que vous imaginez probablement.

Avez-vous déjà ressenti une présence divine ou lumineuse ?

> Vous êtes-vous déjà senti aimé de manière inconditionnelle ?
> Avez-vous déjà ressenti un accès soudain de félicité ou de joie sans pouvoir en discerner la cause ?
> Vous êtes-vous déjà senti en sécurité et aimé, comme si votre existence était acceptée par l'univers ?
> Ressentez-vous par moments un calme, une force ou une certitude intérieurs profonds ?

Comme vous le voyez, vous n'êtes pas obligé d'associer le terme Dieu à des expériences d'expansion de la conscience, et c'est bien cela qu'il faut que votre cerveau enregistre et se rappelle. Des sondages indiquent qu'une quasi-majorité des gens affirme avoir vu une lumière autour de quelqu'un d'autre et que beaucoup d'individus ont vécu une guérison ou le pouvoir de la pensée positive. La question n'est pas de savoir si vous avez rencontré Dieu, mais de faire le point sur vos expériences réelles, grâce auxquelles votre mental saura qu'il existe un monde au-delà de la matière.

Pendant que vous songez aux expériences que vous avez réellement vécues dans votre vie, vous pouvez également réfléchir aux écritures et aux personnes qui les ont rédigés. Si vous savez que vous aimez lire la Bible ou les poèmes de Rumi, si vous avez déjà ressenti de la paix autour d'un être spirituel ou dans un lieu sacré, alors vous savez qu'il y a quelque chose de vrai. En donnant votre attention et du sens à ce genre d'expérience, vous irez loin dans la découverte de votre place au sein de la matrice spirituelle, de même que vous avez une place au sein de la matrice de la vie.

Étape 5 : Appliquez vos acquis aux domaines dans lesquels vous avez des doutes.

Si vous avez franchi les quatre premières étapes, vous devriez avoir une idée précise de vos espoirs, croyances et certitudes actuels. En soi, c'est déjà très utile, puisque cela vous donne des fondements révélateurs d'un changement. La transformation requiert une intention et si vous dites à votre cerveau que vous entendez chercher Dieu, vos facultés de perception commenceront à se développer. (N'est-ce pas ce qui se produit quand vous décidez de partir en quête de l'amour ? Soudain, vous voyez les gens sous un jour nouveau, sous une lumière plus scintillante : des inconnus deviennent d'éventuels partenaires amoureux, ou pas.)

Dieu aime que l'on vienne à lui, ce qui revient à dire que l'évolution spirituelle n'est pas passive. Vous devez donc aller de l'avant. Contrairement à une croyance fréquente, cela ne signifie pas qu'il vous faille prendre la résolution, à l'occasion du Nouvel An, de retourner à l'église (non pas que nous vous conseillions de ne pas le faire), ni qu'il vous faille décider du jour au lendemain de vous comporter en saint ou en dévot. Car il s'agit plus du bout du chemin que de son commencement. Au fond, il vous faut déterminer comment agir de sorte que vous puissiez réellement trouver Dieu.

Nous parlons en ce cas « d'actions subtiles », car elles se font à l'intérieur de vous. Penchez-vous sur les actions subtiles suivantes et sur la manière dont vous pourriez vous adapter à elles.

AGIR COMME SI DIEU EXISTAIT

Méditez.

Ayez l'esprit ouvert dans le domaine de la spiritualité. Examinez toute tendance au scepticisme ou à l'incrédulité machinaux.

Voyez le bien en autrui. Cessez de colporter des rumeurs, de critiquer autrui et de prendre un malin plaisir à observer le malheur des gens que vous n'aimez pas.

Lisez des poèmes et des écrits inspirants provenant de multiples sources.

Étudiez la vie des saints, des sages et des prophètes des traditions spirituelles de l'Orient et de l'Occident.

Quand vous êtes ébranlé, demandez à ce que votre angoisse vous soit retirée et à ce que votre fardeau s'allège.

Faites de la place pour les solutions inattendues. Ne forcez pas les choses et ne retombez pas dans le besoin de tout contrôler.

Savourez la joie du quotidien, même s'il ne s'agit que de regarder le ciel bleu ou de sentir une rose.

Passez du temps avec des enfants et absorbez leur joie de vivre débordante et spontanée.

Aidez une personne qui en a besoin.

Envisagez le pardon dans une situation dont la résolution aura un grand impact sur notre vie.

Méditez sur la gratitude et les choses pour lesquelles vous être reconnaissant.

Quand vous éprouvez de la colère, de l'envie ou du ressentiment dans une situation, prenez du recul, respirez profondément et voyez si vous pouvez lâcher prise. Si vous n'y arrivez pas, remettez au moins à plus tard votre réaction négative.

Ayez l'esprit généreux.

Attendez-vous à ce qu'il y a de mieux, à moins que vous ayez des preuves qu'il y ait besoin d'aide, d'amélioration ou de critiques dans des circonstances particulières.

Trouvez un moyen de prendre du plaisir dans votre vie. Gérez les obstacles importants à votre bonheur.

Faites ce que vous savez bon pour vous. Évitez ce que vous savez mauvais pour vous.

Trouvez une voie qui vous conduise à l'épanouissement personnel, quoi que cela signifie pour vous.

Cette liste rentre dans les détails afin que Dieu ne devienne pas un trop-plein d'émotions vagues ou une notion à mettre de côté jusqu'à l'apparition d'une crise. Nous avons évité la religiosité, non pas parce que nous nous inscrivons en faux contre certaines obédiences, mais parce que l'objectif est ici différent. L'idée est d'habituer progressivement le cerveau à remarquer et à valoriser une nouvelle réalité. Et c'est à vous qu'il appartient de décider si vous voulez y prendre part. Sachez simplement que si vous voulez vous brancher sur l'immense matrice des expériences spirituelles, votre cerveau est prêt à s'adapter.

En un sens, le conseil le plus simple que nous ayons entendu sur Dieu est également le plus profond. Au moins une fois par jour, lâchez prise et laissez Dieu, votre âme ou une puissance supérieure de votre choix s'occuper d'une situation. Voyez si votre vie peut s'autogérer. Car au bout du compte, ce n'est pas le vieil homme barbu au ciel, ni même tout le panthéon des dieux, qui dirige votre existence. La vie est son propre moteur d'évolution et Dieu n'est qu'une étiquette que nous donnons à des puissances invisibles qui existent et qui attendent d'émerger de l'intérieur de nous. Lisez le couplet suivant du grand poète bengali Rabindranath Tagore et soyez attentif à ce que vous ressentez :

Écoute, mon cœur, le murmure du monde.
C'est ainsi qu'il te fait l'amour.

Ou celui-ci :

Combien le désert aspire à l'amour d'un seul brin d'herbe !
L'herbe secoue la tête, rit et s'envole.

Si vous éprouvez un sentiment de tendresse dans le premier couplet et de mystère dans le second, cela signifie qu'au fond de vous, vous avez été touché de la même manière que Dieu vous aurait étreint. Il n'y a pas de différence, sauf que les expériences sont de plus en plus fortes jusqu'à ce que le Divin devienne réel pour vous. C'est votre privilège. Il n'y a nul besoin que cela soit réel pour qui que ce soit d'autre.

L'ILLUSION DE LA RÉALITÉ

On ne peut pleinement explorer le cerveau sans évoquer le mystère le plus profond qui le caractérise et dans lequel vous êtes immergé à chaque seconde de votre vie. Imaginez que vous soyez en vacances en Arizona et que vous observiez le Grand Canyon. Les photons de la lumière du soleil reflétés par les falaises entrent en contact avec votre rétine et affluent dans votre cerveau. Là, le cortex visuel est stimulé par l'activité électrochimique, qui se résume à des collisions d'électrons. Mais vous n'êtes pas conscient de ce processus tumultueux et invisible. Au lieu de cela, vous voyez des formes et couleurs vives ; l'extraordinaire gouffre apparaît sous vos yeux et vous entendez le vent qui siffle et qui se précipite hors du canyon tout en ressentant le brûlant soleil du désert sur votre peau.

Tout cela participe d'un phénomène presque indescriptible : pas une seule caractéristique de cette expérience n'est présente dans votre cerveau. Il émane du Grand Canyon un rouge brillant, mais vous aurez beau chercher, vous ne trouverez pas de trace de cette couleur dans vos neurones. Il en va de même pour les quatre autres sens. Vous sentez le vent qui souffle sur votre visage, mais vous ne trouverez trace de cette brise dans votre cerveau et sa température, 37 degrés, ne changera pas, que vous soyez dans le Sahara ou dans l'Arctique. Des électrons heurtent d'autres électrons, c'est tout. Et dans la mesure où ces derniers ne peuvent voir, toucher, entendre, goûter et sentir, votre cerveau ne le peut non plus.

En parlant de mystère, celui-ci est insaisissable. Votre conscience du monde qui vous entoure ne saurait être expliquée par un modèle matérialiste. Pourtant, c'est bien un modèle basé sur les réactions électrochimiques, donc matérialiste, que la neuroscience n'a de cesse d'explorer. D'innombrables données nouvelles s'accumulent sur le fonctionnement physique du cerveau, ce qui suscite un grand enthousiasme. Mais il serait utile de connaître avec une totale certitude la manière dont le rapport entre le cerveau et le mental produit le monde que nous voyons, entendons et touchons.

Un jour, alors que Deepak faisait une conférence dont le thème était la conscience supérieure, un sceptique s'est levé dans le public : « Je suis scientifique, a-t-il annoncé pour se présenter, et tout cela, c'est de la poudre aux yeux. Où est Dieu ? Vous ne pouvez donner de preuve de son existence. Il est probable que l'illumination ne soit qu'une illusion. Vous ne pouvez démontrer que le surnaturel existe. » Sans même prendre le temps de réfléchir à la question, Deepak a rétorqué : « Et vous, vous n'avez pas de preuve que le *naturel* existe. » Ce qui est vrai. Les montagnes, les arbres et les nuages paraissent bien réels, mais dans la mesure où nous n'avons pas la moindre idée de la manière dont des collisions d'électrons donnent naissance aux cinq sens, il n'y a aucune preuve que le monde physique corresponde bien à la représentation mentale que nous en avons.

Un arbre est-il dur ? Pas pour les termites qui creusent dedans. Le ciel est-il bleu ? Pas pour les multiples créatures daltoniennes. La recherche a découvert une caractéristique spéciale chez les corbeaux : ils reconnaissent les visages humains et réagissent quand un même visage réapparaît quelques jours ou même quelques semaines plus tard. Mais une caractéristique semblant si humaine doit avoir une utilisation très différente dans le monde des oiseaux, que l'on ne peut qu'imaginer, dans la mesure où notre système nerveux n'a de prise que sur notre réalité, et non celle des oiseaux.

Chacun des cinq sens peut être déformé et donner une image totalement différente du monde. Si par image, on entend la vue, le son, l'odeur, le goût et la texture des choses, une troublante conclusion s'impose. À l'exception de la représentation très peu fiable qui apparaît dans notre cerveau, nous n'avons aucune preuve que la réalité est bien le pendant de notre perception.

Einstein l'a formulé d'une autre manière en disant que la chose la plus incroyable qui soit n'est pas l'existence de l'univers, mais notre conscience de son existence. C'est un miracle quotidien et plus vous l'étudiez de près, plus il devient merveilleux. La conscience mérite d'être qualifiée de nœud du problème, comme l'a fait David Chalmers, spécialiste de la philosophie de l'esprit.

LA CONSTRUCTION DE SOI

Parmi les signaux suivants, combien s'appliquent à vous aujourd'hui ?

LES SIGNAUX POSITIFS

Calme et contentement intérieurs
Curiosité
Sentiment d'ouverture
Sentiment de sécurité
Avoir un but dans sa vie/dévouement
Sentiment d'être accepté et aimé
Fraîcheur physique et mentale
Confiance en soi
Dignité
Conscience alerte de soi
Absence de stress
Engagement

LES SIGNAUX NÉGATIFS

Conflit intérieur
Ennui
Fatigue physique ou mentale
Dépression ou angoisse
Colère, hostilité, attitude critique vis-à-vis de soi-même et d'autrui
Confusion quant à son but dans la vie
Sentiment d'insécurité
Hypervigilance, être en état d'alerte face à des menaces constantes
Stress

Faible amour-propre
Confusion, doute
Apathie

Qu'importe à quel stade vous en êtes dans votre vie, même si vous étiez un très jeune enfant, votre cerveau envoie des signaux et les fait s'affronter en permanence, ce qui contribue à l'évolution de votre identité.

La société guide la construction de l'individu, mais chacun se crée une personnalité distincte à l'intérieur de ce cadre. Ce processus est complexe et peu compris. On s'attend à ce que nous nous développions de manière instinctive. Nous avançons au juger au beau milieu de milliers de situations et le résultat est une construction bancale. Il nous a fallu deux ou trois décennies pour la mettre sur pied et pourtant, aucun d'entre nous ne sait vraiment comment il y est parvenu. Tout ce processus doit être amélioré. Dans la mesure où tout ce qui contribue à l'identité se déroule au sein de la conscience, vous avez maintenant une raison personnelle de résoudre le nœud du problème. Cela promet des débats épineux, mais le résultat final sera un plus grand bien-être.

DES FANTÔMES DANS L'ATOME

Depuis l'époque de Sir Isaac Newton, la physique s'appuie sur la croyance de bon sens que le monde physique est solide et stable. Par conséquent, la réalité commence à l'extérieur. C'est un acquis. Einstein disait d'ailleurs de cette croyance que c'était sa religion. Un jour, alors qu'il se promenait au crépuscule avec un autre grand physicien quantique, Niels Bohr, tous deux conversaient sur le problème posé par la réalité. Cela n'en avait jamais été un pour la science avant l'avènement de l'ère quantique, à partir duquel les minuscules objets solides connus sous le nom d'atomes et de molécules ont commencé à disparaître pour laisser place à des nuages tourbillonnants d'énergie, qui étaient eux-mêmes insaisissables. Par exemple, les particules telles que les photons et les électrons n'avaient pas de place figée dans l'espace, elles obéissaient en réalité aux lois de la probabilité.

La mécanique quantique stipule que rien n'est figé ni certain. Ainsi, il y a une chance infinitésimale que la gravité ne fasse pas tomber une pomme d'un arbre, mais la fasse se déplacer latéralement ou vers le haut, bien que ce genre d'anomalie ne s'applique pas aux pommes – la probabilité qu'une pomme ne tombe pas est quasi nulle –, mais aux particules subatomiques. Leur comportement est si étrange qu'il a donné naissance à un aphorisme formulé par Werner Heisenberg, le créateur du principe d'incertitude : « Non seulement l'univers est plus étrange que nous le pensons, mais il est plus étrange que nous pouvons le penser. »

Vers la fin de sa vie, Einstein était mal à l'aise avec ce genre de singularité. Il était notamment en désaccord avec le principe de l'observateur. En effet, la physique quantique affirme que les particules élémentaires sont des ondes invisibles qui vont dans toutes les directions jusqu'à ce qu'un observateur les regarde. Ce n'est qu'alors que la particule prend une place dans l'espace-temps. Tandis qu'il se promenait avec Bohr, qui tentait de le convaincre que la théorie quantique correspondait à la réalité, Einstein a montré du doigt la lune et a dit : « Pensez-vous vraiment que la lune n'est pas là quand vous ne la regardez pas ? »

Historiquement, la science a plus tard montré qu'Einstein faisait erreur. Comme l'expliquent Bruce Rosenblum et Fred Kuttner dans leur livre inspirant *Quantum Enigma*, « en 1923, les physiciens ont finalement été forcés d'accepter l'existence d'une dualité entre l'onde et la particule : un photon, un électron, un atome, une molécule – en principe, n'importe quel objet – peuvent soit être compacts soit se diffuser dans toutes les directions. Vous pouvez choisir laquelle de ces deux caractéristiques contradictoires démontrer. » Cela paraît technique, mais la chute ne l'est pas : « La réalité physique d'un objet dépend de la manière dont vous choisissez de le regarder. La physique a rencontré la conscience, mais elle ne l'a pas réalisé. »

Le fait que le monde physique ne soit pas une certitude a été maintes et maintes fois confirmé. Ce fait est capital pour votre cerveau. Tout ce qui rend la lune réelle à vos yeux – sa lumière blanche, les ombres que l'on peut voir sur sa surface, ses phases de croissance et de décroissance, son orbite autour de la terre – passe d'abord par votre cerveau. Chaque aspect de la réalité naît sous la forme d'une expérience intérieure. Même la science, aussi subjective essaye-t-elle d'être, est le fruit de la conscience.

Au quotidien, les physiciens ignorent les découvertes révolutionnaires qu'ils font sur la dimension quantique. Pour aller travailler, ils conduisent des voitures, et non pas des nuages d'énergie. Quand celles-ci sont garées, elles ne bougent pas : elles ne deviennent pas des ondes invisibles qui s'envolent. De même, un chirurgien spécialiste du cerveau qui découpe de la matière grise accepte le fait que le cerveau sur lequel il travaille à l'aide de son scalpel est solide et fermement positionné dans l'espace-temps. Par conséquent, quand on veut aller plus loin que le cerveau, il faut traverser un plan invisible dans lequel les cinq sens ne sont d'aucune utilité. Il n'y aurait aucune raison urgente à entreprendre ce voyage si la réalité était un fait avéré, mais elle ne l'est pas, vraiment pas. Écoutons attentivement les paroles de Sir John Eccles, célèbre neurologue britannique qui a déclaré : « Je veux que vous preniez conscience du fait qu'il n'existe dans le monde naturel ni couleur, ni son – rien de tout cela –, ni texture, ni schéma, ni beauté, ni senteur. »

Vous pourriez ressentir une sorte de malaise existentiel en tentant d'imaginer de quoi la réalité est faite si ce n'est de couleurs, de sons et de textures. Le fait de réduire les couleurs à des vibrations de lumière ne résoudra rien. Les vibrations mesurent les ondes lumineuses, mais elles n'indiquent rien sur la manière dont on voit les couleurs. Car les mesures traduisent une expérience, elles ne la remplacent pas. La science rejette le monde subjectif dans lequel a lieu l'expérience, car il est inconstant, changeant et impondérable. Si telle personne aime les tableaux de Picasso et que telle autre ne les aime pas, nous sommes face à deux expériences opposées, qu'on ne peut toutefois pas classer par ordre de valeur. L'imagerie cérébrale est elle aussi inutile, puisque les mêmes aires du cortex visuel seront actives.

Qu'y a-t-il de solide quand tout change et se transforme ? On ne peut vivre dans un monde qui repose sur des illusions fuyantes. Pour nous, l'issue consiste à prendre conscience que la science se laisse duper par sa propre illusion de réalité. En rejetant les expériences subjectives telles que l'amour, la beauté et la vérité et en y substituant des données objectives – c'est-à-dire des faits censés être plus fiables –, la science donne l'impression que les vibrations sont analogues aux couleurs et que les électrons qui rebondissent sur d'autres électrons dans le cerveau sont l'équivalent de la pensée. Rien de tout cela n'est vrai. L'illusion de la réalité doit être dissipée et cela ne peut être fait qu'en se débarrassant de certaines hypothèses obsolètes.

DISSIPER L'ILLUSION DE LA RÉALITÉ

LES VIEILLES CROYANCES QUI DOIVENT DISPARAÎTRE

- La croyance que c'est le cerveau qui crée la conscience. En réalité, c'est l'inverse.
- La croyance que le monde matériel est solide et fiable. En réalité, le monde physique n'a de cesse de changer, il est insaisissable.
- La croyance que la vision, le son, le toucher, le goût et l'odeur sont le reflet du monde extérieur. En réalité, toutes les sensations sont le produit de la conscience.
- La croyance que le monde physique est le même pour tout ce qui vit. En réalité, le monde physique dans lequel nous vivons n'est que le reflet de notre système nerveux humain.

•••

- La croyance que la science ne traite que les faits empiriques. En réalité, elle organise les expériences dans la conscience et leur donne une expression mathématique.
- La croyance que la vie devrait être fonction du bon sens et de la raison. En réalité, nous devrions avancer au ressenti en nous servant autant que possible de notre conscience.

Nous plongeons maintenant dans les profondeurs des débats épineux que nous vous avons promis, mais c'est il y a déjà plus d'un siècle que le monde physique rassurant que nous connaissions a disparu, au moment où la réalité quantique l'a remplacé. Les scientifiques, de même que tout un chacun, sont décontenancés de voir la lune et les étoiles disparaître. Pris d'un sentiment d'irrévocabilité et de deuil, tel un prêtre qui officie face à un cercueil, le physicien théorique français Bernard d'Espagnat psalmodie : « La doctrine selon laquelle le monde est composé d'objets dont l'existence est indépendante de la conscience humaine s'avère être en conflit avec la mécanique quantique et avec les faits établis par l'expérience. »

Pourquoi vous et moi devrions-nous nous en émouvoir ? Car une fois que chacun d'entre nous aura fait la paix avec la réalité à défaut de croire à l'illusion, tant de possibilités s'ouvriront, en nombre infini. Il n'est nul besoin de se morfondre. Le mental s'est déjà lui-même surpris. Il peut maintenant s'épanouir.

LES QUALIA

Nous autres êtres humains avons une chance incroyable : notre cerveau peut s'adapter à tout ce que nous concevons. Dans la terminologie neuroscientifique, toutes les couleurs, les sons et les textures qui composent nos expériences sont rassemblés sous le terme de *qualia* (*quale* au singulier), qui désigne en latin les « qualités ». Les couleurs sont des qualia, les odeurs aussi. Le sentiment d'amour est un quale ; au demeurant, le sentiment d'être simplement en vie l'est également. Nous sommes telles des antennes frémissantes qui, à partir de milliards de données brutes, créent un monde animé, bruyant, haut en couleur, c'est-à-dire un monde composé de qualités. Par conséquent, chaque expérience peut être qualifiée de qualia. Ce terme est si plat qu'il ne nous viendrait jamais à l'idée que les qualia puissent devenir un mystère déroutant ; pourtant, c'est bien le cas.

D'après la physique quantique, une chose est incontestable : les objets physiques ne possèdent aucun attribut figé. Les rochers ne sont pas durs ; l'eau n'est pas humide ; la lumière n'est pas claire. Il ne s'agit que de qualia créés dans notre conscience et se servant du cerveau comme d'un outil de traitement de l'information. Le fait qu'un physicien se rende au travail en voiture, et non pas à bord d'un nuage d'énergie, ne signifie pas que ce même nuage invisible peut être mis de côté. Il existe sur le plan quantique, dans lequel sont nés le temps, l'espace et tout ce qui remplit ce dernier. Vous ne pouvez faire l'expérience du temps tant que votre cerveau ne communique pas avec le monde quantique. Vous ne pouvez d'ailleurs connaître ni l'espace, ni quoi que ce soit qui existe dans cet espace.

Votre cerveau est un appareil quantique et quelque part, au-delà du niveau des cinq sens, vous êtes une force créatrice. Le temps est votre responsabilité. L'espace a besoin de vous. Il n'a pas besoin de vous pour exister ; il a besoin de vous pour exister *dans votre réalité*. Si cela vous paraît troublant, voici un exemple convaincant. Il existe un sixième sens que la plupart des gens ignorent et qui correspond à la perception du corps dans l'espace, y compris sa forme et la position des bras et des jambes. Ce sens s'appelle la proprioception. Pour savoir où se trouve votre corps, il faut des récepteurs musculaires, ainsi que des neurones sensoriels dans l'oreille interne, associés à l'équilibre, qui est centré dans le cervelet. C'est un circuit complexe et quand il connaît un dysfonctionnement, les gens ont le sentiment étrange d'être désincarnés. Par exemple, ils ne savent pas s'ils tiennent leur bras droit en l'air, devant eux ou en bas, sur le côté. Ces cas sont aussi rares que fascinants. Pour ressentir son corps, il suffit à une personne qui a des problèmes de proprioception de conduire une voiture décapotable dont la capote est descendue. Alors, le vent qui souffle fort autour d'elle et qui est détecté par des récepteurs cutanés en état de marche, se substitue à ce sixième sens.

En d'autres termes, la sensation d'être enveloppé par le vent donne à ces personnes une place dans l'espace. Dans la mesure où cette sensation est perçue dans le cerveau, l'espace a besoin de ce même organe pour exister. Si un neutrino avait un système nerveux, il ne reconnaîtrait pas notre perception de l'espace, car un neutrino est une particule subatomique qui peut traverser la terre sans ralentir : pour lui, notre planète est un espace vide. En suivant la même logique, le temps a lui aussi besoin du cerveau, chose facile à démontrer : quand vous allez dormir, le temps s'arrête. Il ne s'arrête pas au sens où toutes les pendules attendent votre réveil au petit matin, mais il s'arrête *pour vous.*

Une fois que vous ôtez tous les attributs traités par le cerveau, il ne reste aucune propriété physique dans le monde « extérieur ». Comme l'a dit l'éminent physicien allemand Werner Heisenberg : « Ni les atomes ni les particules élémentaires ne sont réels ; tous forment un monde fait de potentialités ou de possibilités, et non de choses ou de faits. » Quand les atomes et les molécules disparaissent, il reste le créateur de ces « potentialités ou possibilités ». Et qui est ce créateur invisible, insaisissable ? La conscience.

Le fait de découvrir que vous êtes un créateur est une perspective palpitante. Il nous faut en savoir plus. Spécialiste de la perception, le scientifique cognitif Donald D. Hoffman, de l'université de Californie à Irvine, a créé un terme utile : « agent conscient ». Un agent conscient perçoit la réalité au travers d'un type spécifique de système nerveux, qui ne sera pas forcément humain. En effet, d'autres espèces sont des agents conscients. Leur cerveau est en contact avec l'espace-temps, différemment du nôtre toutefois. En Amérique du Sud, un paresseux avancera d'un mètre ou deux par jour, vitesse que nous – mais pas lui – considérerions comme atrocement lente. Le temps paraît aussi normal pour le paresseux que pour le colibri qui bat des ailes 80 fois par seconde.

Nous remettons ainsi en question l'une des croyances fondamentales qui entretiennent l'illusion de la réalité, c'est-à-dire la croyance que le monde objectif est similaire pour toutes les formes de vie. Se servant d'un langage quelque peu technique, David Hoffman lance une attaque surprenante contre cette croyance : « Les expériences perceptuelles ne correspondent ni de près ni de loin aux propriétés du monde objectif ; au contraire, elles fournissent à ce monde une interface utilisateur spécifique à chaque espèce. » Si vous avez suivi notre logique, vous comprendrez clairement cette phrase, à l'exception de l'expression « interface utilisateur » qui appartient au jargon informatique.

Imaginez que l'univers soit une expérience et non une chose. Vous pouvez avoir un aperçu d'une immense partie du cosmos en regardant les innombrables étoiles qui ornent la voûte céleste par une nuit claire d'été, mais ces étoiles ne représentent pas même un milliard de milliardièmes du tout. L'univers ne peut être appréhendé sans système nerveux infini. De par son million de milliards de synapses, le cerveau humain rivalise avec l'infini. Néanmoins, vous ne pourriez jamais voir, entendre ou toucher quoi que ce soit si vous deviez être conscient de vos synapses – le simple fait d'ouvrir les yeux requiert des milliers de signaux synchronisés. Dame Nature a donc mis au point un raccourci, qui ressemble pour beaucoup à ceux que nous utilisons au quotidien sur notre ordinateur. Sur un ordinateur, quand vous voulez effacer une phrase, il vous suffit d'appuyer sur le bouton « Suppr. ». Vous n'êtes pas obligé de rentrer dans les entrailles de la machine ou de bricoler ses programmes. Vous n'avez pas non plus à réorganiser des milliers de 0 et de 1 en code numérique. Une touche suffit : c'est ainsi que fonctionne une interface utilisateur. De la même manière, quand vous créez des qualia, à l'instar du goût sucré ou de l'éclat d'une émeraude, vous n'êtes pas forcé d'entrer dans votre cerveau ou de fignoler ces programmes. Vous ouvrez les yeux, vous voyez la lumière, bingo, le monde entier apparaît soudain.

À force d'argumenter ainsi, le courageux Donald Hoffman est devenu la cible de tout le camp des scientifiques qui prétendent que c'est le cerveau qui crée la conscience, contrairement à ce qu'affirme ce spécialiste de la cognition. Quoi qu'il en soit, pour aucun des deux camps, il n'est facile de prouver ses dires. Les partisans du « cerveau d'abord » doivent montrer en quoi les atomes et les molécules ont appris à penser. Quant aux adeptes de « la conscience d'abord », ils doivent montrer en quoi c'est le mental qui crée les atomes et les molécules. La position de Donald Hoffman, que nous remercions de tout cœur pour son raisonnement consciencieux, est intelligente : il n'est pas contraint de s'engager à expliquer la réalité ultime, problème qui défie la raison. Dieu est-il la réalité ultime ? Notre univers a-t-il jailli d'un nombre infini de multivers ? Platon a-t-il vu juste, il y a des milliers d'années, en affirmant que l'existence matérielle s'appuie sur des formes invisibles ?

Trop de théories s'affrontent, mais si vous vous en tenez à l'interface utilisateur – le raccourci choisi par Dame Nature –, il importe peu de mettre le doigt sur la réalité ultime. Les physiciens peuvent se rendre au travail en voiture tout en sachant qu'en fait, celle-ci est un nuage d'énergie invisible. Ce qui compte est que c'est le système nerveux qui crée une image de nos désirs. L'espace-temps ne doit être réel que *pour vous*, et il en va de même pour tout le reste. Les religieux et les athées peuvent prendre un thé ensemble sans se quereller. Car le débat sur la réalité ultime n'aura pas de réponse avant bien longtemps. En attendant, chacun d'entre nous continuera à créer sa réalité personnelle et, espérons-le, de mieux en mieux.

SUR LES TRACES DE LA LUMIÈRE

Si vous pouvez accepter que vous soyez un agent conscient, nous sommes avec vous. Mais une question lancinante reste sans réponse. Que fait un agent conscient ? Dans le livre de la Genèse, Dieu a dit : « Que la lumière soit ! » Et la lumière fut. En cet instant même, vous vous joignez à cet acte créateur sans avoir besoin de parler (comme ce fut probablement le cas de Dieu). Quelque part, en silence, la composante de base de la création, la lumière, devient réelle à l'instant où vous ouvrez les yeux. Et si vous donnez à la lumière une réalité qui vous correspond, comment vous y prenez-vous ?

Revenons à une époque lointaine, il y a 13,8 milliards d'années. Au moment du big bang, le vide a laissé place au cosmos. La physique accepte que chaque particule de l'univers entre et sorte du vide à grande vitesse, des milliers de fois par seconde. Il existe plusieurs termes qui désignent ce vide : état d'univers préquantique, rien préquantique, champ d'onde de probabilité. Mais le concept essentiel demeure le même. Il y a quelque chose de bien plus réel que l'univers physique : il s'agit du champ du potentiel infini d'où il émerge dans l'instant présent. Au niveau du champ quantique, la Genèse n'a jamais cessé d'être : tous les événements passés, présents et futurs y sont entremêlés. Il en va de même pour toutes les choses que nous pouvons imaginer ou concevoir. C'est pourquoi il faudrait un système nerveux infini pour percevoir la « vraie » réalité.

À la place, nous fabriquons des images cérébrales que nous qualifions de réalité, quand bien même elles sont très limitées. Le seul monde qui existe pour les êtres humains reflète l'évolution de leur système nerveux. Les images cérébrales évoluent. La manière dont un physicien observe le feu n'est pas la même que Cro-Magnon à son époque, qui le vénérait probablement. Tout d'un coup, on réalise pourquoi le cerveau inférieur n'a pas été délaissé ou contourné à mesure que le cerveau évoluait vers des domaines plus élevés. Toutes les versions antérieures de système nerveux, en remontant même aux réponses sensorielles les plus primitives des organismes unicellulaires nageant dans un étang vers la lumière du soleil, sont incorporées dans le cerveau que vous avez aujourd'hui. Grâce à votre néocortex, vous pouvez apprécier Bach, dont la musique serait pour un chimpanzé du bruit incompréhensible ; mais si un spectateur fou tire sur le claveciniste, vous réagirez en fonction de l'instinct primitif de survie du cerveau reptilien.

Le cerveau humain n'a pas évolué seul ; il a suivi une image du monde qui existait dans la conscience. L'interface utilisateur s'est sans cesse améliorée pour rester à la hauteur de ce que l'utilisateur voulait faire. En ce moment même, vous possédez la dernière version de l'interface, car vous prenez part à « l'image du monde » la plus récente que les humains aient développée.

Fiou !

D'après la théorie d'Hoffman, qu'il appelle le réalisme conscient, « le monde objectif est composé des agents conscients et de leur expérience perceptuelle ». Adieu, monde « extérieur » ; bienvenue, monde « intérieur ». Mais en réalité, tous deux se confondent à la source. La conscience n'a pas de problème à allier les deux moitiés de la réalité. Il est maintenant temps d'attacher votre ceinture de sécurité. En effet, il n'existe ni monde intérieur ni monde extérieur. Il n'y a que l'expérience des qualia. Les atomes et les molécules ne sont pas des choses ; ce sont des descriptions mathématiques d'expérience. L'espace-temps n'est lui aussi qu'une description d'expérience. Votre cerveau n'est responsable en rien de tout cela dans la mesure où lui aussi a vécu une expérience faite par votre mental.

Il s'agit d'un gigantesque pas en avant, mais qui nous donne un pouvoir indicible. D'autant plus indicible que nos parents et la société qui nous entoure ne nous ont pas dit qui nous sommes en réalité. Nous sommes la source des qualia. Nous sommes les gardiens de la conscience, qui n'avons pas pour obligation de courber l'échine face aux forces de la nature. Car nous détenons entre nos mains la clé pour que ce soit la nature qui s'incline devant nous. En dépit de notre esprit limité, nous ordonnons : « Que la lumière soit ! », de même que le fait Dieu dans son esprit infini. Et pourtant, cette connaissance ne vous donne pas véritablement accès à ce pouvoir. Si vous êtes sur une voie ferrée juste avant le passage d'un train et que vous marmonnez « c'est moi qui ai créé cette réalité », votre esprit n'empêchera pas l'énorme masse constituée par la locomotive diesel d'entrer en collision avec l'infime masse représentée par votre corps, ce qui entraînera un résultat bien malheureux et chaotique.

Les sages indiens d'antan ne se laissaient pas dissuader par les locomotives diesel (encore eût-il fallu qu'elles existent à l'époque) : d'après eux, le monde n'est qu'un rêve. Si un train vous percute lors d'un rêve, il se peut que vous ressentiez toutes les sensations associées à cette expérience comme si elle était réelle, sauf que vous pouvez vous réveiller. Cela fait toute la différence. Il nous paraît simple et naturel de nous réveiller et de sortir de notre rêve. Mais il nous semble presque impossible de sortir de la réalité physique et tandis que nous demeurons dans ce monde figuratif que nous appelons réalité physique, ses règles suivent les lois du mouvement de Newton. Les choses s'arrêtent-elles là ?

Un jour, un sorcier a pris son apprenti par la main et lui a demandé de la serrer fort. « Tu vois cet arbre là-bas ? », lui a-t-il demandé, en sautant soudain au sommet de l'arbre, accompagné de son apprenti. Quand ils revinrent au sol, ce dernier fut pris d'un profond malaise. Il se sentit étourdi et troublé ; il eut l'estomac retourné et des haut-le-cœur. Le sorcier l'examina calmement. C'était simplement la réaction du mental auquel on avait révélé ses illusions. Car le mental ne peut croire qu'il est possible de sauter en haut d'un arbre dans la vie réelle aussi facilement que dans un rêve.

Nous savons que les rêves se passent tous dans notre tête ; nous passons toutefois outre le fait que l'état de veille se passe aussi dans notre tête. Mais une fois que le mental réalise son erreur, une nouvelle réalité voit le jour. Peut-être avez-vous reconnu cet incident – il est tiré des récits de Carlos Castaneda et de son célèbre enseignant, Don Juan, un sorcier Yaqui. Bien sûr, toute personne douée de raison sait que ces ouvrages sont fictifs.

Pourtant, la clé de l'éveil est de sortir du rêve, comme nous l'avons vu au précédent chapitre. C'est la base du Vedanta, la plus ancienne tradition spirituelle de l'Inde, dont l'influence s'est répandue dans toute l'Asie. *Pragya paradha*, que l'on traduira par « l'erreur de l'intellect » ou une variante, est un concept clé du Vedanta. Cette erreur revient à oublier qui l'on est. Nous pensons être des êtres séparés et isolés et c'est ainsi que nous cédons à l'apparence du monde et que nous acceptons que des forces naturelles dénuées de raison nous contrôlent. Nous ne sommes pas en train de prendre position en ce qui concerne le fait de sauter du haut d'un arbre ou de se tenir sur une voie ferrée. L'état de veille a ses règles et ses limitations. Tout le débat sur les qualia tente de revenir à l'acte naturel et fondamental qu'est la perception et de montrer que la réalité n'est pas un acquis. Nous percevons ce que notre système nerveux perçoit grâce à son évolution.

Mettons maintenant la théorie en pratique : adoptons ce nouveau point de vue et observons comment il peut changer votre vie.

POUR METTRE EN MARCHE L'INTERFACE

Il n'y a pas de réalité connaissable sans conscience. Vous pouvez créer la qualité (qualia) que vous souhaitez, quelle qu'elle soit.

Tout le monde crée déjà des qualia. Le secret est de s'améliorer.

Pour vous améliorer, vous devez vous rapprocher de la source créatrice.

La source créatrice est un champ de possibilités infinies.

Ce champ est partout, y compris à l'intérieur de votre conscience.

Mettez le doigt sur la source de la conscience pure et toutes les possibilités seront à votre portée.

Cette séquence représente un savoir remontant à des milliers d'années et provenant de sages qui étaient les Einstein de la conscience. Une fois que vous retournez à votre source, qui est conscience pure, vous retrouvez le contrôle des qualia. Si vous recevez des messages négatifs à propos de votre vie, que ce soient des pensées négatives « intérieures » ou des événements négatifs « extérieurs », tous sont des qualia. Ce qui signifie qu'ils peuvent être changés si vous transformez votre conscience.

Reprendre le contrôle des qualia est la clé qui vous permettra de restructurer votre cerveau et votre réalité en même temps. Les sages et les prophètes de la tradition orientale accueilleraient cet argument d'un sourire et hausseraient les épaules en disant : « C'est l'évidence même ! » Mais à notre époque matérialiste, on en reste bouche bée.

Il se peut que certains lecteurs crient à l'imposture. En effet, ils sont en train de lire un ouvrage sur le cerveau et soudain, ce dernier disparaît au profit d'une conscience universelle ! Les sceptiques ne dérogeront pas de leur point de vue (croyez-nous, nous nous sommes déjà accrochés). Ils ne bougeront pas d'un millimètre et, entêtés, maintiendront que la conscience est la même chose que le cerveau. Mais Hoffman ne cède pas. Il brandit le postulat fondamental de son livre, d'après lequel c'est vous qui utilisez votre cerveau, et non l'inverse, et il le pousse à la limite : « C'est la conscience qui crée l'activité cérébrale et les objets matériels du monde. » En d'autres termes, nous ne sommes pas des machines qui ont appris à penser, mais des pensées qui ont appris à concevoir des machines. Quand on accepte cela, toute l'illusion de la réalité part en fumée.

LA CONSCIENCE À L'EXTÉRIEUR DU CERVEAU

Ayant poursuivi votre lecture jusqu'ici, à votre avis, quel camp a raison ? Si vous croyez que c'est le cerveau qui est le créateur de la conscience, alors les matérialistes pourront sortir gagnants de chaque débat. Et pas seulement les matérialistes, mais aussi les athées, qui croient que le mental meurt en même temps que le cerveau. Nous pouvons également inclure les personnes qui n'ont rien contre Dieu, mais qui acceptent simplement que les rochers soient durs, que l'eau soit humide et ainsi de suite, qui admettent toutes les expériences de bon sens qui font que chaque jour, le monde est monde. Mais la vérité sera révélée et s'il est vrai que la conscience prévaut sur le cerveau, il doit y avoir des preuves.

Tournons-nous maintenant vers les preuves expérimentales. Dès les années 1960, T. D. Duane et T. Behrendt, des chercheurs d'avant-garde, ont démontré que les schémas d'ondes cérébrales de deux individus distants peuvent se synchroniser. Leur expérience s'appuyait sur les électroencéphalogrammes de vrais jumeaux (il fallait encore attendre plusieurs décennies avant que n'apparaissent les techniques d'imagerie cérébrale modernes telles que les IRM).

Dans le but de tester des récits non corroborés d'après lesquels les jumeaux ont les mêmes sentiments et les mêmes sensations physiques, même quand ils sont loin l'un de l'autre, les chercheurs ont modifié le schéma d'électro-encéphalogramme de l'un des jumeaux et observé l'effet sur l'autre. Chez 2 paires de jumeaux sur 15, quand l'un fermait les yeux, on obtenait un rythme alpha immédiat non seulement dans son cerveau, mais également dans celui de son jumeau, alors même que ce dernier avait toujours les yeux ouverts et qu'il était assis dans une pièce éclairée.

Partageaient-ils un même esprit, comme le pensent certains vrais jumeaux (mais pas tous) ? Des anecdotes frappantes renforcent cette découverte. Dans son ouvrage analytique, *The One Mind*, le Dr Larry Dossey présente l'étude Duane-Behrendt et relate une histoire à l'appui :

> « Une étude portait sur les vrais jumeaux Ross et Norris McWhirter, célèbres en Grande-Bretagne pour avoir lancé *Le Livre Guinness des records*.

> Le 27 novembre 1975, Ross a reçu plusieurs balles mortelles dans la tête et la poitrine, tirées par deux hommes alors qu'il était à la porte de son domicile au nord de Londres. D'après un individu qui accompagnait son frère jumeau Norris, ce dernier a réagi d'une manière dramatique au moment même du meurtre, pratiquement comme si lui aussi avait été atteint "d'une balle invisible". »

Des études parallèles prouvent qu'un esprit peut se relier à un autre, comme cela est indiqué par les corrélations d'ondes cérébrales. (Rudy a quant à lui une sœur jumelle, Anne. Quand il a une envie soudaine de l'appeler, il est surpris d'apprendre qu'elle ne va pas très fort physiquement ou mentalement ; d'une manière ou d'une autre, il ressent que quelque chose va mal.) Ce phénomène ne concerne pas seulement les jumeaux ; les mères allaitantes sont en synchronicité avec leurs bébés, de même que les guérisseurs avec leurs patients. L'existence des guérisseurs fait doucement rire les matérialistes, mais Larry Dossey cite une étude d'avant-garde portant sur des guérisseurs indigènes hawaïens et réalisée par feu Dr Jeanne Achterberg, une physiologiste spécialiste de l'approche psychosomatique qui était fascinée par les récits de soins à distance réalisés par ces guérisseurs.

En 2005, après deux années de recherche, elle et ses collègues ont réuni onze guérisseurs hawaïens. Chacun d'entre eux pratiquait sa tradition indigène de guérison depuis en moyenne vingt-trois ans. Il leur a été demandé de sélectionner une personne avec laquelle ils avaient travaillé de manière fructueuse par le passé et ils ressentaient un lien empathique. Cette personne recevrait une guérison dans un cadre contrôlé. Les guérisseurs ont décrit leurs méthodes de plusieurs manières : ils agissaient par la prière, l'envoi d'énergie ou de bonnes intentions, ou simplement la pensée (ils souhaitaient le bien le plus élevé pour leurs patients). Le Dr Achterberg a simplement qualifié ces efforts d'intentionnalité distante (ID).

Chaque patient était séparé de son guérisseur et il passait une IRMf de son activité cérébrale. Il était demandé aux guérisseurs d'envoyer de manière aléatoire une ID par intervalles de deux minutes ; les patients ne pouvaient donc pas anticiper le moment où ils recevraient l'ID. Mais leur cerveau, lui, le pouvait. On a trouvé des différences significatives entre les périodes expérimentales (d'envoi) et les périodes de contrôle (sans envoi) dans 10 cas sur 11. Concernant les périodes d'envoi, des aires cérébrales spécifiques « s'allumaient » sur l'IRMf du sujet, indiquant une augmentation de son activité métabolique. Mais cela n'arrivait pas pendant les périodes sans envoi. Le Dr Dossey écrit : « Les zones cérébrales activées étaient les cortex cingulaires antérieur et intermédiaire, le précunéus et des aires frontales. Il y a moins d'environ une chance sur 10 000 que ces résultats puissent être attribués au hasard. »

Le bouddhisme et les autres traditions spirituelles orientales considèrent la compassion comme un état universel partagé par l'esprit humain de manière collective. Cette étude va dans ce sens, car elle montre que la compassion envoyée par une personne à une autre loin d'elle peut avoir des effets physiques mesurables sur une autre. Les liens empathiques sont réels. Ils peuvent traverser l'espace qui semble « me » séparer de « vous ». Cette connexion n'est pas physique ; elle est invisible et ne s'arrête pas au cerveau.

Ce mode de pensée n'est plus naturel, bien que plus de 80 % des gens, quand on leur demande si Dieu existe, répondent oui. Dieu, s'il (ou elle) existe, doit avoir un esprit et il serait impossible de soutenir que l'esprit divin a été créé à l'intérieur du cerveau humain. Toutefois, les gens se sentent mal à l'aise à l'idée de revoir leur conception du monde, quand bien même les preuves apportées par la physique, les études sur le cerveau et l'expérience millénaire des sages et prophètes proposent une nouvelle réalité. D'ailleurs, dans la mesure où une nouvelle réalité profiterait à chacun d'entre nous, jetons-nous dans la gueule du loup et montrons pourquoi la conscience n'a pas pu être créée par le cerveau.

En janvier 2010, Ray Tallis, décrit comme un esprit universel, un athée et un physicien, a lancé un défi direct aux partisans du « cerveau d'abord ». Son article, paru dans la revue *New Scientist*, s'intitulait : « Pourquoi vous ne trouverez pas la conscience dans le cerveau ». En tant que « neurosceptique », il s'attaque aux preuves les plus fondamentales qui font croire aux scientifiques que le cerveau est à l'origine de la conscience : les désormais célèbres IRMf qui montrent des aires cérébrales qui s'allument en corrélation avec une activité mentale. Le lecteur en sait maintenant beaucoup sur cela. Ray Tallis répète certains des arguments que nous avons développés.

L'une des premières choses que l'on apprend à un scientifique est qu'une corrélation n'est pas une cause. Un poste de radio émet de la lumière quand une musique est diffusée, mais ce n'est pas lui qui crée la musique. De même, on pourrait dire que l'activité cérébrale ne crée pas les pensées, même si l'on peut aujourd'hui voir quelles zones s'allument.

Les réseaux neuronaux représentent une cartographie de l'activité électrique dont ils permettent le passage. Mais ils ne sont pas la pensée.

L'activité électrique n'équivaut pas à une expérience, phénomène caractéristique de la conscience.

Sur sa lancée, Ray Tallis lance d'autres défis très révélateurs, par exemple celui-ci : la science n'est pas près d'expliquer pourquoi nous pouvons voir le monde dans son ensemble, mais nous pouvons aussi choisir de relever des détails si nous le voulons. Le physicien parle de « fusion relative ». Vous pouvez regarder une foule et la percevoir sous la forme d'une marée de visages humains, par exemple, mais vous pouvez également choisir de vous concentrer sur un seul visage que vous reconnaissez. « Mon champ sensoriel est un tout qui contient de multiples couches et qui maintient également sa multiplicité », écrit-il. Nul ne peut dire pourquoi un neurone possède cette faculté, tout simplement parce qu'il ne l'a pas.

D'après lui, il est impossible de demander au cerveau de « stocker » les souvenirs. Les réactions électrochimiques se produisent uniquement dans le moment présent. Une synapse est stimulée en ce moment même, sans qu'il ne reste rien de ce qui s'est passé à la minute précédente et encore moins de ce qui est arrivé dans un passé lointain. Une fois la stimulation terminée, les signaux chimiques qui traversent la synapse reviennent à leur position par défaut. Le cerveau peut renforcer certaines synapses tout en en affaiblissant d'autres par l'intermédiaire d'un processus appelé « potentialisation à long terme ». C'est ainsi que certains souvenirs restent gravés dans la mémoire, tandis que d'autres non. La question est de savoir si c'est le cerveau qui est capable de se souvenir de ce qu'il a fait par le passé ou si c'est la conscience. Le sel ne peut se dissoudre qu'au moment où vous le remuez dans un verre d'eau. Il ne peut enregistrer un souvenir de dissolution dans l'eau en 1989.

Le physicien ajoute qu'il y a même des problématiques plus fondamentales, telles que le soi : on n'a découvert aucun endroit dans le cerveau correspondant au « je », c'est-à-dire à la personne qui fait l'expérience. Vous vous bornez à savoir que vous existez. Rien ne s'allume dans votre cerveau ; aucune calorie n'est dépensée pour entretenir votre sentiment d'identité. En tout état de cause, si le soi devait être prouvé scientifiquement, les sceptiques pourraient examiner l'imagerie cérébrale et prouver qu'il n'existe pas de « je », sauf que bien évidemment, il y en a un, imagerie cérébrale ou pas. Le « je » est en réalité ce qui fait fonctionner tout le cerveau. C'est lui qui crée les images du monde sans s'impliquer dedans, de même qu'un peintre crée ses tableaux sans y prendre part. Dire que le cerveau est à l'origine du soi revient à dire que ce sont les tableaux qui créent leurs peintres. Cela ne tient pas.

Puis, il y a le déclenchement de l'action. Si le cerveau est une machine biologique, comme en conviennent les matérialistes (et un expert en intelligence artificielle qui a lancé, à propos du cerveau, la formule restée célèbre : « c'est un ordinateur à base de viande »), comment cette machine parvient-elle à faire des choix nouveaux et inattendus ? L'ordinateur le plus puissant au monde ne dit pas : « je veux un jour de congé » ou « parlons d'autre chose. Il n'a pas d'autre choix que de suivre sa programmation.

Ainsi, comment une machine faite de neurones peut-elle changer d'avis, avoir un élan spontané, refuser de se comporter raisonnablement et faire toutes les choses délicates que nous faisons sur un coup de tête ? Elle ne le peut. Cela conduit au libre arbitre, que le déterminisme strict doit nier. Nous nous sentons tous libres, dans un restaurant chinois, de choisir tel ou tel plat. Si chaque réaction du cerveau est prédéterminée par les lois de la chimique et de la physique, comme le maintiennent les neurologues, alors la nourriture que vous commanderez dans une semaine ou dans dix ans doit échapper à votre contrôle. Ce qui est absurde. Sommes-nous prisonniers des lois de la physique ou de nos suppositions aveugles ?

Le raisonnement de Ray Tallis est accablant, mais il est facile de le démonter en arguant qu'il s'agit de philosophie et non de sciences (pour faire écho à une expression familière que l'on dit quand un scientifique s'aventure à réfléchir en dehors des limites acceptées, « tais-toi et calcule »). La neuroscience peut botter en touche en plaidant que toute énigme sera résolue à un moment donné de l'avenir. Sans aucun doute, beaucoup le seront (et Rudy apporte sa pierre à l'édifice). Néanmoins, tant que l'on n'aura pas su montrer comment les atomes et les molécules ont appris à penser, l'image de la réalité proposée par la science demeurera irrémédiablement défaillante.

À notre sens, les preuves nécessaires ont été apportées. Le chemin de croix a été traversé. Il reste maintenant à montrer comment vous pouvez maîtriser les qualia dans votre vie. Les signaux négatifs peuvent être transformés en signaux positifs. Mais le plus important, c'est que vous pouvez passer un cap dans votre évolution.

LES SOLUTIONS DU SUPERCERVEAU
LE BIEN-ÊTRE

Le bonheur est difficile à atteindre et encore plus à expliquer. Mais si vous voulez connaître un état de bien-être, donc de bonheur général et de santé d'après la définition, le cerveau doit envoyer des messages positifs et non négatifs. Que signifie *positifs* ? Il faut qu'il y ait plus qu'une simple montée d'impulsions agréables quand on fait une belle expérience. Les cellules ont besoin de messages positifs pour survivre. Aussi, disons que la positivité est un quale. Si la qualité de votre vie s'améliore constamment, ce que vous verrez, entendrez, goûterez et toucherez changera toujours, mais au lieu d'obtenir un mélange chaotique, vous obtiendrez une tendance à vie à emprunter la voie du bien-être.

Il vous appartient de créer et de préserver les ingrédients propices à votre bien-être. C'est à l'intérieur de vous que tout se joue. Prenez deux personnes qui ont un travail, un salaire, une maison, un milieu social et une éducation identiques. Ils ont de plus le même nombre d'années d'expérience. Mais chacune traite différemment ses expériences. À 50 ans, M. A se sent fatigué, perturbé, quelque peu las et cynique. Son enthousiasme dans la vie commence à faiblir. Il se demande si quelque chose de nouveau pourra lui remonter le moral. Quant à M. B, il se sent jeune, sollicité et dynamique. Il sait que de nouveaux défis l'attendent. Si vous lui posez la question, il vous répondra que la cinquantaine est la plus belle période de sa vie.

Il est clair que ces deux hommes ont un niveau de bien-être très différent. Comment cela se fait-il ? Sur le plan cérébral, toute expérience doit être traitée par voie chimique, de même que l'énergie de base de la nourriture est métabolisée. Le traitement chimique est identique dans toutes les cellules saines. Si vous pouviez mesurer le métabolisme en observant chaque molécule d'eau, de glucose, de sel et ainsi de suite traversant la membrane cellulaire, les quantités utilisées seraient si proches que deux personnes traiteraient les expériences de la même manière. Mais ce n'est pas le cas. Le métabolisation cérébrale de l'expérience, et c'est bien de cela qu'il s'agit, dépend de la qualité de la vie et non de la quantité. C'est pourquoi nous nous sommes tant appuyés sur les qualia.

Le bien-être est un état dans lequel l'expérience a la qualité globale suivante à mesure qu'elle est métabolisée dans le cerveau :

Vous avez le sentiment subtil que tout va bien.
Vous acceptez que tout aille bien.
Les nouvelles expériences vous procurent un sentiment de fraîcheur.
Vous appréciez la saveur de vos expériences.
Vous passez chaque journée à insister sur les possibilités positives et à contrer les implications négatives.

Il s'agit là d'attributs que votre cerveau enregistre, mais qu'il ne crée pas, pour la simple raison qu'il ne peut faire d'expérience. Seul vous le pouvez et par conséquent, c'est vous qui accumulez différents attributs dans votre vie, positifs ou négatifs.

Les neurones, qui espionnent vos humeurs, croyances, souhaits, espoirs et attentes, sont ainsi capables de détecter la qualité de votre vie. La neuroscience ne peut toutefois pas jauger ce processus continuel, parce qu'elle se penche sur les données mesurées par l'activité électrochimique. Aussi pointus soient les changements, au fil du temps, la qualité de vie laisse des repères biologiques. Le cerveau de tout un chacun contient des jalons révélateurs d'états subjectifs tels que la dépression, la solitude, l'angoisse, hostilité et le stress en général. Mais ironie du sort, les états positifs tendent à apparaître plutôt plats et normaux sur une imagerie cérébrale. Il n'y a que dans des cas exceptionnels, par exemple dans les cerveaux des méditants de longue date, que l'on peut observer des changements inhabituels. Ainsi, le niveau de bien-être dépend de la manière dont les expériences sont métabolisées au jour le jour, instant après instant, seconde après seconde.

LA MÉTABOLISATION DES EXPÉRIENCES

Il s'ensuit que vous pouvez améliorer votre bien-être en étant attentif aux signes subjectifs subtils. Combien de fois avez-vous entendu quelqu'un dire : « Ça sent mauvais » ? Pourquoi les psychologues accordent-ils aujourd'hui plus d'importance aux réactions immédiates qu'aux considérations longues et rationnelles ? Cela ne devrait pas être une découverte. Car cela fait longtemps que nous côtoyons la nature humaine. Mais il est facile de censurer les instincts subtils qui vous permettent d'avancer au ressenti dans votre vie. Votre mental s'en mêle, il a de multiples réactions secondaires qui vous sont nuisibles. En voici quelques-unes :

Le déni : Je ne veux pas ressentir cela.

Le refoulement : Je dissimule mes vrais sentiments. Résultat : je les ressens à peine.

La censure : Je ne m'ouvre qu'aux sentiments positifs. Je rejette les sentiments négatifs.

La culpabilité et la honte : Ces sentiments me font tellement de peine qu'il faut que je les repousse aussi vite que possible.

La victimisation : Je me sens mal, mais je ne mérite pas mieux.

Ces mécanismes psychologiques sont familiers à chacun d'entre nous. Poussés à l'extrême, ils envoient des millions de personnes en thérapie. Malheureusement, on peut avoir le sentiment que tout va bien, mais malgré tout porter petit à petit atteinte à son propre bien-être. Passer sa vie à faire de pieux mensonges, à fuir, à juger, à se nier et à se faire de petites illusions paraît plutôt offensif, mais à l'instar du supplice de la goutte d'eau, la négativité agit au goutte-à-goutte. Si vous voyez une personne mener une existence amère ou vide, généralement, ce n'est pas un unique événement mélodramatique lourd qui l'a conduite là. Son bien-être s'est progressivement érodé.

Le bien-être dépend de nombreux paramètres liés au système nerveux. Vous ne pouvez pas vous en occuper au cas par cas : il y a infiniment trop de processus qui se déroulent en l'espace d'un instant. En dépit de cette complexité, vous pouvez commencer à être attentifs aux signaux subtils. Dans la tradition indienne, il en existe trois catégories dans toute expérience :

Tattva : les attributs ou aspects de l'expérience.
Rasa : la saveur de l'expérience.
Bhava : l'état d'esprit ou les émotions associés à une expérience.

Examinons maintenant de quelle manière on les retrouve dans chaque vécu. Imaginez que vous êtes sur une plage en vacances. Les *attributs* de l'expérience seraient la perception de la chaleur solaire, le bruit des vagues et le balancement des palmiers – tout ce qui vous donne la sensation d'être sur la plage. La *saveur* de l'expérience est quant à elle plus subtile. En l'occurrence, disons qu'il s'agit d'une expérience de douceur et de détente qui donne à votre corps le sentiment d'être bercé par toute cette scène. Enfin, l'état d'esprit de l'expérience n'est déterminé par aucun des deux aspects précédents. Si vous êtes allongé sur la plage et que vous vous sentez seul ou que vous vous disputez avec votre mari, votre expérience sera différente de la personne qui déborde de bonheur parce que c'est sa lune de miel ou de la personne qui s'imprègne des lieux par une belle journée tropicale.

Le bien-être se crée à un niveau subtil. Par conséquent, les données brutes qui affluent dans votre cerveau par l'intermédiaire des cinq sens deviendront soit porteuses soit toxiques en fonction de la qualité, de la saveur et des émotions que vous leur ajoutez. Nous ne minimisons pas le rôle du cerveau, puisqu'il est bien entendu primordial dans la boucle de rétroaction qui relie le corps et l'esprit. Il existe des réseaux neuronaux qui vous prédisposent à des réactions positives et négatives automatiques. Mais ces réseaux sont secondaires. Le plus important est la personne qui interprète chaque expérience au moment où elle arrive.

SUBTIL, MAIS IMPORTANT

Au lieu de penser constamment à ce que devrait être votre vie, essayez une approche différente. Apprenez à vous fier à la force la plus holistique qui soit : votre ressenti. Celui-ci prend appui sur la dimension subtile de chaque chose. Prenons un exemple tiré de *rasa*, la saveur de la vie. D'après l'Ayurveda, qui est la connaissance traditionnelle de la médecine et de la santé globale, il existe six goûts : sucré, aigre, amer et salé (les plus connus), ainsi qu'âcre (i.e., le goût épicé du chili et le goût relevé de l'oignon et de l'ail) et astringent (la saveur du thé, des pommes vertes et de la peau de raisins qui vous met la bouche en cœur).

Mais pour l'Ayurveda, le concept de *rasa* ne s'arrête pas aux papilles gustatives. Il y a quelque chose de plus subtil et pénétrant dans la saveur de la vie. Il suffit de voir comment certains mots sont employés.

On parle de légumes *amers*, mais aussi d'une dispute amère, d'un divorce amer, d'un souvenir amer ou d'une relation amère.

On parle d'un plat *salé*, mais également de facture salée, d'amende salée ou encore d'histoire salée.

Chacun des six *rasa* semble être lié à une expérience de référence – ils semblent être telle une famille d'arômes qui imprègnent votre vie. Dans l'Ayurveda, si le sucré connaît un déséquilibre, le résultat pourra être l'obésité et l'accumulation de graisse, mais il y a également un lien mental avec la léthargie et l'angoisse. Ce sujet est trop vaste pour qu'on en débatte ici (et trop inconnu de la médecine occidentale pour pouvoir être simplement expliqué). Mais toute personne peut observer la saveur de sa vie et apprécier la différence entre une existence pleine de douceur (veuillez noter qu'en français, une douceur est aussi une friandise, donc un aliment sucré) et une existence pleine d'amertume.

En ce qui concerne *tattva*, les attributs, on peut établir un rapport avec la personne au-delà des cinq sens. Par exemple, le rouge peut être mesuré et appréhendé sous la forme d'une certaine longueur d'onde du spectre visible de la lumière, mais le rouge est également associé à ce qui est chaud, sanguin ou sanguinaire, à la colère et à la passion. Le verre est quant à lui plus qu'une simple longueur d'onde tirée du spectre lié à la couleur rouge. On peut dire d'une personne qu'elle est verte de peur ou de jalousie, on parle de vertes critiques et le vert est aussi associé à l'apaisement et à la nature. Il est fondamental ici de prendre conscience que ces traits humains sont plus fondamentaux que les aspects mesurables que la science réduit à des données. Si vous vous évanouissez à la vue du rouge ou si vous vous sentez apaisé à la vue du vert de la nature, ce ne sont pas les longueurs d'onde de lumière auxquelles vous réagissez, mais à un ensemble de qualités, de saveurs et d'émotions qui se conjuguent pour créer une expérience.

Maintenant, quelle est la meilleure approche de cette folle complexité qui ne peut être gérée élément par élément ? Vous pouvez progresser vers le bien-être en augmentant les ingrédients bénéfiques que l'on appelle en sanskrit *sattva*, et que l'on traduit généralement par « pureté ». Une vie « sattvique » a un effet holistique à mesure que vous peaufinez vos sensations à tous points de vue :

COMMENT ENCOURAGER LA PURETÉ

Mettez plus de « douceur » dans votre vie et finissez-en avec l'amertume.

Réduisez les tensions entre vous-même et autrui : encouragez le respect, la dignité, la tolérance et les interactions plaisantes.

Agissez par amour à chaque fois que vous le pouvez.

Soyez compatissant (mais ne vous forcez pas à adopter une positivité rigide ; votre rôle n'est pas d'être un robot qui sourit).

Ouvrez-vous à un sentiment de révérence à l'égard de la nature. Allez en extérieur pour apprécier sa beauté.

Soyez serein. N'alimentez pas l'agitation autour de vous.

N'empiétez pas sur le ressenti subtil d'autrui. Soyez conscient que toute situation est associée à un ressenti et à un état d'esprit que vous devriez respecter.

Pratiquez la non-violence. Ne tuez pas et ne faites pas de mal aux autres formes de vie.

Aidez votre prochain. Sentez-vous aussi proche du monde que de votre famille.

Dites la vérité sans être dur.

Faites ce que vous savez être juste.

Recherchez la présence du Divin.

Voilà en résumé les caractéristiques d'une vie simple et bien régulée qui permet d'éviter l'agitation et le chaos. En même temps, il vous est laissé de la place pour votre interprétation personnelle. Par exemple, vous pouvez décider encore une fois de faire valoir la douceur dans votre vie. Dans la tradition indienne, l'alimentation est capitale et on préfère le goût (*rasa*) sucré. L'alimentation sattvique est censée donner de la légèreté au corps et à l'esprit. Elle est essentiellement végétarienne et met l'accent sur les fruits, le lait, les céréales, les fruits à coque et d'autres aliments sucrés.

Mais la vie ne peut pas toujours être douce. L'intention originelle des sages védiques n'était pas que certains *rasa* soient qualifiés de bons et d'autres de mauvais (tous les *rasa*, y compris l'amer et l'astringent, ont leur place dans la métabolisation de l'expérience). Les sages entendaient donner des signaux positifs au cerveau et recevoir également des signaux positifs en retour. Dans la mesure où cet organe est le produit de la conscience, c'est dans votre conscience que commence *sattva*. Si vous pratiquez la pureté parce que vous le voulez et que cela vous fait du bien, votre cerveau pourra fonctionner avec une bien meilleure autorégulation. L'idéal est que l'autorégulation soit automatique, mais au départ, il vous faut enclencher le processus. Puis, de plus en plus, vous pourrez laisser votre système nerveux autonome prendre le relais en ayant confiance qu'il ira dans le sens du bien-être de vos cellules, tissus et organes. Le résultat sera une vie plus heureuse, plus saine et plus riche sur le plan spirituel.

ÉPILOGUE DE RUDY

POSONS UN REGARD PLEIN D'ESPOIR ET DE LUMIÈRE SUR LA MALADIE D'ALZHEIMER

Il est fascinant d'étudier le rapport entre le cerveau et le mental, mais en cas de défaillance de ce lien, la terreur surgit. Ma vie professionnelle est consacrée aux recherches sur le côté obscur du cerveau. Dans le cadre du Projet du Génome de la maladie d'Alzheimer, mon laboratoire continue de trouver les gènes, jusqu'à présent plus de cent, impliqués dans la forme de démence la plus courante et la plus dévastatrice. L'écriture de cet ouvrage m'a permis de prendre du recul et d'adopter une perspective plus large du cerveau. Plus on en sait sur le mental, plus cela ouvre de possibilités aux recherches sur cet organe.

Pour les chercheurs spécialisés dans le cancer, il y a urgence à trouver un remède, situation qui rappelle la pression immense qu'exerce le temps sur la maladie d'Alzheimer. En effet, plus la durée de vie augmente, plus il y a de malades. Déjà plus de 5 millions d'Américains et 30 millions de personnes de par le monde souffrent de cette maladie. D'ici à 2040, plus de 14 millions de patients aux États-Unis et plus de 100 millions sur toute la planète devraient être touchés si l'on ne développe pas de thérapie préventive efficace.

À l'heure actuelle, les études sur la génétique sont notre meilleure chance de parvenir un jour à éradiquer la maladie d'Alzheimer. En mettant au jour tous les gènes qui augmentent ou diminuent les risques de contracter cette maladie, nous pourrons un jour prédire de manière fiable et précoce dans la vie d'une personne quelles sont ses chances d'avoir cette pathologie. Pour les individus dont on juge qu'ils courent les plus grands risques, il sera probablement nécessaire de faire des tests de détection présymptomatique dès l'âge de 30 ou 40 ans. Les changements cérébraux se font des décennies avant les premiers signes de perte de mémoire. Dans sa cruelle progression, la maladie d'Alzheimer détruit les aires cérébrales dédiées à la mémoire et à l'apprentissage. Notre espoir immédiat serait de donner les moyens aux individus à haut risque de suivre des thérapies pouvant arrêter la progression de leur maladie avant l'apparition de la démence.

Une fois que nous aurons des médicaments qui nous permettront d'y parvenir, nous espérons prévenir la maladie d'Alzheimer avant que tout symptôme clinique de déclin cognitif ne commence à se manifester. Cette stratégie, que l'on appelle « pharmacogénétique », se base sur le principe de « prédiction précoce-détection précoce-prévention précoce ». Si ces trois éléments peuvent être alliés, nous espérons pouvoir mettre fin à la maladie d'Alzheimer avant même son apparition. C'est une vaste stratégie qui remonte à l'époque où on s'est mis à vacciner les nourrissons pour prévenir l'apparition de la variole et qui s'est plus tard traduite par l'incitation à arrêter le tabagisme pour prévenir le cancer des poumons. Une stratégie similaire peut être appliquée à d'autres pathologies courantes liées à l'âge, telles que les maladies cardiaques, le cancer, les AVC et le diabète.

La maladie d'Alzheimer est-elle liée au mode de vie ? C'est une question à laquelle on ne peut pour l'instant complètement répondre, mais mon souhait est de me préparer à cette éventualité. L'horizon suivant est le mental. Toute modification du mode de vie commence par là. À l'origine, il vous faut vouloir changer, puis vous devez mettre votre cerveau en condition pour qu'il crée de nouveaux réseaux neuronaux qui aillent dans le sens de votre décision. On sait déjà que si l'on ne se sert pas de son cerveau, il s'atrophie, notamment quand il s'agit de garder une bonne mémoire toute sa vie. Lors de ma collaboration avec Deepak, nous avons examiné bien plus profondément le rapport qui existe entre le corps et l'esprit. Quand nous avons mis au jour notre « mode de vie idéal pour le cerveau », nous n'insinuions pas que cela était spécifique à la maladie d'Alzheimer. Nous n'affirmons pas non plus que cette pathologie touche les patients qui n'ont pas mené une vie convenable. Le plus souvent, la cause est à rechercher à la fois dans la génétique et dans le mode de vie. De plus, certains facteurs génétiques sont trop difficiles à vaincre par un mode de vie sain.

Nous héritons presque tous de variables géniques qui augmentent ou diminuent notre risque de contracter cette maladie. À ces variables s'ajoutent des facteurs environnementaux. Les facteurs de risque principaux sont multiples : la dépression, les AVC, les lésions cérébrales traumatiques, l'obésité, un taux élevé de cholestérol, le diabète et même la solitude.

Les gènes qui influencent le risque de développer la maladie d'Alzheimer se répartissent en deux catégories : le déterminisme et la vulnérabilité. Il est très rare que la maladie frappe avant l'âge de 60 ans (moins de 5 % des cas). Elle est le plus souvent due à des mutations dans l'un des trois gènes que mes collègues et moi-même avons découverts. Ces mutations héritées garantissent virtuellement l'apparition de la maladie à la quarantaine ou à la cinquantaine. Heureusement, elles sont très rares. Dans la grande majorité des cas, cette maladie débute après 60 ans. Chez ces personnes, on a identifié des gènes porteurs de variables influençant la vulnérabilité de l'individu. Ces variables ne provoquent pas la maladie à coup sûr, mais quand elles sont héritées, elles augmentent ou diminuent le risque que la personne ait la maladie en fonction de l'âge.

La bonne nouvelle est que dans la plupart des cas de maladie d'Alzheimer, le mode de vie peut jouer sur la prédisposition génétique de l'individu. Le tableau est similaire, toujours sur le plan génétique, dans la plupart des troubles courants liés à l'âge, par exemple les maladies cardiaques, les AVC et le diabète. Se peut-il que certains comportements soient révélateurs d'un schéma d'activité cérébrale pouvant être traité suffisamment tôt ? Certains chercheurs spécialisés dans l'autisme posent cette question à propos de nourrissons qui ne montrent pas encore de signes de ce trouble, mais dont le maintien de la tête pourrait être un signe avant-coureur d'autisme. L'une des plus grandes avancées au niveau de la recherche sur le cerveau est passée inaperçue du grand public. Un virage a été pris : on a cessé d'étudier les synapses pour se concentrer sur le réseau. Pendant des décennies, la neuroscience a été obnubilée par le fonctionnement des seules synapses, qui sont la jonction communicative entre deux neurones. Le travail de recherche était éreintant et méticuleux. Imaginez que vous essayiez de court-circuiter la foudre au moment où elle déchire le ciel, mais cette fois-ci à une échelle plusieurs millions de fois plus petite. Des avancées importantes, qui sont venues progressivement, ont été rendues possible notamment par la congélation de tissus cérébraux en vue d'extraire les molécules messagères désormais connues sous le nom de neurotransmetteurs. Des études portant sur deux d'entre elles, la sérotonine et la dopamine, ont permis de faire de gigantesques progrès dans le traitement de troubles allant de la dépression à la maladie de Parkinson.

Mais les recherches sur les synapses n'ont pas donné de résultats probants. Par exemple, il existe de nombreuses formes de dépression portant chacune une signature chimique différente. Mais les antidépresseurs à large spectre n'ont pas pu clairement mettre le doigt sur chaque type, car chez un patient A, l'éventail des symptômes ne sera probablement pas le même que chez un patient B, même s'il y a chez les deux patients des caractéristiques identiques, par exemple la tristesse, le sentiment d'impuissance, la fatigue, un sommeil irrégulier, une perte d'appétit, etc. La dépression forme un réseau neuronal propre à chacun.

C'est pourquoi une approche systémique a vu le jour et s'est penchée sur des plus grands schémas de réseaux allant bien au-delà de la synapse. Chez vous, il n'y a pas une grande différence entre l'examen d'un fusible dans le disjoncteur et l'observation de l'ensemble du système électrique. Mais il n'en va pas de même dans le cas du cerveau. Les réseaux neuronaux sont vivants, dynamiques et interreliés de sorte qu'un changement au niveau d'un élément de l'ensemble aura des répercussions dans tout le système nerveux.

Aussi abstrait que cela paraisse, l'approche par réseau ouvre un nombre phénoménal de portes. Nous étudions le cerveau en tant que le processus fluide et non en temps que chose. Dans la mesure où la pensée et les sentiments sont également des processus fluides, cela revient à observer deux univers parallèles (l'inconscient peut même être rapproché de la matière et de l'énergie « noires » qui contrôlent mystérieusement les événements du cosmos visible). Dans le cadre de cette représentation, le comportement de vos neurones est synchronisé sur tout ce qui vous arrive, et même vos gènes participent. Ils ne se contentent pas de rester immobiles et silencieux au cœur de chaque cellule, mais ils s'activent et se désactivent, et modifient leur production chimique en fonction de maints événements de votre vie. Le comportement influence donc la biologie. S'appuyant sur ce leitmotiv, la recherche a montré que des changements positifs du mode de vie en matière d'alimentation, d'exercice physique, de gestion du stress et de méditation affectent quatre à cinq cents gènes, et probablement beaucoup plus.

Que pouvez-vous faire pour prévenir ou repousser l'apparition de la maladie d'Alzheimer ? Conformez-vous au mode de vie adopté ailleurs pour son efficacité face à de très nombreux troubles. Pour commencer, l'exercice physique. Un collègue proche, Sam Sisodia, a démontré que chez les modèles animaux (des souris ayant reçu des mutations géniques liées à la maladie d'Alzheimer chez l'homme), l'installation d'une roue d'exercice la nuit réduit de manière spectaculaire cette pathologie. L'exercice physique stimule en fait l'activité génique, ce qui diminue le taux de bêta-amyloïde dans le cerveau. En outre, des études épidémiologiques ont confirmé que l'exercice physique modéré (une heure trois fois par semaine) peut diminuer le risque de contracter la maladie d'Alzheimer. Enfin, un test clinique a indiqué que 60 minutes d'exercice intense deux fois par semaine pouvaient ralentir la progression de la maladie après son apparition.

La deuxième clé est l'alimentation. La règle d'or est que si ce que vous mangez est bon pour votre cœur, c'est également bon pour votre cerveau. Une alimentation méditerranéenne riche en huile d'olive vierge et à base de vin rouge et même de chocolat noir, en quantité modérée, a été associée à une diminution des risques de contracter la maladie d'Alzheimer. Un remède préventif encore plus simple consiste à manger moins. Chez les modèles animaux, la restriction calorique augmente la longévité et réduit les pathologies cérébrales (plus récemment, on a suggéré que l'huile de noix de coco vierge pouvait traiter et prévenir la maladie ; cependant, davantage de données sont nécessaires pour évaluer cette revendication).

Voici maintenant le troisième moyen de prévention. Il s'agit de la stimulation intellectuelle, qui forme de nouvelles synapses dans le cerveau. Ainsi, à chaque nouvelle synapse que vous créez, celles déjà existantes sont renforcées.

À l'instar de l'argent que vous possédez sur votre compte bancaire, la mise en place de synapses supplémentaires signifie que vous aurez de bonnes réserves avant d'être éventuellement atteint par cette pathologie. D'ailleurs, si cette dernière affecte des personnes provenant de tous niveaux éducatifs (depuis les personnes qui ont arrêté l'école à 16 ans jusqu'aux détenteurs de thèse), des études suggèrent toutefois qu'un niveau supérieur d'études peut protéger l'individu. De surcroît, un élément est peut-être encore plus important que la stimulation intellectuelle : l'engagement social. En effet, on a associé l'interaction sociale à une diminution des risques, à l'inverse de la solitude.

Il serait formidable que l'on entame le même virage pour la maladie d'Alzheimer que pour le cancer. En effet, il y a une dizaine d'années, le traitement contre cette dernière maladie se focalisait presque entièrement sur une détection précoce suivie d'une prise de médicaments, d'un recours à la chimiothérapie, puis à l'intervention chirurgicale. Mais les centres américains de contrôle et de prévention de la maladie estimaient en 2012 que deux tiers des cancers pouvaient être évités grâce à un mode de vie proactif, à la prévention de l'obésité et au non-tabagisme. D'autres centres d'étude du cancer pensent que cette estimation serait plutôt de l'ordre de 90 à 95 %.

Les signes de progrès sur tous les fronts – chimique, génétique, comportemental et mode de vie – sont encourageants. Mais à eux seuls, ils n'auraient pas suffi à me faire écrire un livre sur le supercerveau. Dans ma discipline, on peut briller en devenant un technicien talentueux et en se créant une niche grâce à l'analyse détaillée d'aspects très précis d'une maladie. Dans la science, on peut aller très loin en cessant de spéculer et en obéissant à la maxime : « Tais-toi et calcule. » La science pure et dure est fière de son statut au sein de la société, mais j'ai vu de mes propres yeux que cet orgueil peut tourner à l'arrogance dès lors qu'il s'agit de prendre en considération la contribution de la métaphysique et de la philosophie au développement des théories scientifiques. Ce rejet général de tout ce qui ne peut être mesuré et réduit à des données est pour moi le signe d'une incroyable étroitesse d'esprit. Quel sens cela a-t-il de proscrire le mental, aussi invisible et insaisissable soit-il, alors qu'il est la base même de la science ? Les plus grandes découvertes scientifiques d'avenir commencent souvent par une utopie resurgie du passé.

Cet ouvrage représente les efforts conjugués de deux chercheurs sérieux, tous les deux issus de la médecine, afin de porter un regard aussi pointu que possible sur le lien qui unit le cerveau et l'esprit. Un chercheur « pur et dur » spécialisé en neurologie doit faire preuve de courage pour se prononcer en faveur de « la conscience d'abord », mais c'est la réflexion qui, au fil du temps, m'a conduit à ce revirement, comme cela avait été le cas avant moi des deux éminents personnages que sont Wilder Penfield et Sir John Eccles. À mon sens, les neuroscientifiques ne peuvent se permettre le luxe d'ignorer l'interface avec la conscience, parce qu'en se positionnant en faveur du « cerveau d'abord », ils pourraient se rendre coupables de protection de leur territoire personnel, au lieu d'agir en vrais scientifiques et de chercher la vérité, quelle que soit la direction empruntée.

La vérité au sujet de la conscience doit prendre en compte davantage d'éléments que le seul choc des électrons dans le cerveau. J'ai choisi la recherche sur la maladie d'Alzheimer, car je voulais tenter de résoudre une énigme physiologique difficile, mais aussi tout autant parce que j'éprouvais un sentiment de déchirement et de compassion, notamment après avoir vu ma grand-mère succomber à cette terrible maladie. Quand cette dernière frappe, les patients et leurs proches se sentent totalement trahis. Même les premières phases sont effrayantes. Les tout premiers signes consistent en « une déficience cognitive légère », ce qui paraît à première vue bien inoffensif. Mais une fois que la pathologie est là, l'effet sur le malade est dévastateur : il commence à avoir des problèmes à se souvenir de ses activités quotidiennes et il n'arrive plus à faire plusieurs tâches en même temps. Il a de plus en plus de mal à trouver ses mots et par conséquent, à parler et à écrire.

Mais il y a pire : le sentiment d'être condamné. Car une fois que le processus est enclenché, aucun retour n'est possible. Les vieux souvenirs disparaissent et le patient ne peut en former de nouveaux. Il finit par devenir inconscient de sa maladie, et en général, à ce moment-là, la famille proche a déjà hérité d'une nouvelle charge : celle d'auxiliaire à plein temps. On estime qu'aux États-Unis, il y a à l'heure actuelle 15 millions d'auxiliaires qui ne sont pas payés. Ce terrible vol du mental sème la souffrance tout autour de lui.

Toute personne qui assiste de ses propres yeux à cette épidémie sera touchée et éprouvera un sentiment de compassion, mais nous pouvons aller plus loin et nous efforcer de donner une perspective différente à la pitié et au malheur. Pourquoi ne pas nous servir de la réalité de la maladie comme d'un aiguillon nous incitant à utiliser notre cerveau de la meilleure manière possible dans les décennies précédant notre vieillissement ? Car cette maladie met fin au rêve d'une vieillesse épanouissante. Avant qu'un remède soit trouvé et que la maladie soit vaincue, chacun d'entre nous se doit d'emporter une autre victoire : à nous de nous servir au mieux de notre cerveau, et ce dès l'enfance. Telle est la vision du supercerveau, l'aspect de ce livre qui compte le plus pour moi.

En tant qu'espèce, nous devrions chaque jour passer du temps à éprouver de la gratitude envers cet incroyable organe qui vrombit dans notre tête. Car non seulement votre cerveau vous transmet le monde tel que vous le percevez, mais surtout, il le crée. Si vous savez maîtriser votre cerveau, vous savez maîtriser votre réalité. Une fois que le mental aura laissé libre cours à sa puissance, le résultat sera une plus grande conscience, un corps en meilleure santé et un développement personnel illimité. De nouvelles découvertes continueront de nous étonner au regard de la faculté du cerveau à se régénérer et à reconstituer ses circuits. Cette réorganisation est physique, mais elle fait écho à des intentions mentales. Nous ne devons jamais oublier que le vrai siège de l'existence humaine se trouve dans le mental, devant lequel le cerveau s'incline à la manière du serviteur le plus dévoué et le plus intime qui soit.

ÉPILOGUE DE DEEPAK

AU-DELÀ DES FRONTIÈRES

Il est probable que l'on ne prenne pas conscience de tout l'impact du supercerveau avant des décennies. Nous avons lancé le mouvement en vous demandant de créer une nouvelle relation avec votre cerveau et de maîtriser sa merveilleuse complexité. Car le meilleur utilisateur du cerveau est un leader inspirant. Nous espérons que vous êtes plus à même de remplir ce rôle. Si c'est le cas, alors vous appartenez à la vague d'espoir de l'avenir. Vous participez à l'évolution du cerveau humain.

La neuroscience se délecte toujours de son âge d'or, éprise de rapprochement entre les aires d'activité cérébrale et divers comportements spécifiques. Cela a été un projet productif, mais il fait aujourd'hui face à des contradictions, ce qui est normal quand on essaie de réduire le mental à un mécanisme physique. Les êtres humains ne sont pas des marionnettes sous la coupe du cerveau. Pourtant, les neuroscientifiques ne peuvent se décider à ce sujet. Par exemple, les dernières recherches sur la toxicomanie sont devenues très spécifiques : elles portent sur les dommages infligés par la cocaïne, l'héroïne et les méthamphétamines aux récepteurs opioïdes. Ces dommages sont considérés comme permanents et ils provoquent une envie toujours plus forte de prendre des doses toujours plus élevées. Arrivé à un certain point, la drogue n'a plus d'effet et le toxicomane maintient son habitude autodestructrice simplement pour se sentir normal.

Ce tableau montre cruellement qu'en cas de dépendance, c'est le toxicomane qui est dominé par la drogue, au lieu de l'inverse. Certains experts, se référant à cette recherche, prétendent qu'il est presque impossible de sortir de l'accoutumance : les substances chimiques toxiques ont une poigne de fer. Cependant, il existe bien des gens qui se remettent de leurs dépendances. Ils se confrontent à leur cerveau ravagé et réussissent à imposer leur volonté. « Je vais m'en sortir » est un cri du cœur qui échoue souvent, mais qui parfois réussit. Plus exactement, c'est un cri du mental, et non du cerveau. Il exprime le choix et le libre arbitre. Ces derniers n'ayant pas la cote parmi les neuroscientifiques, nous avons largement œuvré à leur réhabilitation dans ce livre.

Notre deuxième but a été de rendre crédible l'existence d'une conscience supérieure. J'ai accueilli la chance qui m'a été donnée de travailler avec un brillant chercheur, car il est clair que nos contemporains n'accepteront pas l'illumination sans preuves à l'appui. Mais les faits sont là, en abondance. Le cerveau suivra les directives du mental, quand bien même il le conduirait vers le domaine de Dieu. Parmi tous les messages envoyés par le cerveau, ce sont les plus subtils, qui sont presque silencieux, qui laissent entendre l'existence du Divin. Des millions de personnes n'écoutent pas ces messages, car dans le tohu-bohu du quotidien, le silence n'a guère de place. Mais il est vrai que c'est tout l'esprit de la science qui rend difficile la croyance en l'existence de Dieu, être invisible ne laissant aucune trace dans le monde physique.

Nous tenons pour acquises quantité de choses qui ne nous sembleraient pas réelles si nous les évaluions au regard de preuves physiques visibles, à commencer par la musique et les mathématiques, ainsi que l'amour et la compassion. Après avoir écrit ce livre, j'ai réalisé que Dieu n'était ni un luxe ni un accessoire de l'existence quotidienne. Au-delà de la religion organisée, que nombre de personnes abandonnent, les gens ont besoin de la conscience pour avoir une source.

Car sinon, nous nous retrouverions dans la position de Lois Lane, lors d'une scène comique tirée du premier film *Superman* de 1978. Lois a été poussée du sommet d'un gratte-ciel et elle est en train de tomber. Clark Kent, la voyant, bondit dans une cabine téléphonique pour enfiler pour la première fois son costume de Superman. Il s'élève dans les airs et attrape Lois, en lui disant : « Ne vous inquiétez pas, Mademoiselle, je vous tiens. » Les yeux de Lois sont remplis de terreur : « Mais qui vous tient, vous ? », s'écrit-elle.

La même question s'applique à la conscience. Il lui faut quelque chose ou quelqu'un pour la soutenir, et ce quelqu'un est la conscience infinie que nous appelons traditionnellement Dieu. Si Dieu n'existait pas, il faudrait l'inventer. Pourquoi ? Reprenons l'argument de la suprématie du cerveau. Si la conscience provenait d'interactions chimiques dans le cerveau, d'après cet argument, nul besoin de Dieu. Les atomes et les molécules peuvent vaquer aux affaires mentales par eux-mêmes.

Mais nous avons dit qu'il était impossible que le cerveau crée la conscience. Pas un seul individu n'est près de montrer comment s'opère la transformation magique qui permet au sel, au glucose, au potassium et à l'eau d'apprendre à penser. La société moderne considère comme primitif le comportement de nos ancêtres lointains qui vénéraient les esprits habitant les arbres, les montagnes, les idoles et les totems – pratique dénommée animisme. Nos aïeux attribuaient une existence mentale à des objets physiques. Mais la neuroscience n'est-elle pas coupable d'animisme quand elle prétend que les substances chimiques présentes dans le cerveau pensent ? L'inverse est bien plus plausible. La conscience, intermédiaire invisible du mental, a créé le cerveau et s'en sert depuis que les premiers organismes vivants ont commencé à percevoir le monde. Au fur et à mesure de son évolution, elle a modifié le cerveau en fonction de ses objectifs, car cet organe n'est que la représentation physique du mental.

Au départ, il peut paraître choquant d'inverser ainsi les rôles et de renvoyer la neuroscience à ses contradictions. Mais cela donne à Dieu un nouveau souffle (non pas qu'il soit jamais mort). L'espace d'un instant, débarrassez-vous de toute image mentale que vous avez de Dieu. Imaginez à la place un esprit doué des mêmes attributs que les vôtres : il sait penser et créer ; il a de nouvelles possibilités ; il sait aimer et ce qu'il aime par-dessus tout est être en vie. Tel est l'esprit de Dieu. Mais toute la controverse vient du fait qu'il n'est pas localisé. Il s'étend au-delà des frontières. Il opère dans toutes les dimensions sans s'arrêter au passé, au présent ou à l'avenir. Toute tradition spirituelle évoque ce genre de Dieu. Toutefois, cette conception s'est détériorée au fil du temps. Aujourd'hui, Dieu est plus une question de foi qu'un fait naturel.

Le cerveau rend à Dieu son empirisme. Quand l'argument de la suprématie du cerveau tourne court, la seule chose qui reste est l'esprit qui est son propre soutien, qui a toujours existé et qui imprègne le cosmos. Si cela vous semble trop dur à avaler, repensez aux navigateurs médiévaux qui avaient appris à utiliser les pierres d'aimant, des morceaux naturellement magnétisés de magnétite minérale. Suspendues à une corde, ces pierres donnaient la direction du nord et faisaient office d'aimants primitifs. Si vous aviez dit à un navigateur moyenâgeux que le magnétisme existait partout, et non pas dans une seule pierre, vous aurait-il cru ?

Aujourd'hui, nous supposons que chacun d'entre nous a un esprit et nous nous accrochons à cette précieuse part de conscience, à l'image des navigateurs de jadis qui s'accrochaient à leur pierre d'aimant. Mais la vérité est que nous prenons part à un seul et unique esprit, resté infini malgré son existence au sein des petits êtres que sont les humains.

Nous sommes tellement attachés à nos pensées et désirs que nous nous approprions volontiers « notre mental ». Mais la conscience pourrait être un champ tel l'électromagnétisme, qui s'étend dans tout l'univers. Les signaux électriques sont omniprésents dans le cerveau, mais ce n'est pas pour autant que nous nous approprions cette électricité ; de même, il est douteux que le mental soit nôtre. Le physicien quantique d'avant-garde

Erwin Schrödinger a fait plusieurs déclarations catégoriques à ce sujet. En voici trois :

> « Diviser ou multiplier la conscience n'a aucun sens. »
> « En vérité, il n'existe qu'un seul et unique esprit. »
> « La conscience est un singulier qui n'a pas de pluriel. »

Si cela vous paraît métaphysique, il est utile de vous rappeler qu'il n'y a qu'un seul espace et un seul temps dans le cosmos, même si nous les découpons en petits morceaux pour des questions d'ordre pratique.

Un jour, la science rattrapera son retard sur ces sujets. Ce rapprochement est inéluctable : il s'est déjà produit. Le caillou est tombé dans l'étang et nul ne sait jusqu'où iront ses ondulations. Max Planck, auquel on attribue l'avènement de la révolution quantique il y a plus d'un siècle, a dit quelque chose d'aussi merveilleux que mystérieux : « L'univers savait que nous venions. » Le champ de l'esprit est au moins aussi âgé que l'univers, tandis que le cerveau humain est le produit de l'évolution. Quelle est la prochaine étape ? Nul ne le sait, mais je penche en faveur d'une gigantesque avancée qui nous ferait accepter deux mots du sanskrit ancien : *Aham Brahmasmi*, « je suis l'univers ». Cela peut ressembler à un recul dans le temps, mais les prophètes védiques parlaient depuis un niveau supérieur de conscience. Le passage du temps ne rend pas la question « qui suis-je ? » obsolète. Certes, il serait étonnant que nos contemporains rejoignent la sagesse d'antan, mais après tout, pourquoi pas ?

Les cerveaux du Bouddha, de Jésus et des rishis (sages) éveillés de l'Inde ont atteint un niveau qui nous a inspirés pendant des siècles, mais du point de vue de la création biologique, leur cerveau n'était en aucun point différent de celui de n'importe quel adulte sain d'aujourd'hui. Le cerveau du Bouddha a suivi la direction prise par son mental, raison pour laquelle tous les grands enseignants spirituels ont déclaré que n'importe qui pouvait en faire autant qu'eux-mêmes. Il s'agit seulement de se lancer et d'être attentif aux signaux subtils captés par le cerveau. Dans la mesure où il est branché sur le plan quantique, il peut recevoir tout ce que la création a à lui proposer. De ce point de vue, les grands saints, sages et prophètes n'étaient pas plus privilégiés que vous et moi ; mais ils ont fait montre de plus de courage en suivant le chemin tracé par les signes, qui leur a permis de remonter à la source de leur conscience.

Si les sages éveillés avaient été versés dans le jargon scientifique, ils auraient pu dire : « L'univers est un tout indivisible dont le mouvement est continuel. » En fait, cette phrase vient du physicien anglais visionnaire David Bohm. Elle équivaut à : « Il est impossible d'entrer deux fois dans une rivière par le même endroit. » C'est ainsi que les énigmes mystiques reviennent sous forme d'hypothèses scientifiques.

Je suis optimiste et j'espère assister dans la décennie qui vient à la confirmation définitive par la science de cette perception de la conscience. Nous nous sommes nous-mêmes créé des barrières qui nous retiennent dans notre monde matérialiste. Parmi elles, on trouve notamment la séparation entre le monde « intérieur » et le monde « extérieur ». Une autre barrière consiste à isoler l'esprit humain et à affirmer que c'est un produit unique de l'univers, par ailleurs vide d'intelligence, comme le stipulent les théories cosmologiques prédominantes. Toutefois, sortant la tête de l'eau, un nombre croissant de cosmologistes s'est tourné vers la réflexion spéculative et a trouvé le courage de regarder dans une autre direction, vers un univers bouillonnant d'intelligence, de créativité et de conscience de soi. Et on peut dire qu'effectivement, un tel univers saurait que nous venions.

Cet ouvrage a abordé de nombreux concepts difficiles. Il y en a néanmoins un dont dépendent tous les autres : il appartient à chacun de créer sa réalité. Il n'y a pas de vision unique du monde, d'ancre que l'on puisse lâcher une fois pour toutes. La réalité continue d'évoluer (Dieu merci) et l'indication la plus flagrante de cela se trouve à l'intérieur de votre cerveau. Plusieurs réalités s'y chevauchent. Celle du cerveau reptilien est toujours présente, mais elle a été incorporée, sous l'influence de l'évolution, à des réalités supérieures, à chacune desquelles correspond une nouvelle structure physique.

Le cerveau reflète la réalité créée par tout un chacun en cet instant même. L'esprit est au cerveau ce que le cavalier est au cheval. Toute personne qui est déjà montée à cheval sait que l'animal peut se regimber, désobéir à la bride, prendre peur, s'arrêter sur le côté pour mastiquer de l'herbe ou s'emballer et rentrer. Le cavalier s'accroche, mais la plupart du temps, c'est quand même lui qui est aux commandes. Nous avons tous la même attitude vis-à-vis de notre cerveau : nous nous accrochons pendant les périodes où les empreintes, les pulsions, les envies et les habitudes de longue date nous contrôlent. Mais nul cheval ne s'est tant emballé qu'un cerveau devenu incontrôlable. On ne peut nier les fondements physiques de la toxicomanie, de la schizophrénie et de nombreux autres troubles.

Malgré tout, l'essentiel du temps, c'est l'esprit qui est en selle. Nous contrôlons nous-mêmes notre conscience, comme il en a toujours été. Le cerveau ne connaît aucune limite dans ce qu'il peut atteindre sous notre influence. Quelle ironie du sort si quelqu'un se détournait du super-cerveau comme étant trop peu crédible ! Car si vous pouviez seulement voir votre potentiel inexploité, vous prendriez conscience que vous avez déjà un cerveau sur-puissant.

REMERCIEMENTS

Deepak Chopra

Cet ouvrage a nécessité le soutien de personnes qui sont en quelque sorte devenues une famille élargie, toujours de bons services, cordiale et ne se disputant jamais à Thanksgiving. Au Chopra Center, ma vie est gérée par Carolyn, Felicia et Tori bien mieux que je ne pourrais moi-même le faire. Quant à Julia Pastore, Tina Constable et Tara Gilbride, elles prennent soin de mes écrits. Je vous adresse à toutes mes remerciements bienveillants, ainsi qu'à ma famille, aussi fidèle que jamais.

Il m'a fallu plus de vingt années pour me décider à travailler avec un collaborateur et maintenant que cette phase de ma vie a commencé, je voudrais reconnaître que Rudy a été le meilleur d'entre eux, lui qui s'est avéré un exemple inspirant de scientifique accompli pourvu d'une vision spirituelle des possibilités offertes par la vie.

Rudolph E. Tanzi

Il m'aurait été impossible de contribuer à cet ouvrage sans le soutien, les conseils et l'inspiration inlassable de ma bien-aimée femme, Dora, et l'amour de notre magnifique fille, Lyla. Tout au long de ma vie, j'ai eu la grande chance que ma famille insiste toujours sur l'importance de l'amour et de l'équilibre dans le développement mental et spirituel. Merci également à Julia Pastore, Tina Constable et Tara Gilbride qui ont partagé notre passion et notre vision dans l'écriture de ce livre.

Enfin, je voudrais remercier Deepak qui a été le collaborateur parfait et qui est devenu un ami proche, un frère, pendant que nous avons coécrit cet ouvrage. Sa perception unique et merveilleuse des approches spirituelle et scientifique du monde, ainsi que son aptitude impeccable à l'exprimer, a fait de la rédaction de ce livre une véritable joie.

À PROPOS DES AUTEURS

Deepak Chopra, docteur en médecine, est l'auteur de plus de 65 livres, dont de nombreux best-sellers du *New York Times*. Il est chercheur de référence au sein de l'organisation Gallup. Il a par ailleurs été formé à la médecine interne et à l'endocrinologie et est membre du Collège américain des médecins, de l'Association américaine des endocrinologues cliniques ; il est en outre professeur adjoint des programmes exécutifs de l'école de gestion Kellogg de la Northwestern University et chercheur exécutif distingué à l'école de commerce de Columbia au sein de l'université du même nom. Depuis 1997, il participe chaque année en tant que conférencier au Congrès des dernières découvertes de la médecine interne parrainé par l'école de médecine d'Harvard, ainsi que par le département de l'éducation continue et le département de médecine du Centre médical de la diaconesse Beth Israël.

www.deepakchopra.com

Rudolph E. Tanzi, docteur en thèse, est professeur de neurologie à l'université Harvard et directeur de l'unité de recherche sur la génétique et le vieillissement de l'hôpital général du Massachusetts (MGH). Le Dr Tanzi fait des recherches sur la génétique des maladies neurologiques depuis les années 1980, date à laquelle il a participé à la première étude utilisant des marqueurs génétiques pour la découverte d'un gène pathologique (maladie d'Huntington). Il a de plus isolé le premier gène lié à la maladie d'Alzheimer et en a découvert plusieurs autres ; il est maintenant à la tête du Projet du génome de la maladie d'Alzheimer. Il développe aujourd'hui de nouvelles thérapies prometteuses concernant cette maladie. Il est par ailleurs membre de dizaines de comités consultatifs rédactionnels et scientifiques et il préside le Consortium de recherche et de financement « un remède pour la maladie d'Alzheimer ». Il a en outre reçu de nombreuses distinctions, dont les deux plus hautes récompenses attribuées pour des recherches sur la maladie d'Alzheimer : le Metropolitan Life Award et le Prix Potamkin. Il fait partie de la liste des « 100 anciens étudiants d'Harvard les plus influents » et a été élu par la Fondation Geoffrey Beene « Rock Star de la Science ». Il appartient à divers comités nationaux et fédéraux dont le but est l'évocation de l'impact de la maladie d'Alzheimer aux États-Unis. Le Dr Tanzi est enfin le coauteur de plus de 400 articles de recherche scientifique et chapitres de livres, ainsi que du livre *Decoding Darkness*.

PEFC
10-31-1075
Certifié PEFC
pefc-france.org

**Ce produit est issu de forêts gérées durablement
et de sources contrôlées.**

J'AI LU BIEN ÊTRE

13293

Composition
NORD COMPO

Achevé d'imprimer en Slovaquie
par NOVOPRINT
le 5 décembre 2023

Dépôt légal septembre 2021
EAN 9782290359938
OTP L21EPBN000600-624363-R4

ÉDITIONS J'AI LU
82, rue Saint-Lazare, 75009 Paris
Diffusion France et étranger : Flammarion